抗日战争档案汇编

抗战时期国民政府军政部兵工署第五十工厂档案汇编

7

重庆市档案馆 编

中華書局

本册目录

五、生产

（四）机器设备材料

军政部兵工署第五十工厂为报添购机器清册致兵工署考工科的笺函（一九四一年十月一日）……〇〇三

附：兵工署第五十工厂添购机器清册（一九四一年九月）……〇二三

俞大维为已向美国订购兵工署第五十工厂急需补充工具机致丁天雄的代电（一九四一年十月二十四日）……〇二三

军政部兵工署第五十工厂为请补充三七平射炮零件材料并向美订购致兵工署的呈（一九四二年十一月二日）……〇二四

军政部兵工署第五十工厂为三七平射炮材料用尽补充困难请予解决致兵工署的呈（一九四二年十二月五日）

附：三七炮材料表四份……〇二七

高洁安关于奉派购煤及调查其他煤源经过情形、附函稿致兵工署第五十工厂的报告（一九四三年三月二十七日）……〇三六

军政部兵工署第五十工厂、经济部燃料管理处关于第五十工厂贷助小煤矿获得增加量部分的往来公函……〇五二

第五十工厂致经济部燃料管理处的公函（一九四三年四月七日）……〇五二

经济部燃料管理处致第五十工厂的公函（一九四三年四月十七日）……〇五五

军政部兵工署第五十工厂为派员商订购运增产煤斤情况致大生、大成公等煤商煤矿的公函（一九四三年四月七日）……〇五七

军政部兵工署第五十工厂为请核实各矿商增产煤斤情况并代请发给购运证致兵工署驻北碚办事处的公函（一九四三年四月七日）……〇六〇

军政部兵工署第五十工厂为燃料管理处已准予核发购运证致兵工署驻北碚办事处的公函（一九四三年五月七日）……〇六三

张郁秋关于军械库库房管理警卫情形及储存物品近况致丁天雄的签呈（一九四三年五月十七日）
附：军械库库房管理警卫情形及储存物品近况报告书……〇六五
军政部兵工署第五十工厂自备三二五零千瓦发电厂概况（一九四三年九月）……〇八一
军政部兵工署第五十工厂动力设备调查表（一九四三年十二月）……〇九三
萧鸿勋为报告军械库储存弹药情形致丁天雄的签呈（一九四四年五月六日）
附：军械库一九四四年五月份储存弹药情形报告书……〇九四
军政部兵工署第五十工厂为报告遵照署令办理危险品之制造运输储存等情况致兵工署的呈
（一九四四年五月二十八日）……一〇〇
军政部兵工署第五十工厂机器清册（时间不详）……一一四

（五）业务计划报告

军政部兵工署第五十工厂工程师室一九三九年上半年度业务撮要（一九三九年七月九日）……一四三
军政部兵工署第五十工厂地产科一九三九年上半年度工作概要（一九三九年七月九日）……一四六
军政部兵工署第五十工厂工务处一九三九年上半年度工作报告（一九三九年七月十二日）……一四八
军政部兵工署第五十工厂庶务室一九三九年上半年度工作报告摘要（一九三九年七月）……一五〇
军政部兵工署第五十工厂会计处一九三九年下半年度工作摘要报告（一九三九年十二月三十日）……一五三
军政部兵工署第五十工厂工务处一九三九年下半年度工作报告（一九四〇年一月九日）……一五六
军政部兵工署第五十工厂庶务室一九三九年下半年度工作报告摘要（一九四〇年一月九日）……一六〇
军政部兵工署第五十工厂地产科一九三九年下半年工作报告（一九四〇年一月十九日）……一六二
军政部兵工署第五十工厂工程师室一九三九年下半年工作报告（一九四〇年一月）……一七一
军政部兵工署第五十工厂艺徒学校一九三九年工作报告（一九四〇年一月）……一七二
军政部兵工署第五十工厂一九四〇年度受检报告书表（一九四〇年三月）……二〇三
军政部兵工署第五十工厂工务处工作情形（一九四一年四月十日）……二三〇
军政部兵工署第五十工厂工程师室一九四〇年度工作报告表（一九四一年四月）……二三一

军政部兵工署第五十工厂关于上报一九四〇年度研究改善及试造等工作暨一九四一年度技术改进计划表致兵工署的呈
（一九四一年十一月六日） 附：兵工署第五十工厂一九四〇年度研究改善及试造等工作一览表 ……… 二三八
军政部兵工署第五十工厂一九四〇年设施及工作情形报告书（一九四一年） ……… 二四五
军政部兵工署第五十工厂地产科一九四〇年设施事项及工作情形（一九四一年） ……… 二六二
军政部兵工署第五十工厂为编送一九四三年度建设事业计划纲要表致兵工署的呈（一九四二年七月二十一日）
附：军政部兵工署第五十工厂一九四三年度建设事业计划纲要表 ……… 二六九
军政部兵工署第五十工厂设施及工作情形报告书（一九四二年） ……… 二七三
军政部兵工署第五十工厂一九四三年度工作成绩报告（一九四四年一月） ……… 三三五
军政部兵工署第五十工厂为报告一九四四年度中心工作分月进度实施报告表致兵工署的代电（一九四四年二月二十三日）
附：军政部兵工署第五十工厂年度中心工作月份进度实施报告表三份 ……… 三四五
军政部兵工署第五十工厂为报送一九四五年度作业计划及所需材料表致兵工署的呈（一九四四年七月十三日） ……… 三五〇
军政部兵工署第五十工厂为造具一九四五年度增产计划书致兵工署的代电（一九四四年十二月二十六日）
附：第五十工厂一九四五年度增产计划书 ……… 三五五
军政部兵工署第五十工厂为遵令拟具一九四五年增产计划表致兵工署的代电（一九四五年二月十九日）
附：第五十工厂增产数量计划表 ……… 三八一
军政部兵工署第五十工厂一九四五年度增产计划建设计划概要及预算书表（一九四五年四月） ……… 三九一
孙承梁关于理化室日常工作概况及计划大纲的报告（一九四五年五月九日） ……… 四〇一
军政部兵工署第五十工厂成都分厂一九四五年度制造事业工作报告书（一九四七年五月） ……… 四一三

（六）基建

周君实关于国民革命军第一集团军总司令部筹建工厂办事处工作情况的报告（一九三四年三月二十四日） ……… 四一八
周君实关于国民革命军第一集团军总司令部筹建工厂办事处工作情况的报告（一九三四年四月三十日） ……… 四二二
周君实关于国民革命军第一集团军总司令部筹建工厂办事处工作情况的报告（一九三四年六月十六日） ……… 四二八

周君实关于国民革命军第一集团军总司令部筹建工厂办事处最近工作情形致吴逸志的笺函（一九三四年六月十八日）……四三六
周君实关于国民革命军第一集团军总司令部筹建工厂办事处工作情况的报告（一九三四年十二月二十五日）……四四二
军政部兵工署第五十工厂一九三八年下半年建筑工程概况表（一九三九年二月）……四五一
军政部兵工署第五十工厂一九三九年第二期建设计划说明书（一九三九年二月）……四五二
军政部兵工署第五十一工厂厂长毛毅可为请寄开凿山洞图样及包价单价办法等致江杓的函（一九三九年四月二十八日）……四五六
江杓为寄送山洞蓝图及说明书复毛毅可的笺函（一九三九年五月二十四日）……四五八
军政部兵工署第五十工厂为报送铜锣峡山洞布置总图致兵工署的呈（一九三九年八月十日）……四六四
军政部兵工署第五十工厂一九三八年建筑工程实况总报告书（一九三九年）……四六八

五、生产

（四）机器设备材料

军政部兵工署第五十工厂为报添购机器清册致兵工署考工科的笺函（一九四一年十月一日）

附：兵工署第五十工厂添购机器清册（一九四一年九月）

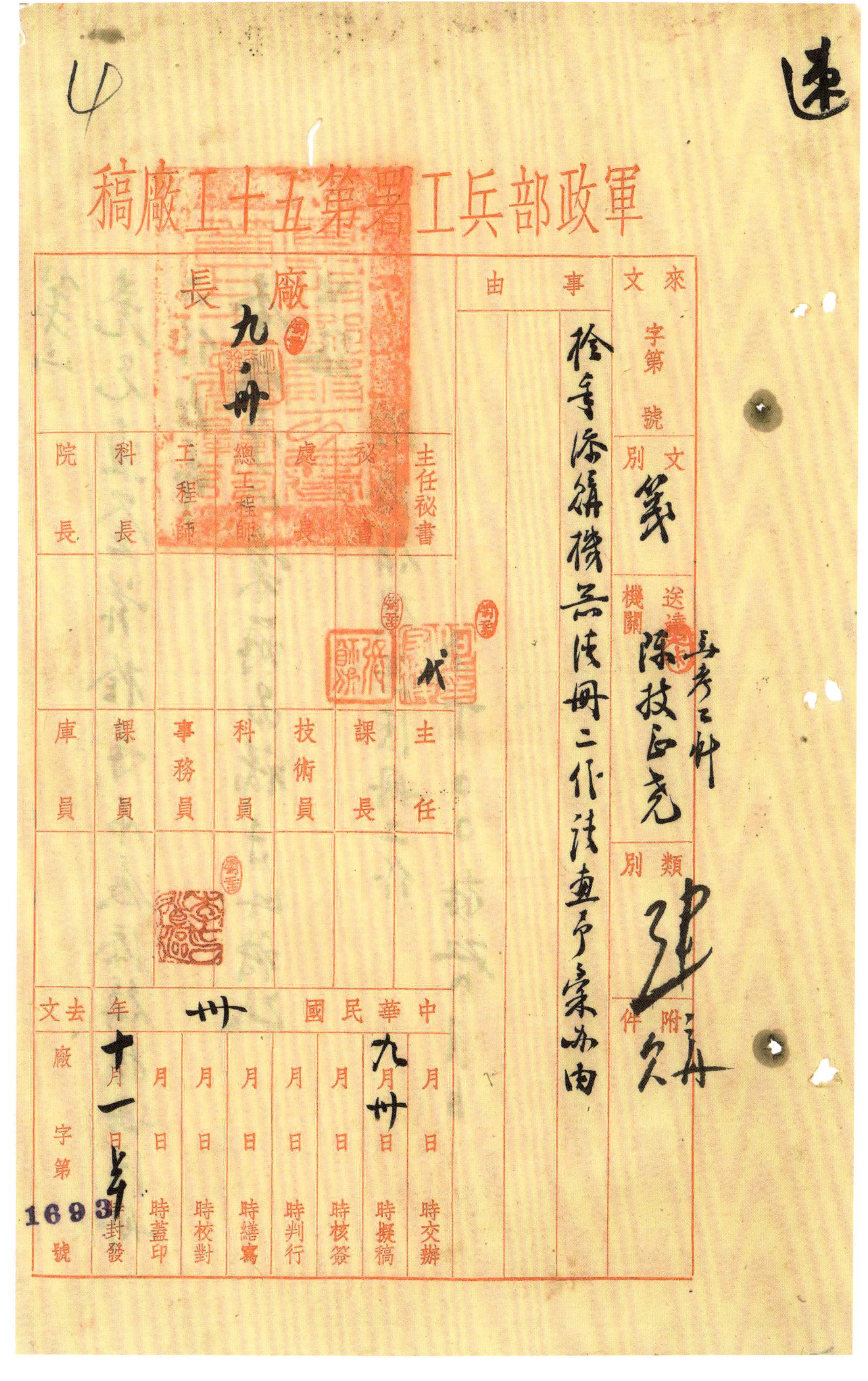

速

軍政部兵工署第五十工廠稿

來文	字第 號
文別	箋
送達機關	兵工署考工科
類別	
附件	清冊
事由	檢呈添購機器清冊二份請查照彙辦由

廠長 九卅

主任秘書　秘書處長　總工程師　工程師　科長　院長

主任　課長　技術員　科員　事務員　課員　庫員

中華民國 卅 年

交辦	擬稿	核簽	判行	繕寫	校對	蓋印	封發
月 日 時	九月卅日 時	月 日 時	月 日 時	月 日 時	月 日 時	月 日 時	十月一日 時

去文 廠 字第 1693 號

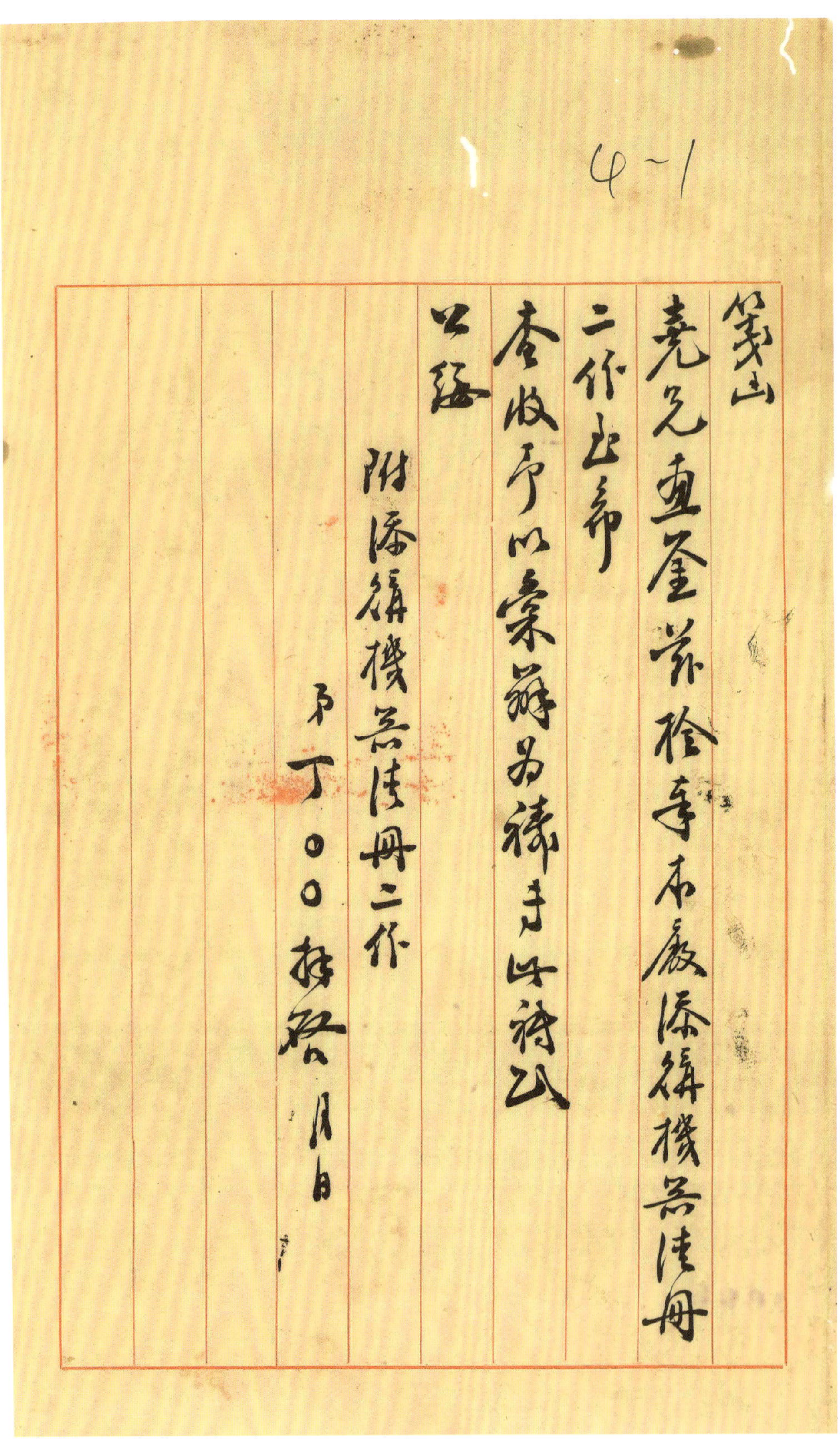

4-1

箋函

堯允重奎茲檢奉本廠添補機器清冊

二份即希

查收予以彙辦為禱專此順頌

公綏

附添補機器清冊二份

弟丁〇〇拜啓

月　日

兵工署

第五十工廠添購機器清冊

三十年九月

p. 1

目次	數量	机器名称 中文	机器名称 西文	型式或主要尺寸	附件	附註
1	6	圓車床	Sliding, surfacing and screw cutting Lathe.	Height of center 200 mm. distance between centers 1800 mm.	6 pcs. universal chuck.	
2	12	高速度車床	Heavy duty sliding, surfacing and screw cutting Lathe.	Height of center 175 mm. distance between centers 1200 mm.	12 pcs. universal chuck.	
3	18	圓車床	Sliding, surfacing and screw cutting Lathe.	Height of center 150 mm. distance between centers 900 mm.	18 pcs. universal chuck.	
	20	〃	ditto	Height of center 150 mm. distance between centers 600 mm.	20 pcs. universal chuck.	
5	4	精细車床	Precision Lathe. (pratt & whitney)	Height of center 150 mm. distance between centers 600 mm.	2 set special equipments.	
6	1	鏟齒車床	Relieving Lathe.	Height of center 200 mm. distance between centers 900 mm.	1 set special equipments.	

9

目次	數量	机器名称 中文	机器名称 西文	型式或主要尺寸	坿件	坿註
7	1	鏟齒車床	Relieving Lathe.	Height of center 200 mm. distance between centers 500 mm.	1 set special equipments.	
8	5	立銑床	Vertical milling Machine.	Table dimension 900 x 300 mm.	5 set index head and foot stock.	
9	5	卧銑床	Horizontal milling Machine.	900 x 300 mm.	5 set index head and foot stock.	
10	5	萬能銑床	Universal milling Machine.	900 x 300 mm.	5 set index head and foot stock.	
11	1	鍘床	Slotting Machine.	Stroke of ram 150 mm	index equipments.	
12	3	萬能工具磨床	Universal and tool room grinding Machine (cininati)	Distance between centers 400 mm.	5 doz. Norton grinding wheel 1 electric magnet chuck.	
13	2	精細小圓磨床	High precision cylinderal grinding Machine.	Height of center 50 mm. distance between centers 200 mm.	3 doz. Norton grinding wheel.	
14	1	精細小內圓磨床	High precision internal grinding Machine.	Min. hole diameter grinded 4 mm. Max. hole diameter grinded 40 mm.	3 doz. Norton grinding wheel.	

P. 5

目次	数量	机器名称 中文	机器名称 西文	型式或主要尺寸	坿件	坿註
15	1	精细内磨平磨联合磨床	High precision plain and internal grinding Machine.	Max. work diameter grinded 100 mm. Max. depth will be grinded 70 mm. Max. distance when hole and side-surface together can be grinding 250 mm. Max. depth of hole 200 mm.	2 doz. Norton grinding wheel.	
16	1	平面磨床	Surface grinding Machine.	Table dimension 500 x 175 mm.	1 set magnetic chuck. 1 set cooling system.	
17	2	萬能圓磨床	Universal grinding Machine.	Height of center 150 mm. distance between centers 500 mm.	3 set Norton grinding wheel. 1 set magnetic chuck. 1 set cooling system.	
18	1	螺絲磨床	Screw grinding Machine.	Distance between centers 500 mm. Working diameter 5 - 120 mm.	1 set cooling system. 5 set Norton grinding wheel.	
19	5	砂輪机	Duplex motor driven grinding stone.	Diameter of wheel 300 mm.	2 doz. grinding stone.	

目次	数量	机器名称 中文	机器名称 西文	型式或主要尺寸	附件	附註
				Width of wheel 40 mm	Revolution 1400 R.P.M.	
20	1	螺絲鋼板磨床	Relieving die grinding Machine.	Max. working dia. 90 mm.	3 sets Norton grinding wheel 1 set necessary accessories.	
21	1	螺絲公磨床	Relieving tap grinding Machine.	Max. working dia. 75 mm. Screw pitch 0.4-6 mm	3 sets Norton grinding wheel 1 set necessary accessories.	
22	3	移動小磨床	Portable electric grinding Machine for mounting on Lethe and planner.	Dia. of grinding wheel 175 mm. Width 75 mm. Revolution 2900 R.P.M.	1 doz. grinding wheel.	
23	1	電焊机	Arc-welding Machine.	Max. current welding 250 A.		
24	4	手電鑽机	Hand electric drill	Max. drilling diameter 6 mm.		
25	1	擋机	Horizontal boring, milling and drilling Machine.	Table - ø 1500 mm. spindle - ø 80 mm.		
26	1	〃	ditto	Table - ø 800 mm. Spindle - ø 50 mm.		

17

P. 5

目次	数量	机器名称 中文	机器名称 西文	型式或主要尺寸	坿件	坿註
27	2	六角車床	Turret Lathe.	Spindle bore 40 mm.	2 set necessary accessories.	
28	1	氣錘	Pneumatic hammer.	Ram weight 150 kg.		
29	1	〃	ditto	Rag weight 250 kg.		
30	3		The above stated machines should be driven individually by A.C. motor, 3 phase 380 Volt, 50 Cycle.			
30	2	熱度表	Galvanometre for pyro-meter in rectangnlaer shape.	Measuring range. 20 - 1600°C		
31	2	〃	ditto	Measuring range 20°- 1200°C		
32	2	熱度桿	Thefmoelement for pyrometer.	Bowed ing right angle total length 1000 mm. measuring range 20°- 1600°C		
33	2	〃	ditto	staight length 1250 mm. measuring range. 20°- 1200°C		
34	2	〃	ditto	Staight, length 850 mm. Measuring range. 20°- 1200°C		

十四 14

目次	数量	机器名称 中文	机器名称 西文	型式或主要尺寸	附件	附註
35	2	内磨軸	Internal grinding spindles.	4 - 10 ø mm.		
36	2	〃	ditto	10 - 20 ø mm.		
37	2	〃	ditto	20 - 30 ø mm.		
38	2	小型測量机	Super-micrometer. (pratt & whitney)		4 sets thread measuring attachment in metric size.	
39	3	圓鋼平板	Toolmakers flat in its mahogany box. (pratt & whitney)	150 ø x 25 mm. thrick.		
40	2	内膛磨器	Honing tool for tubing work.	20 ø mm.	20 sets grinding spindle.	
41	2	〃	ditto	37 ø mm.	ditto	
42	2	〃	ditto	48 ø mm.	ditto	
43	2	〃	ditto	60 ø mm.	ditto	
44	2	〃	ditto	70 ø mm.	ditto	
45	2	〃	ditto	75 ø mm.	ditto	
46	2	標準對板	Precision gauge blocks in metric size.	85 E set (pratt and whitney)		

15

P. 7

目次	数量	机器名称 中文	机器名称 西文	型式或主要尺寸	附件	附註
47	2	標準對板	Precision gauge blocks in metric size.	28 Z set (pratt and whitney)		
48	6	萬能角度尺	Universal bevel protractor.	Length of blade. 200 mm.		
49	1	螺絲分厘尺	Thread micrometer caliper.	0 - 25 mm.	1 set 55°and 60° spare spindle and anvil.	
50	1	〃	ditto	25 - 50 mm.	ditto	
51	1	〃	ditto	50 - 75 mm.	ditto	
52	1	〃	ditto	75 - 100 mm.	ditto	
53	1	〃	ditto	100 - 125 mm.	ditto	
54	1	〃	ditto	125 - 150 mm.	ditto	
55	5	内分厘尺	Inside vernier caliper	25 - 30 mm.		
56	5	〃	ditto	30 - 35 mm.		
57	5	〃	ditto	35 - 50 mm.		
58	5	〃	ditto	50 - 70 mm.		
59	5	〃	ditto	70 - 100 mm.		

目次	數量	機器名称		型式或主要尺寸	附件	附註
		中文	西文			
60	2	内分厘尺	Inside vernier caliper	100 - 150 mm.		
61	2	〃	ditto	150 - 200 mm.		
62	24	螺絲鋼板	Screw dies, in round shape.	1 mm.		
63	24	〃	ditto	2 mm.		
64	24	〃	ditto	3 mm.		
65	24	〃	ditto	4 mm.		
66	24	〃	ditto	5 mm.		
67	24	〃	ditti	6 mm.		
68	24	〃	ditto	7 mm.		
69	24	〃	ditto	8 mm.		
70	24	〃	ditto	9 mm.		
71	24	〃	ditto	10 mm.		
72	24	〃	ditto	1/16"		
73	24	〃	ditto	1/8"		
74	24	〃	ditto	3/16"		

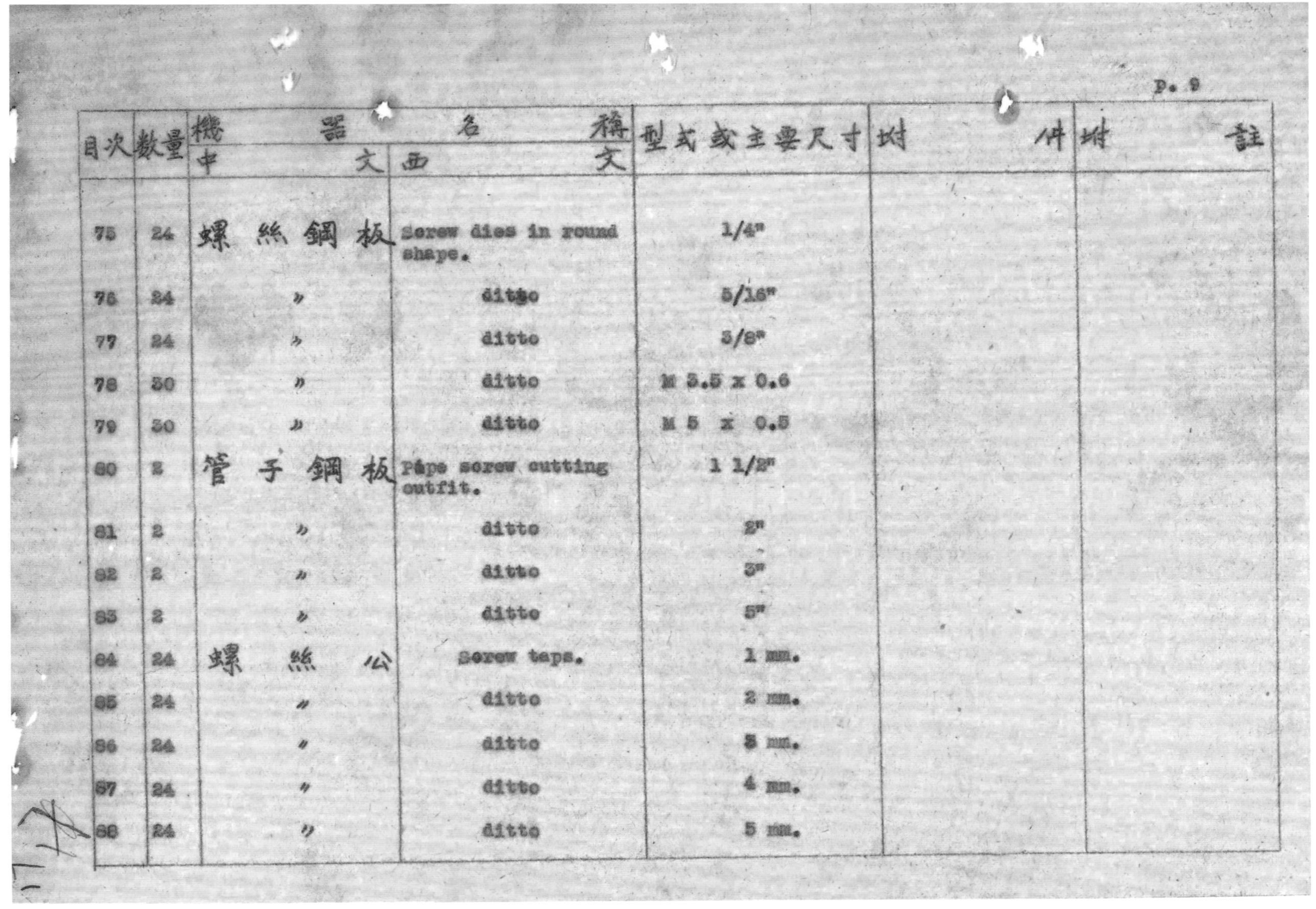

目次	数量	機器名稱		型式或主要尺寸	附件	附註
		中文	西文			
75	24	螺絲鋼板	Screw dies in round shape.	1/4"		
76	24	〃	ditto	5/16"		
77	24	〃	ditto	3/8"		
78	30	〃	ditto	M 3.5 x 0.6		
79	30	〃	ditto	M 5 x 0.5		
80	2	管子鋼板	Pipe screw cutting outfit.	1 1/2"		
81	2	〃	ditto	2"		
82	2	〃	ditto	3"		
83	2	〃	ditto	5"		
84	24	螺絲公	Screw taps.	1 mm.		
85	24	〃	ditto	2 mm.		
86	24	〃	ditto	3 mm.		
87	24	〃	ditto	4 mm.		
88	24	〃	ditto	5 mm.		

P.10

目次	數量	机器名称		型式或主要尺寸	坿件	坿註
		中文	西文			
89	24	螺絲公	Screw taps.	6 mm.		
90	24	〃	ditto	7 mm.		
91	24	〃	ditto	8 mm.		
92	24	〃	ditto	9 mm.		
93	24	〃	ditto	10 mm.		
94	24	〃	ditto	1/16"		
95	24	〃	ditto	1/8"		
96	24	〃	ditto	3/16"		
97	24	〃	ditto	1/4"		
98	24	〃	ditto	5/16"		
99	24	〃	ditto	3/8"		
100	30	〃	ditto	M 3.5 x 0.6		
101	30	〃	ditto	M 5 x 0.5		
102	60	風鋼麻花鑽	Twist drill out of rapid steel.	0.35 mm.		
103	60	〃	ditto	0.40 mm.		

19

P. 11

目次	數量	機器名稱		型式或主要尺寸	坿件	坿註
		中文	西文			
104	60	風鋼麻花鑽	Twist drill out of rapid steel.	0.45 mm.		
105	60	〃	ditto	0.50 mm.		
106	60	〃	ditto	0.55 mm.		
107	60	〃	ditto	0.60 mm.		
108	60	〃	ditto	0.65 mm.		
109	60	〃	ditto	0.70 mm.		
110	60	〃	ditto	0.75 mm.		
111	60	〃	ditto	0.80 mm.		
112	60	〃	ditto	0.85 mm.		
113	60	〃	ditto	0.90 mm.		
114	60	〃	ditto	0.95 mm.		
115	120	〃	ditto	1.00 mm.		
116	120	〃	ditto	1.20 mm.		
117	60	〃	ditto	1.50 mm.		
118	60	〃	ditto	2.00 mm.		

目次	數量	機器名稱 中文	機器名稱 西文	型式或主要尺寸	附件	附註
119	120	風鋼麻花鑽	Twist drill out of rapid steel.	2.12 mm.		
120	120	〃	ditto	2.20 mm.		
121	60	〃	ditto	2.50 mm.		
122	60	〃	ditto	2.70 mm.		
123	60	〃	ditto	3.00 mm.		
124	60	〃	ditto	3.30 mm.		
125	60	〃	ditto	3.5 mm.		
126	120	〃	ditto	4.00 mm.		
127	60	〃	ditto	4.20 mm.		
128	60	〃	ditto	4.30 mm.		
129	60	〃	ditto	4.50 mm.		
130	60	〃	ditto	5.00 mm.		
131	60	〃	ditto	5.10 mm.		
132	60	〃	ditto	5.50 mm.		
133	60	〃	ditto	6.00 mm.		

49 20

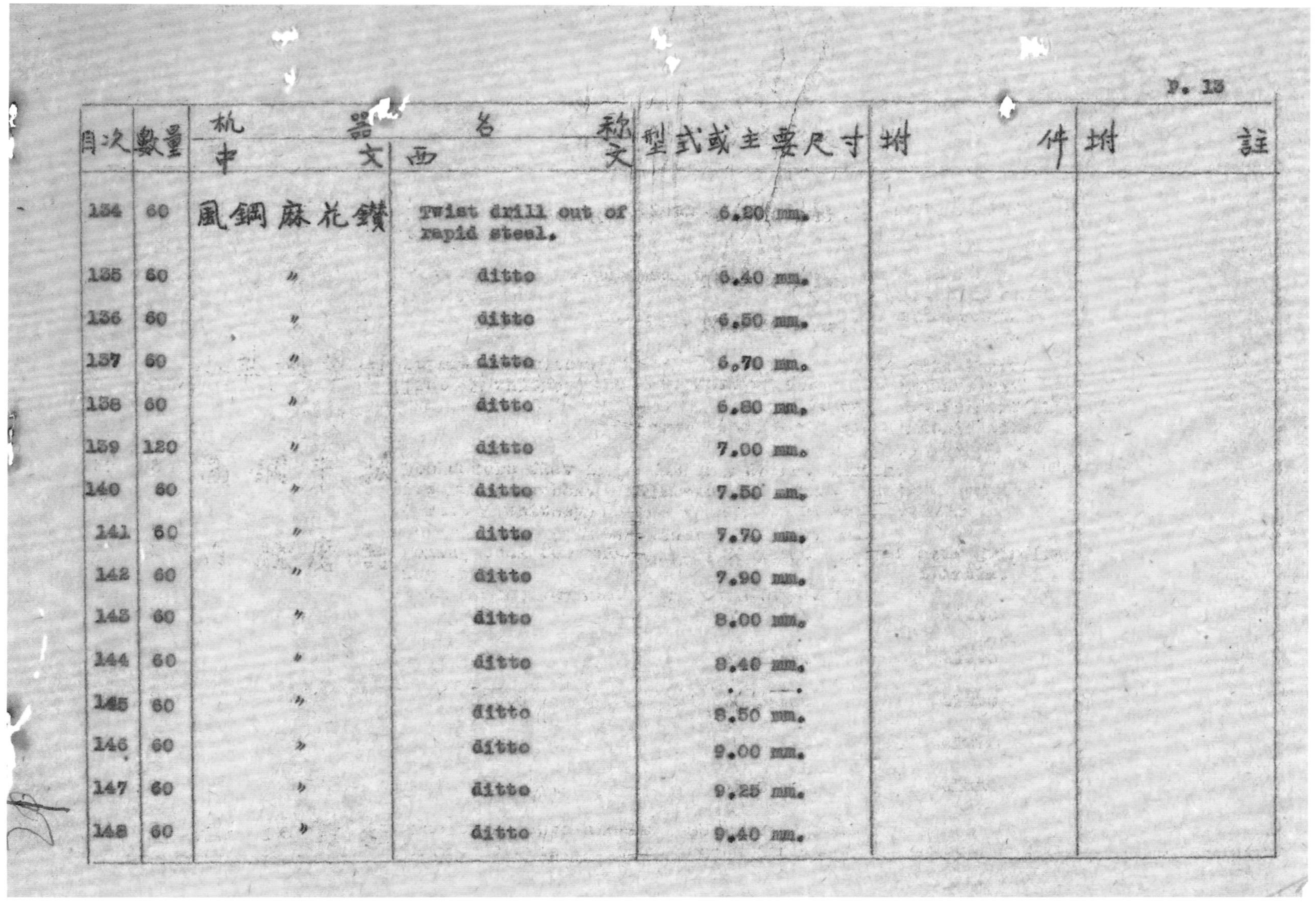

P. 13

目次	數量	機器名称 中文	機器名称 西文	型式或主要尺寸	附件	附註
134	60	風鋼麻花鑽	Twist drill out of rapid steel.	6.20 mm.		
135	60	〃	ditto	6.40 mm.		
136	60	〃	ditto	6.50 mm.		
137	60	〃	ditto	6.70 mm.		
138	60	〃	ditto	6.80 mm.		
139	120	〃	ditto	7.00 mm.		
140	60	〃	ditto	7.50 mm.		
141	60	〃	ditto	7.70 mm.		
142	60	〃	ditto	7.90 mm.		
143	60	〃	ditto	8.00 mm.		
144	60	〃	ditto	8.40 mm.		
145	60	〃	ditto	8.50 mm.		
146	60	〃	ditto	9.00 mm.		
147	60	〃	ditto	9.25 mm.		
148	60	〃	ditto	9.40 mm.		

目次	數量	机器名称 中文	机器名称 西文	型式或主要尺寸	附件	附註
149	60	風鋼麻花鑽	Twist drill out of rapid steel.	9.50 mm.		
150	60	〃	ditto	10.00 mm.		
151	60	〃	ditto	11.00 mm.		
152	60	〃	ditto	15.00 mm.		
153	60	〃	ditto	19.00 mm.		
154	120	風鋼反口麻花鑽	Left hand twist drill out of rapid steel.	1.50 mm.		
155	120	〃	ditto	2.50 mm.		
156	120	〃	ditto	3.00 mm.		
157	120	〃	ditto	3.20 mm.		
158	120	〃	ditto	4.20 mm.		
159	120	〃	ditto	6.50 mm.		
160	24	鑽帽	Drill huck with three cheeks.	From drill 0.1 ø to 10 ø mm.		
161	1 pc.	充電机	Motor generator set	A.C. Motor 380 V. 3-phase, 50 cycle D.C. generator 40 volts, 50 Amp.		For storage Battery.

P. 15

目次	数量	机器名称 中文	机器名称 西文	型式或主要尺寸	附件	附註
162	2 pcs.	同期電容機	Cyhchronous condenser	With exciter, panel (if any) with necessary meters, starting device and standard accessories, continuous rating. three phase, 50 cycle / sec. 380V. 1500 rpm Capacity 200 Kva.		For correcting power factor only.
163	1 pc.	仝上	ditto	Capacity 150 Kva.		
164	1 pc.	仝上	ditto	Capacity 100 Kva.		
165	4 pcs.	仝上	ditto	Capacity 50 Kva.		
166	200 yds.	高壓電纜	High tension cable	Three core oil immersed paper insulated lead sheathing steel armoured, rated at 6,600 volts, core size 400,000 C.M.		
167	150 yds.	仝上	ditto	Core size 6-0 S.W.G.		
168	300 yds.	仝上	ditto	Core size 5 S.W.G.		
169	300 yds.	仝上	ditto	Core size 6 S.W.G.		
170	2200 lbs.	絶緣膠	Insulating compound.	For above mentioned 6,600 V. cable joint box and pot head.		

目次	數量	机器名称 中文	机器名称 西文	型式或主要尺寸	附件	註
171	2 lbs.	變壓器	Transformer.	Oil immersed three phase transformer with oil conservator, for outdoor service output 500Kva voltage ratio: 13200-5% -10% 380 220 V. cycle 50.		
172	2 lbs.	仝上	ditto	Output 300 Kva.		
173	1 pc.	仝上	ditto	Output 1500 Kva. Voltage ratio: 13200±5%/2300 V.		
174	2 sets	蓄電池	Stationary storage battery.	48 volts approx. Amp-hr. per positive plate at ~~/////~~ normal rate 60		
175	1 set	共電式電話總机	Common battery telephone exchange set.	150 units (for 150 subscribers)		
176	150 sets	共電式電話分机	Common battery subscriber's telephone desk set.			
177	1 set	高壓試油器	Spark-gap with transformer	For testing dielectric strengthof transformer oil.		

24

P. 17

目次	數量	機器名稱 中文	機器名稱 西文	型式或主要尺寸	附件	附註
178	1 set	離心濾油机	Centrifugal oil purifier.	Equipment for continuous by-pass system for turbine oil purification, including one motor driven oil pump, two sight overflows and necessary piping and fittings. Total capacity of existing oil reservers 1200 litres. percentage of oil by-passed for purification 15 % Total head of oil pump 20 m. Voltage 380 V. 3-phase, 50 cycle/sec.		
179	1 set	離心抽水机	Centrifugal pump.	Motor driven centrifugal pump complete with standard accessories. Output 1200 Cu.m.per hr. Total head 12 meters Motor voltage 380 volts, 3-phase, 50 cycle/sec.		

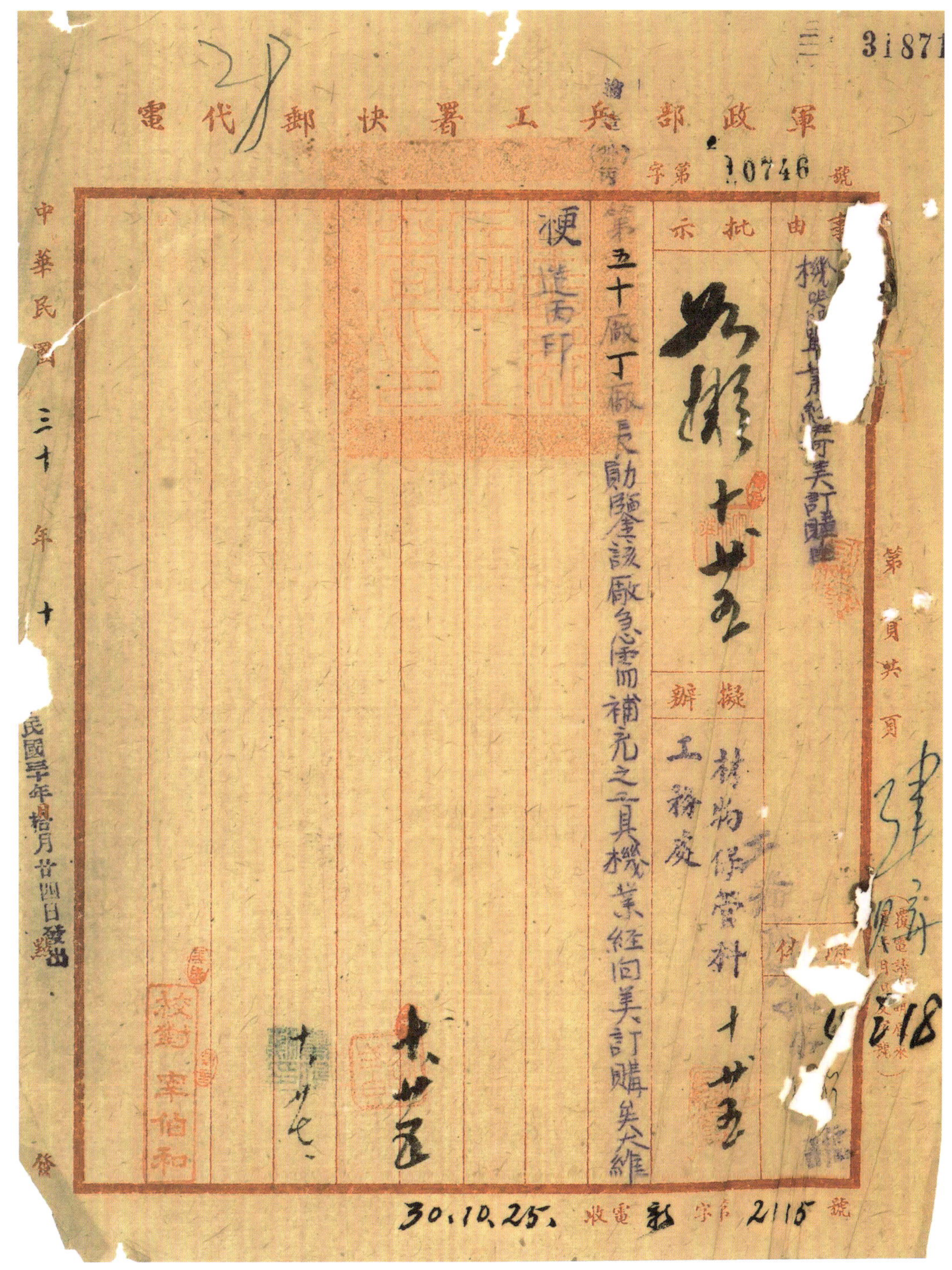
31871

軍政部兵工署快郵代電

字第 10746 號

事由：機器已向美訂購

批示：如擬 十廿五

擬辦：轉物料管科 工務處 十廿五

便 造丙印

第五十廠丁廠長勛鑒：該廠急需補充之工具機業經向美訂購。俞大維

校對 李伯和

中華民國三十年十月 日 發

民國卅年拾月廿四日發出

30.10.25. 收電 新 字第 2115 號

俞大维为已向美国订购兵工署第五十工厂急需补充工具机致丁天雄的代电（一九四一年十月二十四日）

军政部兵工署第五十工厂为请补充三七平射炮零件材料并向美订购致兵工署的呈（一九四二年十一月二日）

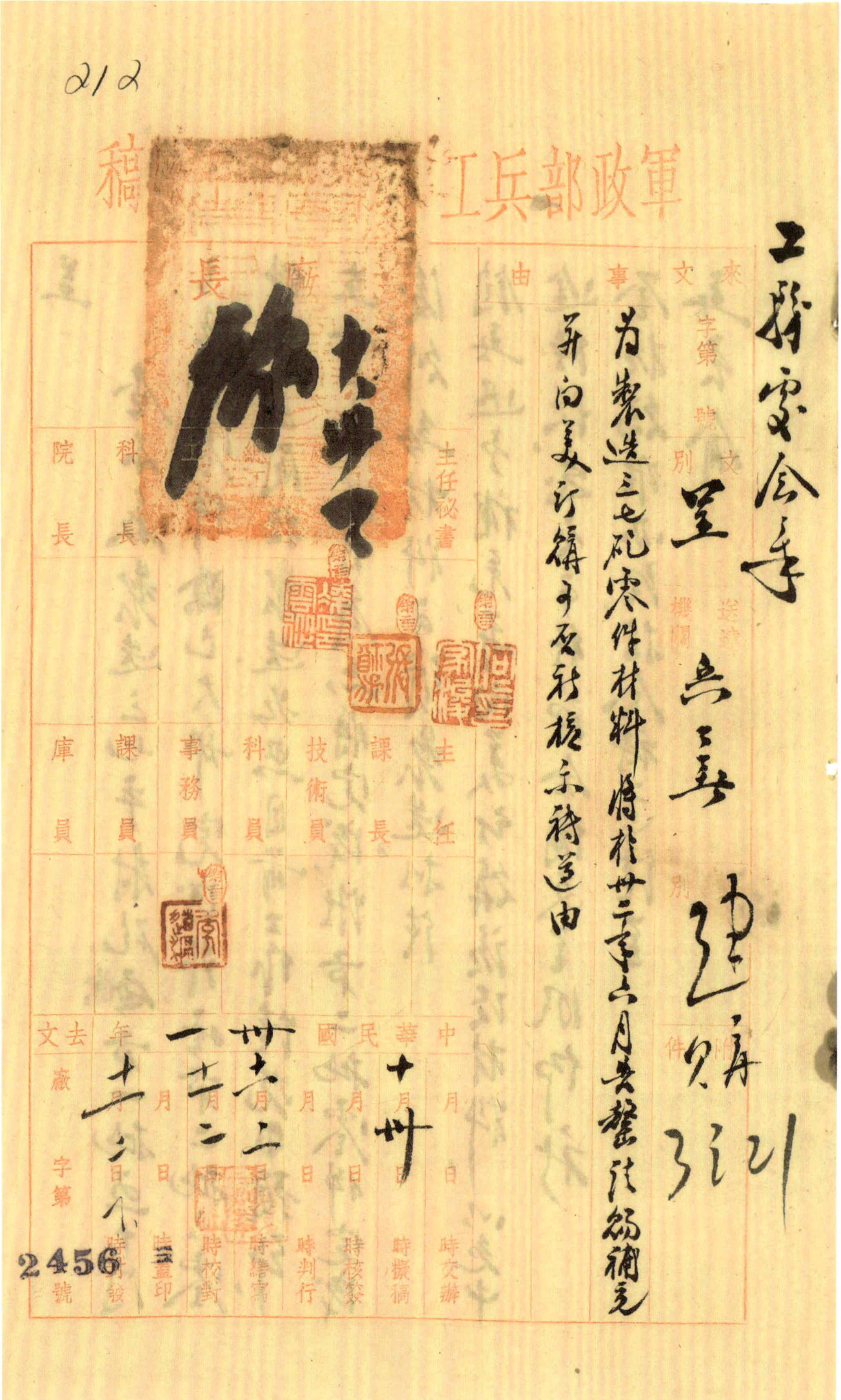

212

軍政部兵工　稿

來文　字第　號

事由：为装造三七砲零件材料将於卅二年六月要罄并向美订购乞予核示祗遵由

呈　兵工署

廠長

主任秘書　科長　院長

主任　課長　技術員　科員　事務員　課員　庫員

中華民國卅一年十一月二日

2456

呈

查本廠製造三七平射砲除第一批五十門之各種零件除已大部完成外，第二批之零件現已開始製造，照目前工作情況，預計在卅二年六月底亦將完成，惟第二批零件完成後，則無材料可資製造。擬請

鈞署迅予補充，並向美訂購該項材料，以免中途停頓。是否可行，理合備文呈祈

鑒核，俯准辦理，指令祇遵。謹呈

署長俞

军政部兵工署第五十工厂为三七平射炮材料用尽补充困难请予解决致兵工署的呈（一九四二年十二月五日）

附：三七炮材料表四份

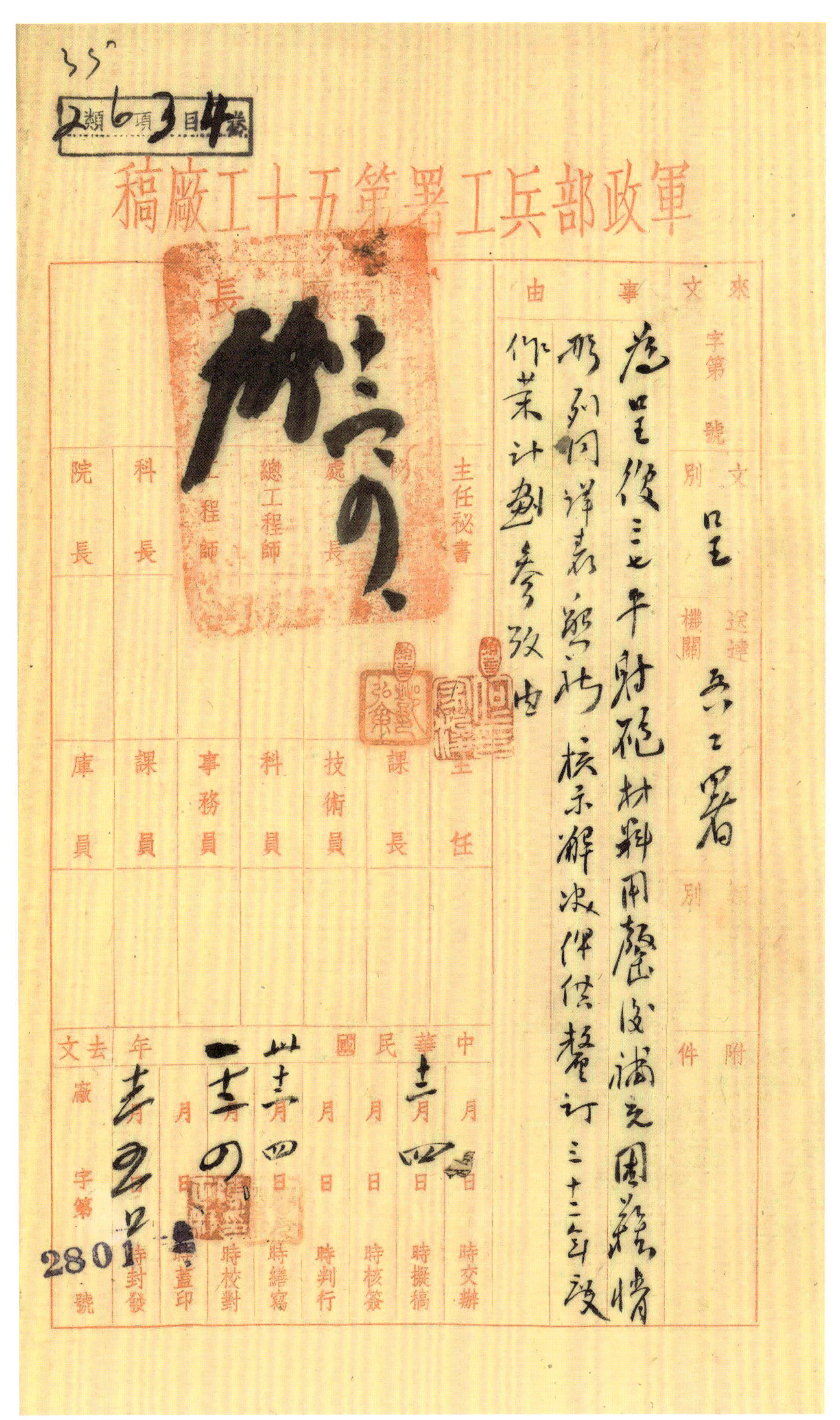

鐵壹

35-1

呈

案查本廠承製三七戰車防禦砲案內零件材料之數須用緊急，預計明年六月以前即可全部完工，為求兩繼續，擬先事準備，經呈奉鈞署前准購進（31）丁字第13475號指令開：該廠卅一年十二月以及所需物料以國內不能購買並適於空運者，列單呈送署，以便訂購等因，自應遵照辦理。遵查三七砲材料因[illegible]係院重，而不適於空運者，國內出品[illegible]，竟今尚無可替代，該項火砲是否仍須繼續裝造，自皆出自鈞裁。前據就續造一百二十門計，該項材料補充困難情形，分條縷陳如次：

36

一、最困難之料——砲彈鋼、退力簧鋼、防盾鋼以及鎳合金等，均為本處不甚適宜空運國內材料，如不能替代，即缺此則砲無由成，其品名數量詳附表一

二、鑄鋼件——此項鑄鋼砲架、関節等亦為本處不適於其運，但必要時似可由第二工廠或第廿四工廠代鑄，其品名數量詳附表二

三、各種鑽硬炭素鋼及合金鋼共需用約一百一十公噸，數量浩大，供應亦難，大致類

36-1

列如附表五（如規定德漢製造再詳列尺寸表暨清表呈核）

四、各種鋼管無縫鋼管彈簧鋼絲等亦非易運及易致之品其品名及數量如附表四以外復查關於德漢製造三七平射砲彈本廠曾開具一百二十門材料暨圖表等呈請鈞署向美訂購業奉飭知已與訂合同號碼為UA2-T-1600在卷此批計料尚能運到及使先內運則一切困難自可解決否則擬懇鈞署賜就上開問題及附表項目數量予以解決

37

擬令下廠俾有遵循並供整訂三十二年度作業計劃之參攷是否有當理合呈復仰祈
鑒核示遵
謹呈
署長俞
附三七砲材料表四份
（全銜名）

39 三七平射炮最困難之料 I

順号	工作件名称	材料名稱	大約尺寸	每百門需要量	備攷
1	外炮管	R.St.53 HgN 12115	Fig. 1	110 st.	
2	内炮管	"	Fig. 2	110 st.	
3	砲閂	KSt 1 zaeh HgN 12115	120x130 x1240	15 st.	
4	退制筒	Zy.St.H. HgN 12115	管 72x13	100 m.	每支長度＝810m/m
5	活塞桿頭	"	30Ø	22 m.	
6	活塞桿	Nirostahl V1M(Krupp)	管 34x9	100 m.	每支長度＝730m/m
7	退力簧	Federstahl blank Extra	□ 10x4	300 m.	每支長度＝4700m/m
8	防盾板	Panzer-blech	3 m/m	36 m²	最好能代本廠照尺寸裁好
9	"	"	4,5 m/m	130 m²	"
10	支脚加強管	Dur HgN 12240	62Ø	100 m.	
11	支脚桿	"	管 72x5,5	500 m.	每根長度 1950m/m
12	防盾板	"	2 m/m	12 m²	
13	砲架防板	Stbl 70	2 m/m	26 m²	
14	"	"	8 m/m	44 m²	
15	揺架盖板	Stbl 60	2 m/m	140 m²	
16	"	"	3 m/m	70 m²	
17	"	"	4 m/m	26 m²	
18	"	"	6 m/m	16 m²	
19	砲架防板	Stbl 50	1 m/m	216 m²	
20	"	"	6 m/m	16 m²	
21	"	"	8 m/m	20 m²	

40

三七平射炮鑄鋼件需要數量表

11

順号	原圖號碼	鑄鋼件名稱	製造數量	共計重量 公斤	備攷
1	RCh C 203-14	左搖架臂	110	550	材料規格 Stg.50.81 R
2	RCh C 203-15	右搖架臂	110	550	
3	RCh B 204-20	描準架	110	440	
4	RCh B 204-37	上架体	110	1980	
5	RCh B 204-38	高低机盒	110	1320	
6	RCh B 203- 5	下架蓋	110	3080	
7	RCh B 203-17	下架底	110	2530	
8	RCh B 207-12	左関節	110	990	
9	RCh B 207-39	右関節	110	990	
總計重量				12430	

41

三七平射炮各種高低炭素鋼及合金鋼需要量					III
順号	名稱	材料規格	尺寸	需要噸數	備攷
1	軟鋼	St.37.11.	1/8"Ø- - 2½"Ø	12	
2	"	"	¼"□- - - -6"□	10	
3	"	St.50.11.	¼"Ø- - - -4"Ø	22	
4	"	"	1"□- - - -5"□	20	
5	硬鋼	St.C.45.61.verg.	3/8"Ø- - -8"Ø	18	
6	"	"	¼"□- - - -6"□	10	
7	"	St.C.60.61.verg.	½"Ø- - - -6"Ø	10	
8	"	"	2"□	4	
9	合金鋼	ECN35	1"□- - - -2"□	4	
總計噸數				110	

42

三七平射炮各種形鉄需要數量表

IV

順号	名稱	尺寸	原規格	需要數量	備攷
1	鋼管	管 22x3	St.34.29	108 m	
2	"	管 32x3	"	108 m	
3	"	管 40x3	"	144 m	
4	"	管 42x7	"	108 m	
5	無縫鋼管	管 20x2	"	192 m	
6	"	管 36x2,5	St.35.29	24 m	
7	角鉄	L 1"x1"x1/8"	St.37.12	150 m	
8	"	L $1\frac{3}{4}$"x$1\frac{3}{4}$"x$\frac{1}{4}$"	"	150 m	
9	鋼板	0,5	St.VI.23.	76m²	
10	"	0,75	"	20 m²	
11	"	1	"	300 m²	
12	"	2	"	164 m²	
13	"	1,5	"	45 m²	
14	"	2,5	"	48 m²	
15	"	3	"	36 m²	
16	"	4	"	20 m²	
17	"	5	"	16 m²	
18	弾簧鋼皮	0,6	Fed.St.1 HgN 12114	6 m²	
19	"	1,5	"	6 m²	
20	"	4	"	6 m²	

高洁安关于奉派购煤及调查其他煤源经过情形、附函稿致兵工署第五十工厂的报告（一九四三年三月二十七日）

61

廠字第958號

民國卅二年三月廿七日收到

報告 三十二年三月二十七日

一採32發第145號

竊職奉

命派赴北碚，向署辦事處洽購裕昌行煤炭，並調查其他煤源等因；遵於本月二十三日由渝出發，至二十五日工竣返廠，謹將此行經過，報告於次：

一、裕昌行之煤，係距北碚四十五里之吳栗溪大生及大成公西礦所產，該商派有羅吉祥者主持購運等事，其煤於一個月前已購妥，因購運証不易領到，致不能運銷，其向本廠以官價抖售之主因，即為燃料管理處方面之手續，可以籌到故也，惟是本廠每月煤炭購運

61-1

証、詢由杜處長代為請領、亦感燃料管理處之掣肘、有
煤無証、有証無煤之事故、月必數起、若於本廠額領
購運証之外、請求在某一礦區、增購數百噸之証、燃管
處必謂配購已完、溢量購運証、將影響額購數量、以
致原持証人、無法購到煤炭為辭、加以拒絕、否則燃管
處所配購者、僅為某一礦地產量百分之二三十、餘則為
渝市私煤所由來、其故因燃管處限價過低、不够成
本、為急付功令計、不得不隱報數量、藉於黑價中補
償其虧耗、茲查吳栗溪之煤、其地產量月可千噸、而
所報於燃管處者、月僅數百噸、裕昌行所進大生大成公之煤部

在其隱瞞之中，若用戶方面，明言該兩礦有餘煤可購，而向燃管處請發購運證，必為煤業所不許，以其權該處之加多配購數量，後將以此為例也。職到碚後，探知其隱，期於其隱瞞之中，對煤商得解放，使不致煤滯鄉間，而本廠用煤，得暢其源，因即轉赴吳粟溪，會晤大吉煤礦經理賴生榮，大成公煤礦經理胡爾雲，對於領購售料請購運證方法，詳加商妥，結果以此項餘煤來源，係為本廠亟須各該礦加工開採之結果，由本廠專致燃管處，及北碚署辦事處，予以證實，后需購運證，由裕昌行按實際待運數量，就近請於該處長隨時請領之辦法，為賴

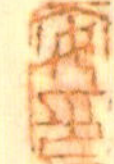

胡兩商所樂從，即先於第一個月額售三百噸，當向杜處長徵求意見，亦認為可以試行，因即逕造渝處，將此項辦法，及擬致燃管處及署辦事處之函稿，呈請鑒核，是否可行，懇乞迅賜示遵。

2、查裕昌行為煤業居間商，其報價錫炉煤（粒子）每噸七百八十五元四角，（包括官價五百二十二元，礦稅十元零五角，運費由煤礦至郭家沱一百八十元，出艙一元五角，合法利潤七十一元四角），與署辦事處所購之同地粒子，每噸六百七十七元相較（包括官價五百二十二元，運費一百五十五元），雖祇廉

63

百分之十五以上，然近來煤質攙雜，莫充工業燃料，而致之損失，何止此數，諺云：「便宜無好貨」，一語，可以想見，況本署廠總價，既無礦稅，則本廠自購者，當亦可以豁免，署廠購煤預付全部貨款，居間商則僅須定金三分之一，其多付利息，雖亦加在煤價之中，然本廠於煤荒歉絀際，所以亦能週轉之利（可藉以接事），故本廠縱有利潤之給獎，然其攙雜、缺斤、押運等事，居間商多負其責，所以不若一無取價，並查交通司、及第一第二十五工廠，往年向居間商家購煤，亦有給獎手續費，及合法利潤之獎，本廠自可援以爲例，職意擬着裕昌所減去，礦稅（由本廠備文請免）及剔除

出艙費、縮百分之八之利潤，計五十六元一角六分，其單價共為七百五十六元一角六分，以此數字與燃管處所定重慶交貨粒煤，每噸七百元相較，則多加五十餘元，輸江至郭家沱之運費，似不過昂，可否依此原則議價之處，仍乞核示。

又，聞於新電所，所需每月一千五百噸之來源，茲據此行調查，並與杜處長巍，及朱科員有揆討論所得，知北碚上游，如夏溪口、草街子、吳粟溪、麻柔坪，與下游黃桷樹一帶，不難如數購備，所難者，購運證之請領與煤款之籌措，若二者俱有充分之準備，則祇少

64

可得下列數處之煤：

甲、天府粒煤四百噸，每噸五百廿二元，

乙、吳粟溪三—四百噸，每噸五百廿二元，

丙、江合輪煤四百噸，每噸一千三百元，價雖高昂但火力特強，如與其他粒煤合燒，功能加強效力。

丁、草街鄉各礦煤三—四百噸，每噸五百廿二元，

惟上列數量之准購證，當然受燃管處之限制，而不能暢購暢運，此種癥結，實有早日向經濟部切實交涉之必要，因電力一部份，係供給渝市之用，雖云給費，但吾廠將來煤炭與運費之負担，已逾百萬，爾時所收電費，是

否能與支出煤費相平衡，甯不預計，若果電費不能抵補煤費，則在此經濟竭蹶之際，不更增加虧負，而影響於其他製造乎。查天府爲經濟部兼營之礦，渝市電力廠，受由他供給，吾廠是否可於簽訂購電合同之初，訂明以煤易電之明文，則可免惓束數賒購煤籌款之累，謹供管見，以備

鈞詧。

4、吾廠因煤炭恐慌，對礄來煤船到岸之起卸，自屬趕辦，必無滯留，並據礄廠主辦運輸者語職，吾廠起卸煤炭，尚嫌遲緩，以致船舶週轉欠靈，影響

煤運，喻為改善，職固知此種事實，容或偶然，固不能置辯，然亦不敢壅聞，職意以此後到廠煤船，可否援其他件工之例，責成警衛隊兵，加工起卸，給與運力，是否可以試行之處，敬乞

鈞裁。

又北碚辦事處迭代吾廠訂購吳粟溪粒煤三百噸，需款二十萬零三千一百元，連前欠煤款式拾叁萬元，此時已欠該處四十餘萬元，若四月份擬購之煤集齊，需款將近百萬，杜處長固無餘款可資墊撥，喻為催款應如何應付之處，擬請

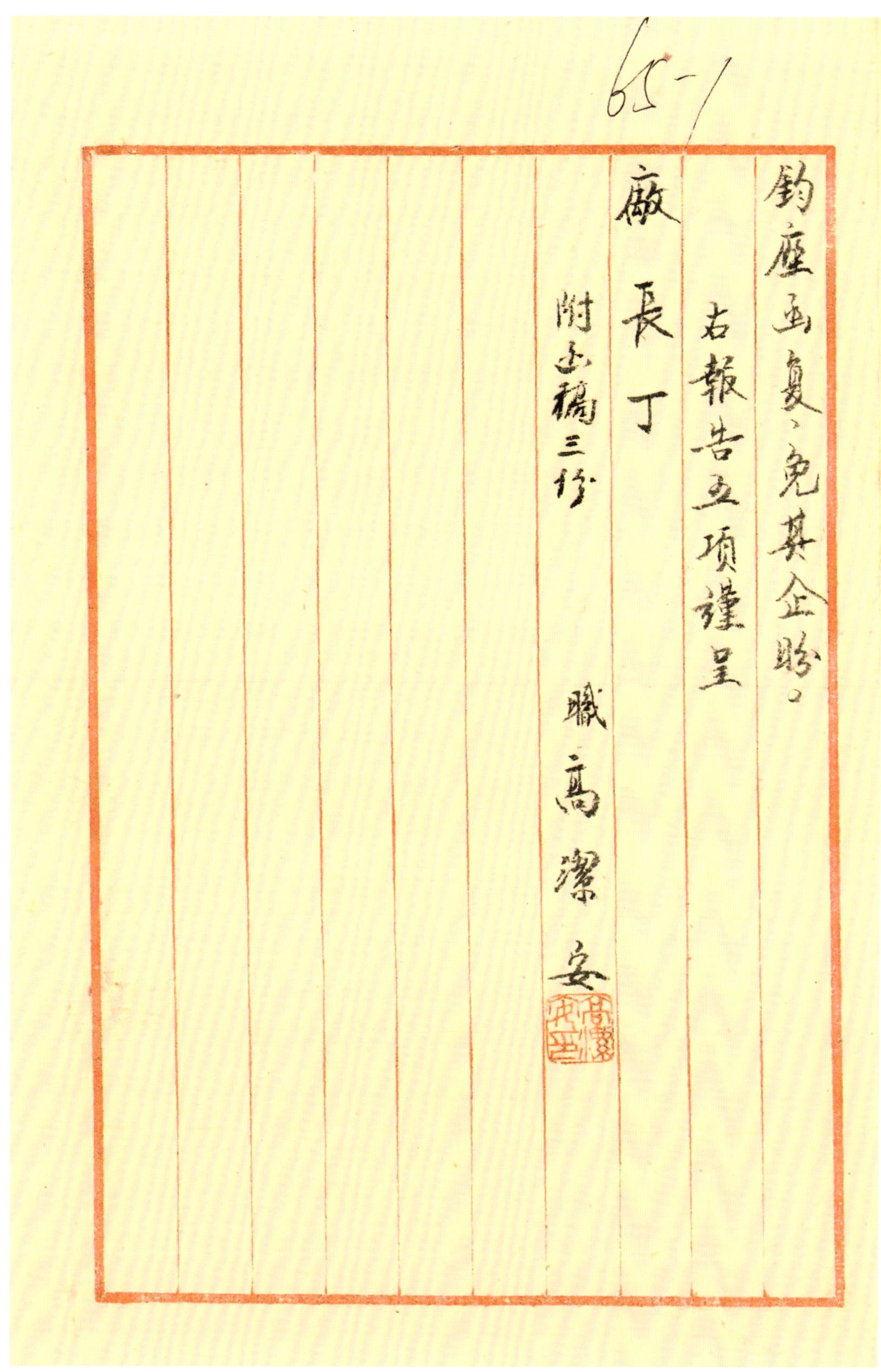

65-1

鈞座函复，免其企盼。

右報告五項謹呈

廠長丁

附函稿三件

職高潔安

66

致經濟部燃料管理處函稿

逕啓者本廠因燃料匱乏工作幾陷停頓經派員查得吴棠溪之大生煤棧大成公煤棧及麻柳坪之李伯立煤廠三同煤廠與盐井溪之同福廠等小煤礦產量雖不甚豐煤質尚可應用惟因資本與器械缺乏以致無進展尤以農忙在即工人星散最近產量更將短少本廠顧而惜之因與各該礦約定其經濟與器械方面由本廠酌與貸助限令增雇工人加陞管理日夜開採期於交足貴處每月額定提煤數量以外所有因此而增產之數量悉數照官價供給本廠俾抗戰中之兵器生產不致

66-1

若：

因燃料影響而斷絕尤不得不 貴處統制股權共劃減額數似此者，心當為 貴處所同情而樂於增產數量上急甚給運証也除函兵工署駐北碚辦事處就近核實向 貴處嘉陵江分處請發給運証外相應函達請煩

查照特飭所嘉陵江辦事處知照並予協助以利軍用為荷此致

經濟部燃料管理處

致兵工署駐北碚辦事處函稿

逕啓者本廠因燃料匱乏工作幾陷停頓經派員查

67

得兵棠溪之大生煤棧、大成公煤棧及麻柳坪之李伯立煤廠、三同煤廠與鹽井溪之同福煤廠等小礦，因資本與器械缺乏，以致產量不豐，近以農忙在即，工人星散，出數更將短少。本廠顧而惜之，因與各該礦負責人約定，其經濟與器械方面，由本廠酌與貸助，限令增雇工人，加增強管理，日夜開採，期於交足燃料處每月額定提煤數量以外，所有因此而增產之數量，悉數照官價供給本廠，俾抗戰中之兵器不致因燃料影響而斷絕，尤不得及統制機關之成效與減其額數。似此苦心，想為燃料管理處所同情而樂於填發續運證也。除函燃料管理處

67-1

轉飭所屬查照及發給大生等各礦商加工開採証明外

擬懇　貴處對上列各礦商之增產數量就近加以考

查並其備有積數可運即煩　核實代向燃料管理處

請發給運証予以保護起運並將隨时函告使知俾

收相應函達　請煩

查照辦理見復為荷　此致

軍需北區辦事處

致各礦商函稿（另繕）

查本廠因燃料匱之影響造兵工作經派採購科

68

長高濛安親赴 貴廠查勘始知近受經濟與器械之限制得於進展尤以農忙在即廠工日益散致產量更形短少各節本廠至為關切因與 貴經理約定凡屬經濟與器械方面本廠在可能範圍內竭力援助嗣後於交足燃料管理處所規定之提煤數量以外所有增加數量悉數以官價供給本廠當承 貴經理允於即日起增雇工人加強管理日夜開採增產以資軍用至深欣感除函燃管處查照及請本署駐川辦事處隨時考查增產數量及協助請領煤運證分批照原約於交足燃管處

68-1

所規定之數量外得有餘煤即本廠燃料科取承持
向北碚兵工署辦事處請求代領煤運證後即行
運廠應用為荷
此致
大生〃棧
大成公〃
李伯之〃
三同煤礦
同福〃

军政部兵工署第五十工厂、经济部燃料管理处关于第五十工厂贷助小煤矿获得增加量部分的往来公函（一九四三年四月七日）

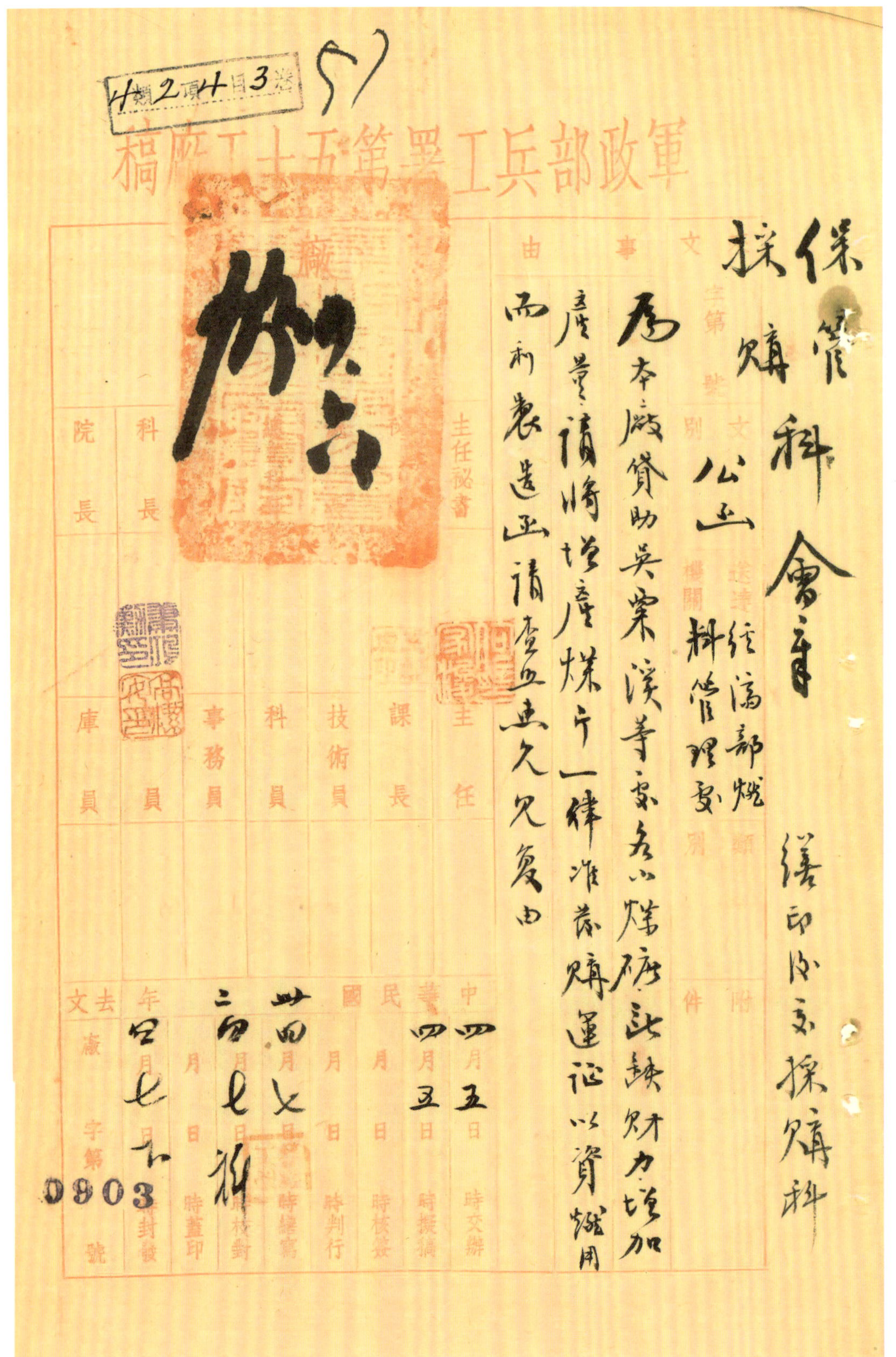

公函

查本廠近因燃料匱乏，工作幾陷於停頓，而新建雲廠即將開工，需煤尤切，亦經派員查得吳粟溪之大生煤棧、大成公煤棧及麻柳坪之李伯主煤廠、之同煤廠與鹽井溪之同福煤廠等各小煤礦，量雖不甚多，而煤質尚可應用，惟均因資本與器械缺乏，以致一無進展，尤以農忙在即，工人星散，最近產量更將減少。本廠顧而惜之，因與各該廠約定，其經濟與器械方面由本廠酌予貸助，限令增僱工人，加強管理，日夜開採，期於最高之

貴會每月額定撥煤數量以外，並有因此協助而增加之產

之煤，惟數量有限，僅供給本廠燃用，俾抗戰之兵器製造生

產不致因燃料影響而斷絕。尤不得及於敝所需之量亦得源源供應

貴會統制職權，與削減數額，似此苦心，當為

貴會諒同情而樂於惠發增產數量之燃運證也。除

函兵工署駐川辦事處就近核實向

貴會嘉陵江辦事處請發燃運證外，相應函達，請煩

查照，轉飭嘉陵江辦事處知照，並予嚴令各該廠商加工開採協助，以利軍

用為荷！

此致

經濟部燃料管理處

廠長（全銜名）

经济部燃料管理处致第五十工厂的公函（一九四三年四月十七日）

經濟部燃料管理處公函

事由：為吳粟溪等處各礦增產煤斤墊款貸運記一案已轉飭本處嘉陵江水面辦事處核辦具報并請將與各礦所訂協助合同檢送本處以備查考由

准貴廠卅二蓉字第九〇三號大函，為借貸助吳粟溪等處各煤礦增產煤斤墊款貸運，記以資繼用等由，准此，自可照辦。惟貴廠與各礦所訂協助合同，請檢送本處，以備查考。除轉飭本處嘉陵江水面辦事處核辦具報外，相應函復，請煩查照，并希見復為荷！

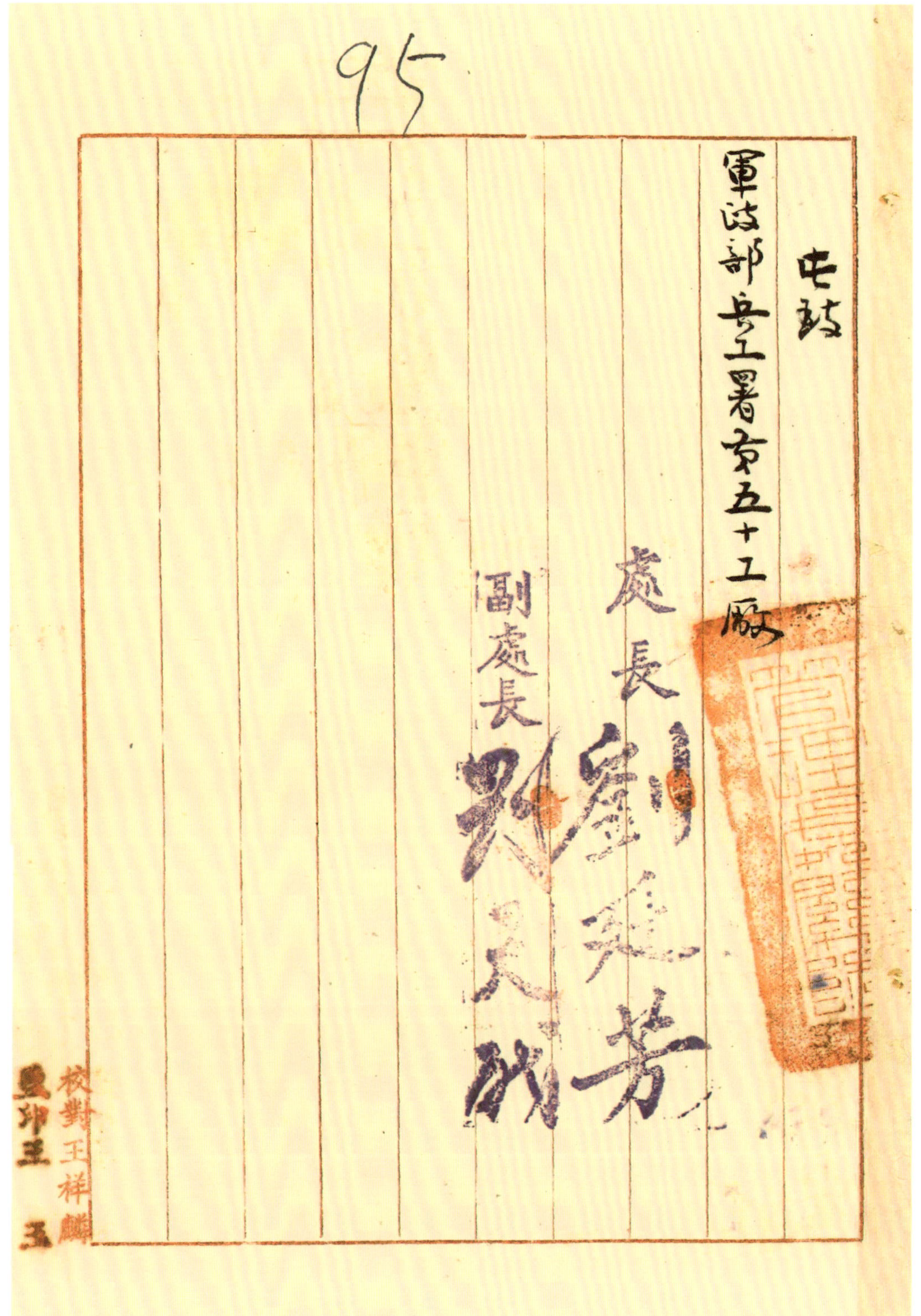
95

电请

軍政部兵工署第五十工廠

處長 劉[illegible]芳

副處長 [illegible]

校對王祥麟

军政部兵工署第五十工厂为派员商订购运增产煤斤情况致大生、大成公等煤商煤矿的公函（一九四三年四月七日）

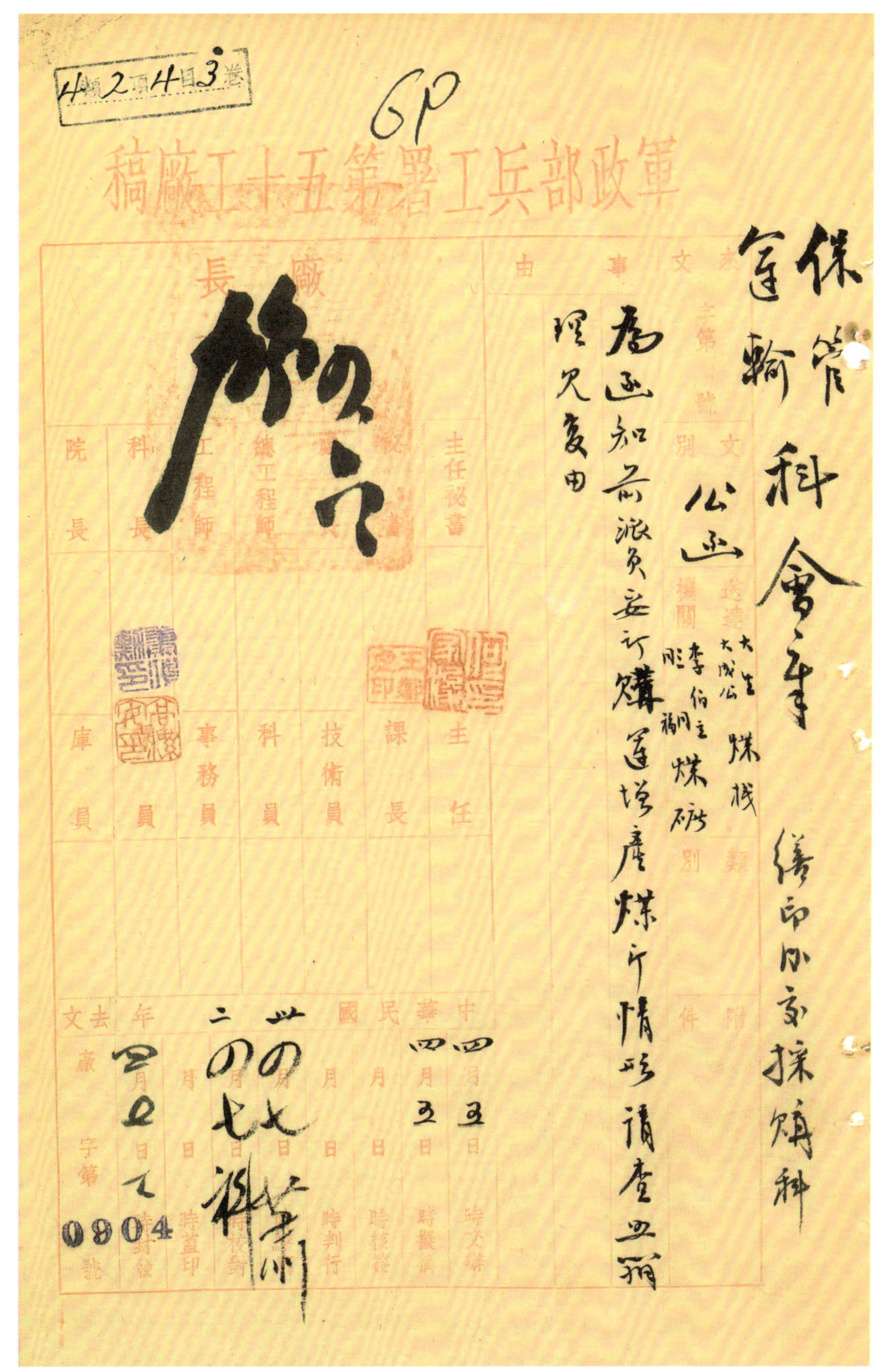
4类2项4目3卷

6P

军政部兵工署第五十工厂稿

文别：公函

受文者：大生、大成公、彤李伯主祠 煤栈、煤矿

事由：为函知前派员妥订煤运增产煤斤情形请查照见复由

附件：

保管、运输科会签

缮印 收发 採购科

厂长：(签批)

中华民国 卅二 年 四月五日 拟文；四月五日 拟稿；四月七日 判行；四月七日 缮印；四月七日 封发

去文 字第 0904 号

69-1

箋函

查本廠前以燃料遭受影响工作，經派採購科
科長高源安親赴
貴礦查勘，藉悉患因受經濟與器械之限制，難於進
展，尤以農忙在即，礦工星散，致產量更少，各情形本廠
至為關切，因與
貴經理約定，凡屬經濟與器械方面本廠在可能範
圍內竭力援助，關於產煤，務求足燃料管理處所規定
之援煤數量以外，所有增加產數量，悉數以官價供給本
廠，當承

70

貴經理允於即日起增僱工人，加强管理，日夜開採，俾增產量以充軍用，至深欣感。除另函請燃管處查照及兵工署駐北碚辦事處隨時考查增產數量與協助請領購運證外，希照原約於每月之燃管處函規定之數量外，所有餘煤即起本廠採購，料取函請向北碚兵工署辦事處請求代領購運證後即行運交本廠之用，相應函請

查照辦理見復為荷！此致

大生
大成公煤棧
同三李伯福同志煤礦

（廠戳）

军政部兵工署第五十工厂为请核实各矿商增产煤斤情况并代请发给购运证致兵工署驻北碚办事处的公函

（一九四三年四月七日）

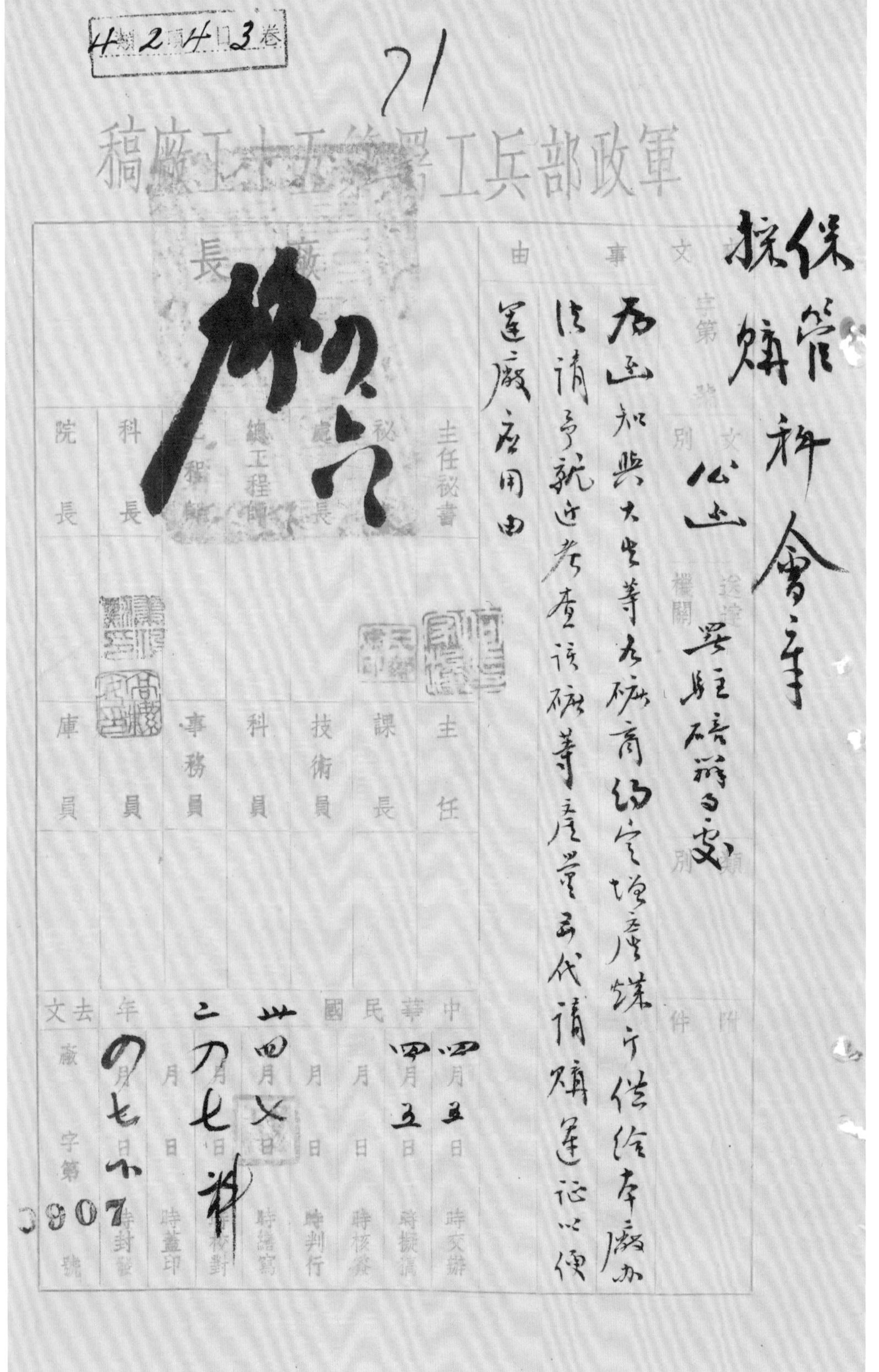

4 2 4 3 卷

71

軍政部兵工署第五十工廠稿

文別：公函

事由：為函知興大生等各礦商約定增產煤斤供給本廠辦法，請予就近考查該礦等產量，並代請發運証，以便運廠應用由

送達機關：要駐碚辦事處

保管 核發 科 會 手

廠長

主任秘書 秘 處長 總工程師 工程師 科長 院長

主任 課長 技術員 科員 事務員 庫員

中華民國卅二年四月五日

去年文 廠字第 0907 號

公函

查本廠近因燃料匱乏，工作幾陷於停頓，而新建各廠需煤尤為殷切，曾派員查得吳棗溪之大生煤礦、大成公煤礦及麻柳坪之李伯之煤廠之同樣煤廠與鹽溪之同福煤廠等，各以礦坍，因資本與器械缺乏，致產量不多，近以農忙，礦工人星散，出數更為減少。本廠顧此情形，因與各礦負責人經約定，其經濟與器械方面由本廠酌予貸助，限令趕緊加強管理，日夜開採，期於不足燃管處每月額定採煤數量以外，盡有因此協助而增產之煤，悉數照官價售給本廠燃用，俾抗戰中之兵器不致因燃料影響而斷絕，尤不礙及統制機關之對私營業之應得派供者

878

職擬與削減其數額，一舉兩善起見，為統管需要與內情而樂於快發購運證也。除另函統料管理處轉飭該廠查照及發給大生等五廠加工開採證明外，擬具貴處對上列各廠商之生產數量，就近加以考查，如礦有積存可運，即煩核實代向統料管理處請發購運證，予以保護起運，並希隨時函告，俾知給收，相應函達，請煩查照，惠予辦理見復為荷！

此致

兵工署北碚辦事處

军政部兵工署第五十工厂为燃料管理处已准予核发购运证致兵工署驻北碚办事处的公函（一九四三年五月七日）

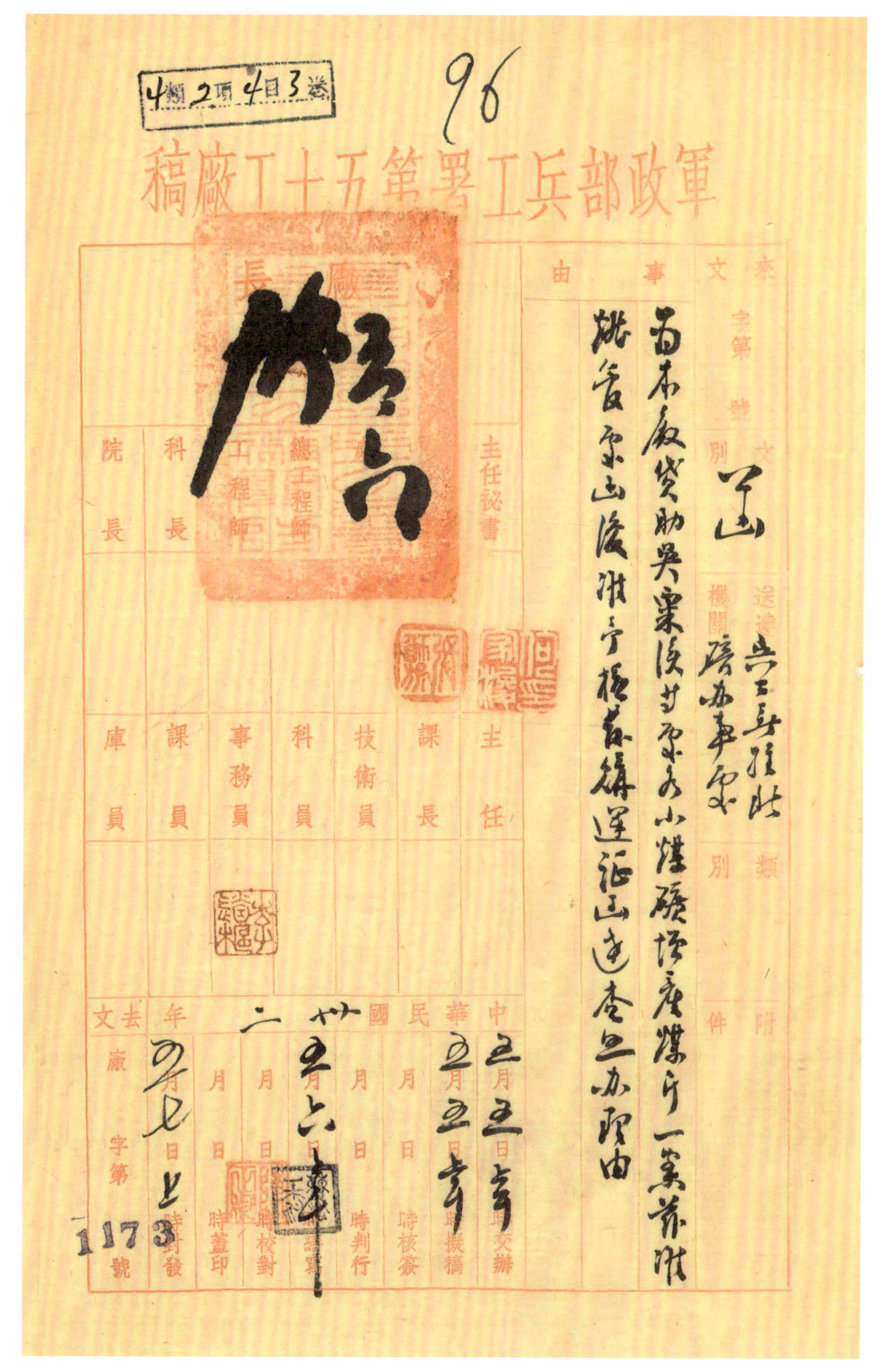

4類 2項 4目 3卷

96

軍政部兵工署第五十工廠稿

來文字第　號　文別：函

送達機關：兵工署駐北碚辦事處

事由：為本廠貸助吳家院甘家大小煤礦增產煤斤一案茲准燃管處函復准予核發購運證函達查照辦理由

廠長：[signature]

總工程師　工程師　主任秘書　科長　院長

主任　課長　技術員　科員　事務員　課員　庫員

中華民國卅二年

五月五日交辦　五月五日擬稿　月日核簽　月日判行　五月六日繕寫　月日校對　月日蓋印　五月七日封發

去文：廠字第1173號

公函

查本厂前以燃料匮乏，拟贷助吴粲侯
甘雨两小煤矿增产煤斤，拨供燃用一案，经
以厂（卅）药字第907号函请
贵处就近考查该两矿有无产量暨代请饬
运证以便运厂应用在案，并经函请燃料处核
发给运证两在案，并准该处函复，以给运
证已饬嘉陵江办事处核办，并由桐梓山运转发
查照办理为荷，此致
兵工署驻渝办事处

张郁秋关于军械库库房管理警卫情形及储存物品近况致丁天雄的签呈（一九四三年五月十七日）

附：军械库库房管理警卫情形及储存物品近况报告书

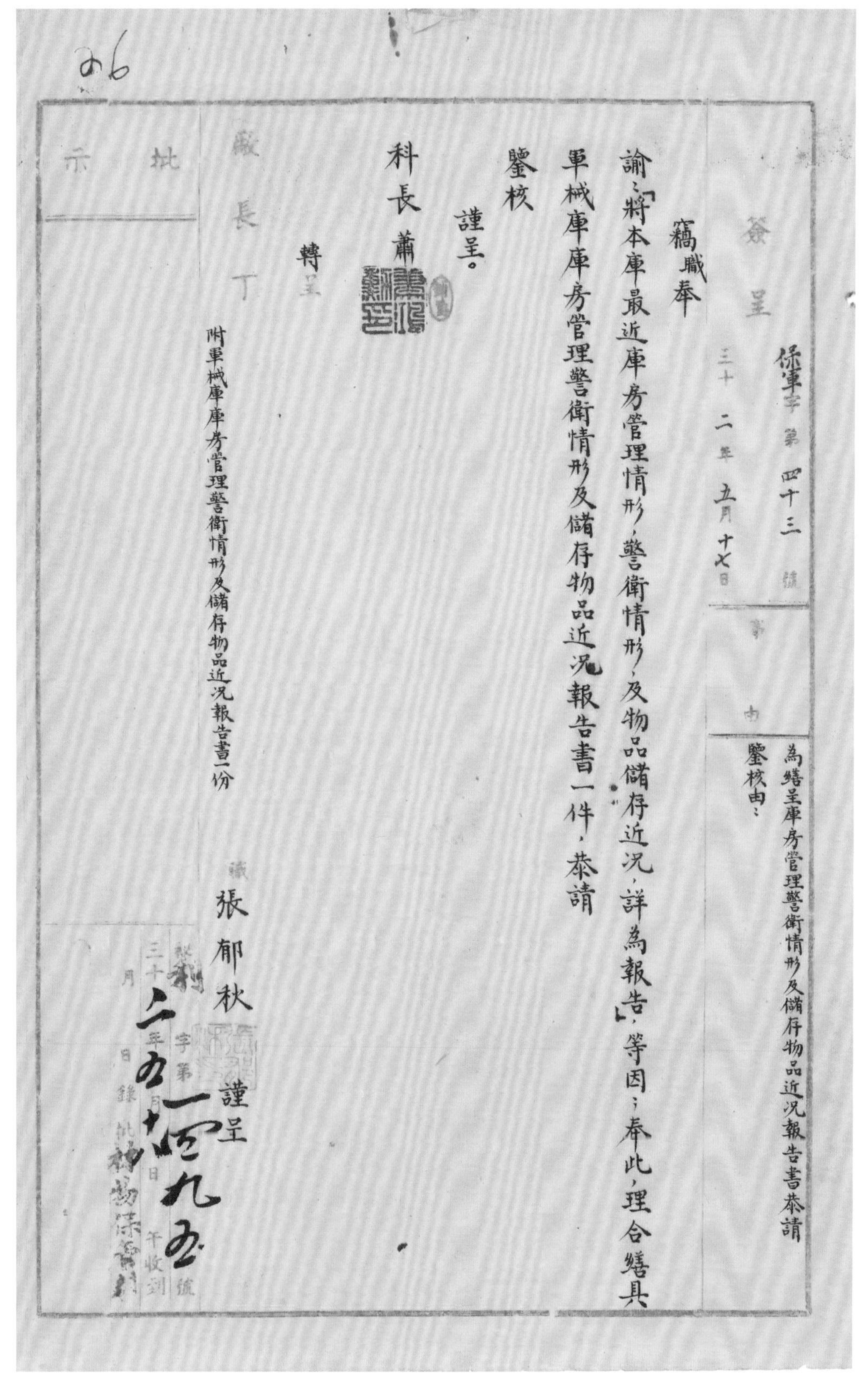

簽呈　保軍字第四十三號　三十二年五月十七日

事由：為繕呈庫房管理警衛情形及儲存物品近況報告書恭請鑒核由。

竊職奉

諭：「將本庫最近庫房管理情形、警衛情形，及物品儲存近況，詳為報告」等因；奉此，理合繕具軍械庫庫房管理警衛情形及儲存物品近況報告書一件，恭請

鑒核

謹呈。

科長蕭　轉呈

廠長丁

附軍械庫庫房管理警衛情形及儲存物品近況報告書一份

職　張郁秋　謹呈

批示

27

軍械庫庫房管理警衛情形及儲存物品近況報告書

軍械會

28

軍械庫庫房管理警衛情形及儲存物品近況報告書

本庫因葯品種類繁多，完善庫房缺乏，為求分類存儲起見，利用本廠附近山洞掩體限量儲藏各種彈葯，並派有專責員工官兵協助管理，藉資謹慎周密，儲存彈葯之庫房，計有銅台路牛耳沱石馬崗蓮花背四區域，茲分别記載詳情報告如下：

甲、銅台路部份

(一)庫房情形及儲存葯品情形：

本庫房位於大興場之東，能利用以儲存葯品之庫房計有山洞叁座，機槍掩體四個，石碉堡三個（附圖說）

山洞有A洞B洞D洞三座，均成三叉道，各洞口裝有鉄門，鉄門外裝有木栅門以便通風時關鎖之用，外界温度高，或温度過高於庫房内時，則嚴閉鉄門，防止外界空氣流

281

入，當外界清涼、空氣乾燥、或溫度不太高於洞內時，則不時開放鐵門關鎖柵門，用以自然通風，各洞之前門兩道，距離較近，後門較高，自然通風情形極佳，每日平均有八小時之自然通風，夏季溫度極低，石質堅，而不潮濕者，頗合裝儲火炸藥之條件。

B洞有風化石，後門及中心漏水，不宜儲存藥品，除前門兩道現儲存硝（東口）及磺（西口）外所有漏水之處，未敢裝置其他藥品。

A洞石質極堅，內撐以木拱，全洞可存T.N.T.二十噸以內，且可照規定佈置通風道，現存有無銅殼引信傳爆管之七五砲彈彈頭四一三四顆，此項彈頭，除裝有T.N.T.外，並無雷爆劑，及其他藥品，所裝T.N.T.因此限在十噸以內，箱下均墊有枕木，距離牆壁及通風道高度等，均遵規定辦理，本洞除T.N.T.高級炸藥外，絕對嚴禁儲存任何藥品，洞內裝濕度表一只，以量溫度及濕度之用。

D洞石極堅，現用以儲存無煙藥，全洞儲存限量為二十噸，所有非完好有變性嫌疑之無煙藥另放其他庫房，不予混入，近來所儲存之無煙藥均經檢查其安定性者，所有枕木、通風道、高寬長等，均遵照規定辦理，內置濕度表一只，以測庫房內氣候情形。

EG兩掩體之射擊孔，均裝有木窗，地址極乾燥，用以儲存槍彈（E掩體）及硝（G掩體）之用

F掩體似不甚牢，為避免意外起見，暫不利用。

HI兩掩體距離辦公房較遠，因年久失修，橫樑均已腐敗，除將土面加以灰層，以免漏水外，內部撑以頂木，以利應用，現H掩體放有氯酸鉀八五〇公斤，I掩體存儲開山黑藥半噸各置寒暑表一只，以測氣候之變化。

碉堡則因天氣漸熱，夏季未便利用，現未裝有藥品。

291

（二）庫房管理：

所有銅台路庫房，由職主持外，並有庫員劉汝儉駐守，幫同管理一切事宜，機械士呂興漢協助記録溫度收發彈藥等事宜，並劃分為三段，以A洞E掩體、JK兩碉堡為第一段，由庫工王海云看守，以B洞D洞GF兩掩體為第二段，派庫工龐鵬看守，以HI兩掩體為第三段，派庫工袁明山看守，因地勢較遠，晚間增派機械兵傅德興駐守，並有草狗一頭，所有鑰匙一律集中於保險櫃內，由劉庫員負責保存保險櫃鑰匙之責，所有庫房門完全由職或劉庫員親自啟閉，通風道枕木等佈置均遵規定佈置之，所有負責看守員工，均依照本庫所定員工須知管理庫務。

（三）警衛情形：

銅台路住有第二中隊，官長一員，班長四名，士兵三十名，由分隊長董明新負責警衛

30

事宜，在老鷹岩設有排哨，以電話機通訊，駐班長二名，士兵二十名，王山嘴設立軍士哨駐有班長二名，士兵十名，全區計有崗位九處（詳圖）晝夜派兵輪流站崗，二小時換班一次並由第二中隊派便衣巡查，來往巡查，除銅台碼頭可以出入外，所有其他地点一律嚴禁通行，A洞D洞各駐警犬兩頭守夜，A洞為警犬管理員杭金標負責，D庫由警犬管理員凃壁麟負責，所有房屋不與山洞毗連，且絕對禁止吸煙，點燈生火，在銅台路區域內嚴禁吸煙外，即生火地点，除指定離庫較遠之地点，可以生火外，一律禁止點灯生火照明概用手電筒為之。

31

乙、牛耳沱部份：

（一）庫房情形及儲存物品情形：

牛耳沱水勢平和，人跡極稀，本廠所裝彈葯船隻停泊於此，既管理集中，且聯絡亦方便也。本沱除成品船外，現尚有船隻四条（附圖）其儲存物品情形如下：

第一条大船，裝載各式引信底火，此項引信底火有成品無法完成之引信，有試砲未用去之引信，及友廠運來備裝成品用之引信底火均裝於本船上。

第二条小船，裝有傳爆管二萬餘枚，此項傳爆管係第十廠造，第七式傳爆管，經試驗不能合用，應否廢棄已呈　署請示中，有寒暑表一只，以便測量氣候之用。

第三条小船，裝有不便裝入山洞之無煙葯，儲存待修之15cm海砲葯一〇六八公斤。

第四条大船，裝載試驗用之填沙彈練習彈，所有實彈另存他庫，上有寒暑表一只，

311

以便記錄温度。

(二)庫房管理：

所有牛耳沱庫房由職隨時巡查外，並派有助理員龔弘之駐守，此處庫工郭國選、張叙成二名分别看守第一第二(郭)第三第四(張)各船所有庫工水手、士兵煮飯，概在山坡上生火，暴風時嚴禁生火，晚上照明有手電筒兩個外，一律禁止點灯，每日詳記早晨、中午、傍晚温度三次，船上除必要物件外，絶對禁止引火物件上船，庫工、水手、士兵住宿，亦不得居住葯箱之上。

(三)警衛情形：

第二中隊派班長吴榮威一名士兵六人，駐守本沱，第一號船住士兵二名，第二號第三號各住士兵一名，第四號船住士兵二名，白天由庫工水手幫同照顧船隻，夜間士兵分

32

班來往巡查，每兵每夜輪值一次，每次士兵一人，每兩小時一班，自下午八時開始，上午六時停止，遇有成品船時，另派士兵看守，每船距離在五十公尺以外，或相隔山礁，以策安全，遇有警報，式小船及成品船向下水疏散，水手計第一条船二名第二条船二名，第三条船二名，第四条船三名。

33

丙、蓮花背部份：

（一）庫房情形及儲存物品情形：

蓮花背有山洞一座，有三洞口，兩洞口裝木門，一洞口裝鉄窗，裝木門兩洞口雨後漏水不能存放物品，靠窗一洞尚乾，在無山洞可以利用時，不防利用以存儲非永久性之實彈現存有三八式野砲彈一二〇枚，六公分迫砲彈一三三枚。

（二）庫房管理：

蓮花背除職　隨時前往巡查外，有助理員夏新志及庫工一名駐守，洞內置濕度表一只，以備測量洞內氣候之用，洞內照明用手電筒，每日通風照銅台路辦法辦理之。

（三）警衛情形：

第三中隊派梁班長一名，士兵四名駐守，設一崗位來往巡查，日夜站崗每兩小時換班

34

丁、石馬崗部份：

(一)庫房情形及儲存藥品情形：

石馬崗有小山洞五座(附圖)高僅一公尺半，寬深約二公尺，各有一洞口，內部石質極堅，並極乾燥，用以儲存少量黑藥，或雷爆劑，確極適宜，各洞儲存之物品如下：

子洞內裝底火黑藥餅九五〇〇個。

丑洞內裝德製黑藥四〇〇公斤(未超過規定)

寅洞裝有火帽及雷管。

卯洞裝德製黑藥四〇〇公斤。

辰洞未修妥，未裝藥品。

各洞內均以砲彈箱代枕木，均留有通風道，寅洞內有濕度表一只，卯洞內有寒暑

341

表一只，以便測量氣候。

(二)庫房管理：

石馬崗除職隨時巡查外，並派庫員那敬廉負其責，庫工張喜寅、彭群生兩人司理通風清潔及記錄温度等事宜，通風情形與銅台路同。

(三)警衛情形：

石馬崗設有軍士哨，由第三中隊派班長一名，士兵四名駐守，設一崗位，日夜站崗，每二小時換班一次，有犬一頭幫同守夜。

35

以上各區庫房均遵照

署令及　鈞長原則管理之，茲綜其結論十六条如下：查尚與渝造(卅)丁字〇四四九三號

署令危險品保管存儲須特別注意事項，各条相符。

一、良品與廢品，無堆放一庫之事實。

二、無煙藥（D洞）與炸藥（A洞）分類存儲之。

三、成品（臨時派船）與火炸藥不相混雜。

四、黑藥及雷爆劑，均單獨限量存儲（石馬崗各小洞

五、無煙藥等，均經檢查其安定性者。

六、每種火炸藥之儲存，均定量集中於指定庫房內，並不使擠。

七、通風道高度等，均不超過規定，枕木亦均墊鋪各庫房，每日測量温度三次，

351

温度記錄每日隨日報呈報，通風情形每庫房均詳載日記存查。

八、庫房照明完全用手電筒，並絶對禁止吸煙、生火部份，除指定地点外，嚴禁提帶火具。

九、所有易燃物品，均集中放置於指定地点庫房内，尚保持清潔整齊。

十、庫房内除牛耳沱因守船關係，住有人員外，其他各庫及毗連房屋，並無住有員兵之事實。

十一、所有廢品繳庫時，本庫當時即行會同大工所處理之，不收入庫。

十二、各庫房均有職員負責，檢查日光直射及漏雨等事宜，且負責門鎖事宜。

十三、開箱裝箱均有職員監視，並在庫房以外，且禁止任何人，隨意搬動或住宿彈藥箱上。

36

十四、船隻存放彈藥者，距離約在五十公尺以外，或有山礁之隔，生火概在山坡上

並不准點燈或帶火具。

十五、每日收發彈藥情形，逐日繕具日報呈報，以免一時之小誤而發生意外。

十六、警衛方面，除增加官兵外，重要地區並置犬守夜，以補助衛兵黑夜精神之不

足。

60

兵工署第五十工廠自備3250KW發電廠概況

（一）機器鍋爐主要規範（附規範書）

（二）裝置經過概况

（三）發電情形

（四）發電紀錄

（五）供電狀况

（六）停電報告

（七）維持困難幾點

（八）其　他——（1）試行輸電至渝市郊之經過

（2）鍋爐裝竣後試驗不合用局部改造經過

（3）2000KW汽輪機地軸腐蝕局部改造經過

（一）機器鍋爐主要規範——見附規範書

（二）裝置經過

發電廠址於廿八年勘定當即鑿山興建防空廠房機器由株州等處轉輾運渝後疏散在本廠附近各處以避空襲主要部份均到齊僅極小部份阻留在滇緬越南等處改由自造代替或向各廠撥借配用卅一年四月防空水泥鋼筋廠房已建築一部份為避免空襲起見即將重要機器移進廠房內但因土木工程尚未完工可利用地位太小延至六月始開機箱整理

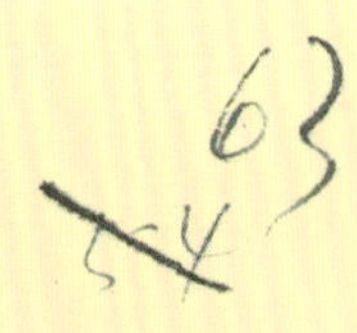

安裝機器工程，因本廠員工缺乏，幾經考慮後於五月間委託渝通工程公司招工承辦，卅一年六月起開始作準備工作，因土木工程延期完竣並有誤建改造等關係，延至是年十月一日始安裝鍋爐，由渝通工程公司交由四方企業公司承包，卅二年三月底鍋爐四座先後裝竣，試用經過詳後。卅二年一月一日始安裝汽輪，先裝1250KW者，繼裝2000KW者，於五月底汽輪兩座先後裝竣，並於五月十八日及六月十日先後試車竣事。其他主要之自添配機器與設備計有五噸行車一座，二十五噸煤斗二座，配電壁架全套，卅四公尺烟囱一座，以及通風設備等。

（三）

試行發電情形

64

三十二年七月十七日應用柴油機電流開用鍋爐一座，並將1250KW發電機短路烘乾，至十九日高壓絕緣已由0.5 Megohms升至1.5 Megohms，廿二日達3.5 Megohms，乃於廿三日試行起電壓發電約五百瓩，因負荷因數較低(0.5)故已達1000KVA；七月廿一日續烘二千瓩發電機，至八月四日試行發電，同時併車停用1250KW機，改由2000KW供電約500KW；自七月廿三日至九月廿二日止，1250KW機計用29天，2000KW者計用33天，其間除1250KW車之調速器一度發生不平衡，後經改正調速器彈簧，迨今尚無不正常現象外，經過均屬良好。九月十六日將2000KW機用自來水池水放入凝汽器中冷卻銅管與冷油器，走廻汽約25分鐘，機壳溫度升至230°F，並無不良現象，將來走廻汽開機諒無問題，

(四)

發電紀錄

65

發電紀載詳見附九月廿二日紀錄單四份、

（五）供電狀況

目前發電除日夜不停供給本廠外、並同時供給第二工廠應用、今用電情況在廠房工作時間內（上午六時半至十一時半及下午十二時半至下午五時三刻）供電約五百KW、（發電廠自用電在內）（因KW表欠準確不能直接紀錄）電流達220安培、電力因數約0.5左右、晚十時至晨六時半近空負、祇供發電廠自用電約100KW左右、其餘時間負荷極小祇供電燈與第二工廠約200至250KW。全月發電約二十萬度、耗煤約五六百噸、購電約十二萬度、發電廠自用電約八萬度、每度電耗煤日間約二公斤、夜間空負約二公斤六至三公斤、平

均約二公斤有零餘詳見日報單

（六）

停電報告

發電廠本身自發電以來尚未停電至饋電於試行發電最初期在七月間因鍋爐燃燒欠佳停止與燃煤太劣等關係而致鍋爐跌降汽壓過低而停止饋電有幾次（每次約十餘分鐘）外凡遇大雷雨均停止饋電外亦未停送

（七）

維持困難幾點

本廠發電廠發電伊始困難之處較多重要幾點臚列如左

一、鍋爐水表玻璃甚易被高壓蒸汽侵蝕損壞而備件不多二個月來已將全部備件用去現將損壞者磨去一層，勉強維持，並改用鍋爐一座以資節省。

二、鍋爐構造原按應用湖南萍鄉烟煤設計，今在四川祇能應用普通一般低級烟煤，今雖已將拱圈改造可以燃燒，但燃燒仍不完善，因其他部份如爐排等尚無法加以改造，因此種種，鍋爐每座蒸發气量難予達到規定數原保證可供1000KW，目前恐不可能辦到，應用鍋爐三座恐至多祇能供給2000KW。

三、蒸溜器蒸出水量於輕負時甚少，不足補充，須另加生水，易致鍋爐生水鹼。

四、各項凡而十有九漏，而無備件，修理困難。

五、各項水气管大多互相連通，凡而等漏气或漏水，非停爐或停機，無法修復。

六、鍋爐爐排嫌短，燃燒不盡，出灰困難，而容易跌降氣壓、

七、配電壁上各項指示表均係次等貨品，既不準確，亦不耐用，時有損壞等情。

八、發電廠原屬新辦，員工大半均須新招，因後方缺乏相當學識技能與經驗之技術員與技工，及待遇等關係，招置合適人員相當不易，致員工缺乏支配，工作不敷，尚多管理與修理機器方面頗多困難。

（八）其他

一、試行輸電至渝市郊之經過：

第一次係於卅二年八月十五（星期日）電力公司因第三廠修理機件要求

軍政部兵工署第五十工廠

本廠試供電給南岸龍門浩及海棠溪區，自上午十一時起至十六日下午五時停止，最高電流約140安，最高電力約500KW，共送電約7000度，第二次係在八月廿一日試供電給龍門浩與海棠溪外，並供南岸水泥廠，計最高電流約234安，最高電力約500KW，當時本廠自用約500KW，共計約1000KW，425安培，但試用僅約一刻鐘，因負荷增高太快，鍋爐蒸气量不及加增而降跌，汽壓至不能維持而停止，繼將鍋爐气壓升高後，準備再試，但開關推上時，一相電流忽增高至不能紀錄，發電機與汽輪機不勝負而發奇聲，電壓降至零伏，當即拉下，經查綫路上發現有中央電瓷廠出品之瓷瓶損壞約十餘只，相綫接地，經掉換後，於九月一日再作第三次試送，適值大雨過後，開關推上時，與上次綫路相綫接地情形完全相同，經查又發現該項瓷瓶損壞一只，本廠為發電機及汽輪機安全計，決定在瓷瓶與保護設備未有妥當改善以前，不擬再冒險作試驗。原定九月一日輸送電流至重慶市郊之計劃，至今尚未見諸事實。

二、鍋爐裝改後試驗不合用局部改造經過

鍋爐四座，於卅二年三月底全部裝竣，經烘爐手續後，各燃用北碚石溪口烟煤，北碚經過情形均良好，於五月底全部試驗完竣。惟當使用烟煤如天府、協力等礦煤時，似因煤質稍遜，未能適合鍋爐原有之構造，致燃燒不佳，難於着火。經多次研討，決定將鍋爐局部先加改造（詳見附圖），冀以適合渝市普通一般燃煤之性能。於六月七日開始改造一座，十六日改竣，烘爐五天，於廿二日試用，結果

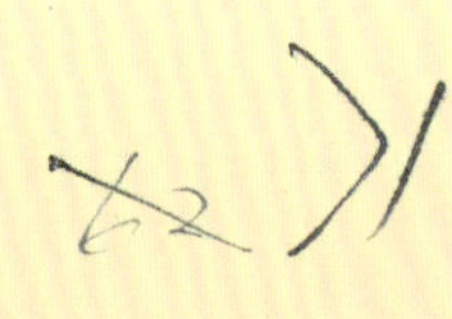

良好，隨即將其他三座逐一改造，八月四日全部改竣，並均經試用，（截至九月十七日止一號鍋爐開用62天二號鍋爐開用39天四號爐用3天）附第一次及第二次試驗紀錄又鍋爐局部改造前後圖樣及各項燃煤分析成分

三.2000KW汽輪機地軸腐蝕局部改造經過：

2000瓩汽輪機地軸因裝箱欠佳受水侵腐蝕過深有達0.5粍以上者，且當後承軸地位情形殊為不佳，根本之圖須將腐蝕處車光重配承軸後為節省時間起見曾將後承軸稍加改造，在原承軸中加添一承軸使腐蝕處不與原承軸接觸，今運用一個月來經過良好溫度最高不超過攝氏50度。

军政部兵工署第五十工厂动力设备调查表（一九四三年十二月）

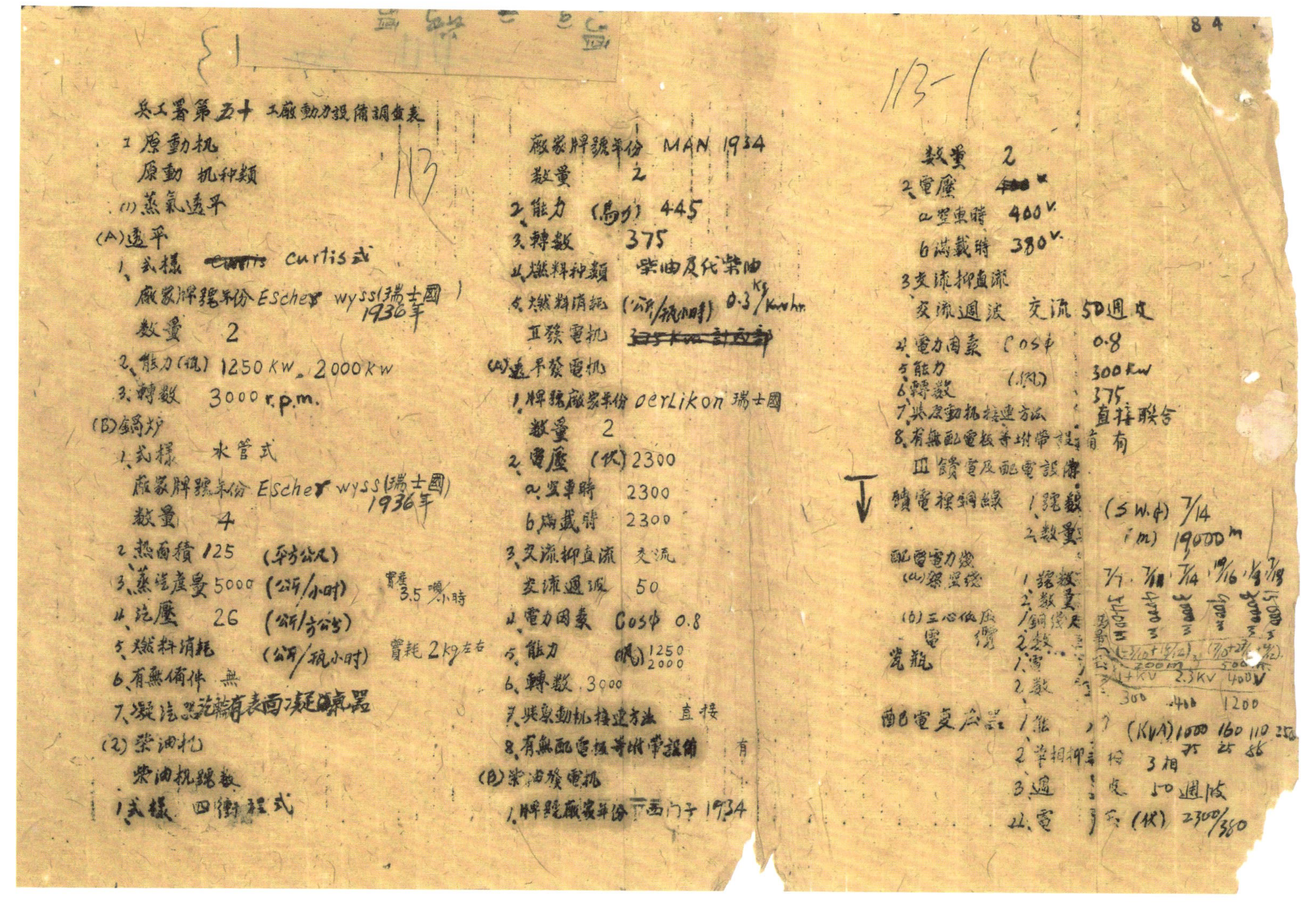
113

兵工署第五十工廠動力設備調查表

1 原動机

原動机种類

(1) 蒸氣透平

(A) 透平

1、式樣 curtis式

廠家牌號年份 Escher wyss（瑞士國）1936年

數量 2

2、能力（瓩） 1250 KW、2000 KW

3、轉數 3000 r.p.m.

(B) 鍋炉

1、式樣 水管式

廠家牌號年份 Escher wyss（瑞士國）1936年

數量 4

2、熱面積 125 （平方公尺）

3、蒸汽產量 5000 （公斤/小时） 實產3.5噸/小時

4、汽壓 26 （公斤/方公分）

5、燃料消耗 （公斤/瓩小时） 實耗2kg左右

6、有無備件 無

7、凝汽器 汽輪有表面凝結器

(2) 柴油机

柴油机總數

1、式樣 四衝程式

廠家牌號年份 MAN 1934

數量 2

2、能力（馬力） 445

3、轉數 375

4、燃料种類 柴油及代柴油

5、燃料消耗（公斤/瓩小时） 0.3 kg/kwhr

II 發電机

(A) 透平發電机

1、牌號廠家年份 oerlikon 瑞士國

數量 2

2、電壓（伏） 2300

a 空車時 2300

b 滿載時 2300

3、交流抑直流 交流

交流週波 50

4、電力因數 Cosφ 0.8

5、能力（瓩） 1250 2000

6、轉數 3000

7、與原動机接连方法 直接

8、有無配電板等附帶設備 有

(B) 柴油發電机

1、牌號廠家年份 西门子 1934

113-1

數量 2

2、電壓

a 空車時 400V

b 滿載時 380V

3、交流抑直流

交流週波 交流 50週波

4、電力因數 Cosφ 0.8

5、能力（瓩） 300 KW

6、轉數 375

7、與原動机接連方法 直接聯合

8、有無配電板等附帶設備 有

III 饋電及配電設備

饋電裸銅線 1、號數 (S.W.G) 7/14

2、數量 (m) 19000 m

配電電力纜

(a) 架空綫

(b) 三心低壓電纜

電瓶

配電變壓器 1、能力 (KVA) 1000 160 110 25

2、單相抑三相 3相

3、週波 50週波

4、電壓（伏） 2300/380

84

萧鸿勋为报告军械库储存弹药情形致丁天雄的签呈（一九四四年五月六日）

附：军械库一九四四年五月份储存弹药情形报告书

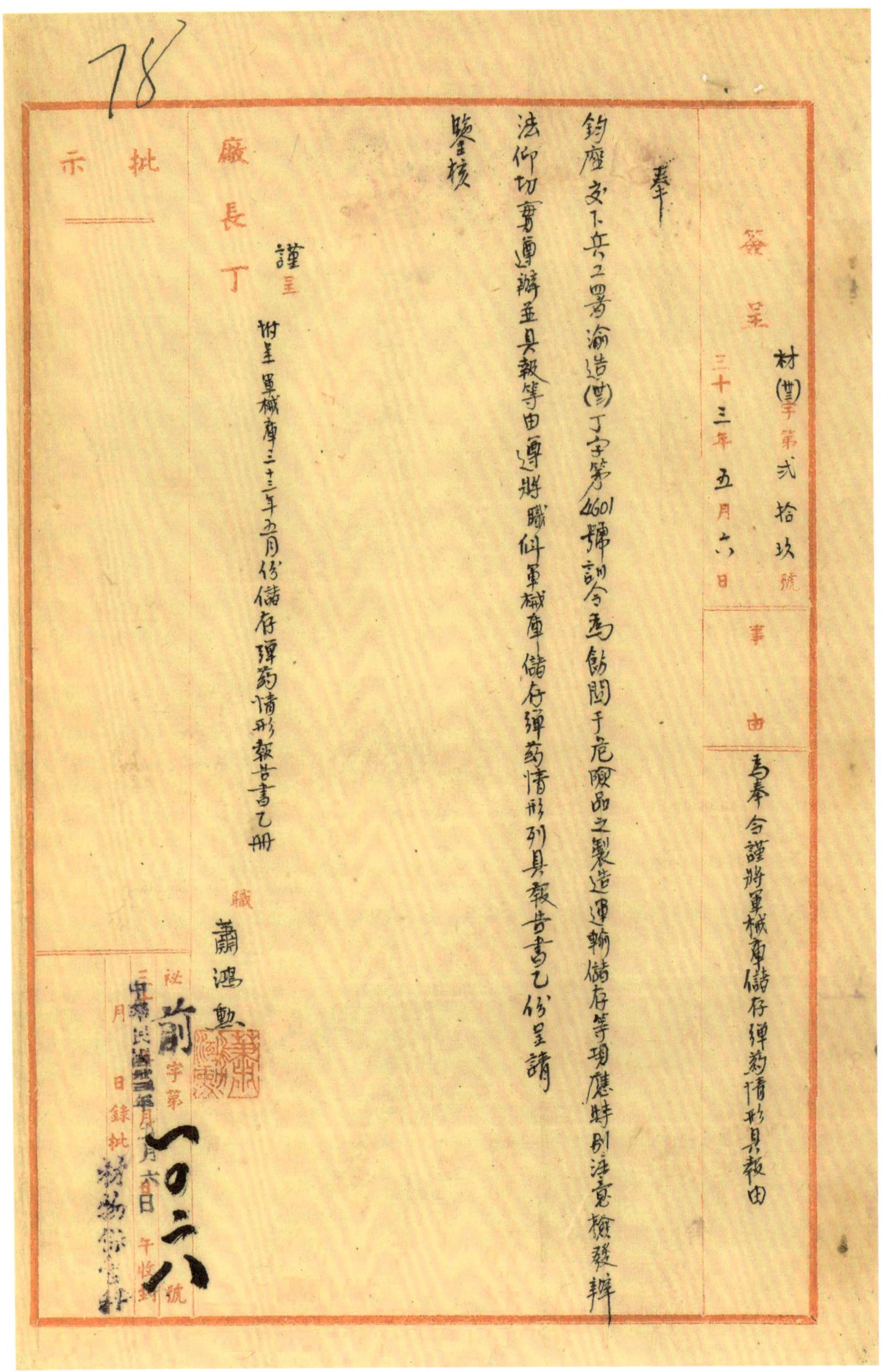
78

簽呈 材(卅)字第弍拾玖號 三十三年五月六日

事由：為奉令謹將軍械庫儲存彈藥情形具報由

奉

鈞座交下兵工署渝造(卅)丁字第4601號訓令為飭關于危險品之製造運輸儲存等項應特別注意擬發辦法仰切實遵辦並具報等由遵將職廠軍械庫儲存彈藥情形列具報告書乙份呈請

鑒核

謹呈

廠長丁

附呈軍械庫三十三年五月份儲存彈藥情形報告書乙册

職 蕭鴻勳

批示

中華民國卅三年五月六日 祕字第一〇二八號

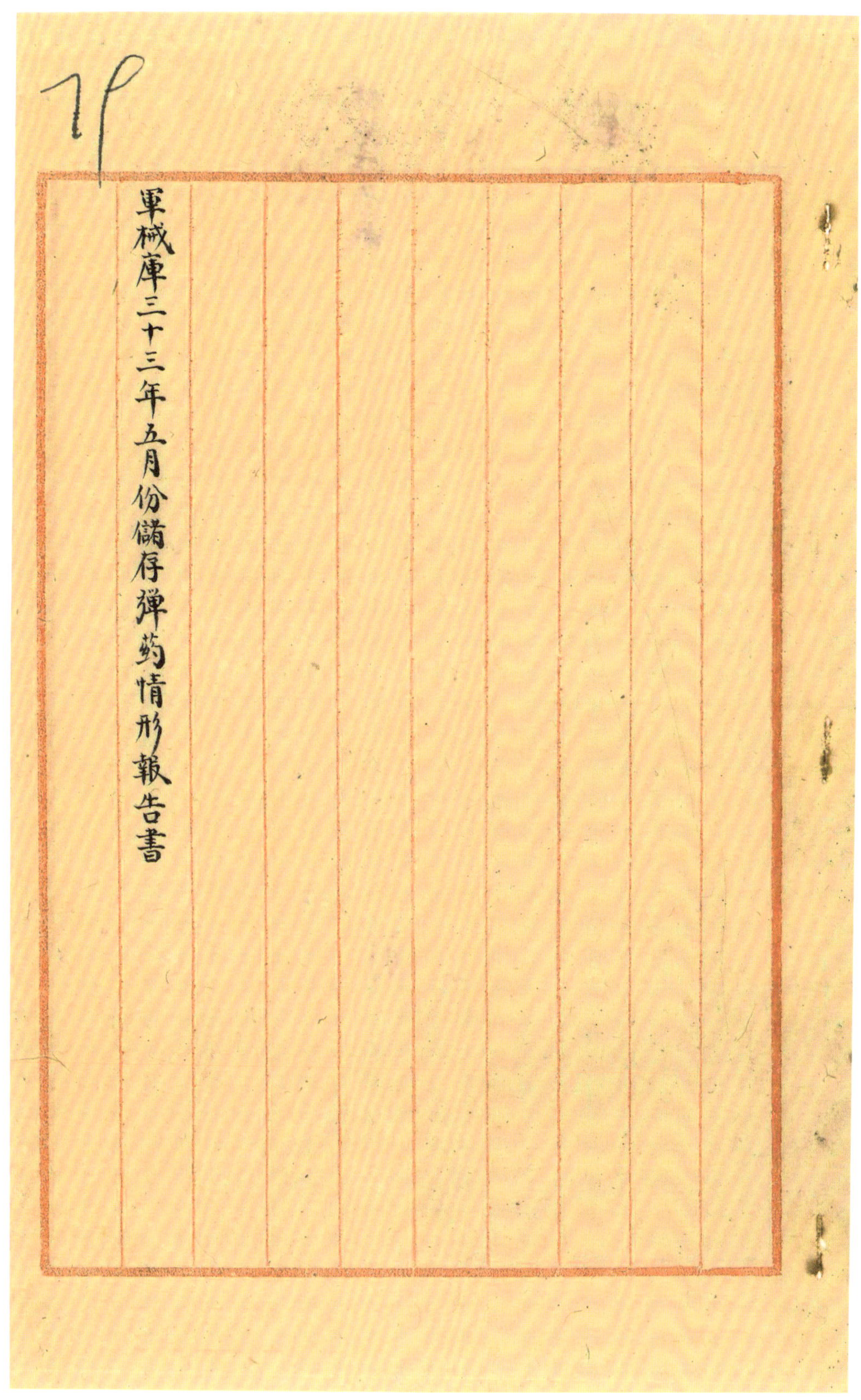
軍械庫三十三年五月份儲存彈藥情形報告書

80

謹將本庫儲存彈藥情形呈報如下

一、本廠領到各種火藥，分別儲存山洞內，無煙藥專裝一洞庫，TNT專裝一洞庫，不完整之箱桶及受潮變性或有雜質者均挑出另入其他庫房，概不混雜，黑藥及其他藥品則分別儲存於小山洞內、掩體內或碉堡內，儲量極少（遵照危險品保管存儲應須特別注意事項（以下簡稱署令甲条）第1、3、4、5、6各項辦理）

二、裝TNT及裝無煙藥之兩山洞，石質極堅，無漏水情事，每洞有三口，各裝鐵門及木柵門各一道，平時雙重門均加鐵鎖，通風時則鐵門開，木柵門鎖；小山洞在石馬崗，石質極堅，每洞裝黑藥四百公斤，掩體碉堡均經修理後始動用；所有庫房尚均乾燥，鄰毗無任何房屋（遵照署令甲条4、6、10各項辦理）

三、堆存藥類之佈置，如枕木、通風道、高度等，悉照規定辦理，堆積亦穩，無受震動即倒塌之

801

現象，（遵照署令甲条子項辦理）

四、每年四月、八月，取藥樣試驗其安定性；新到修理品有發射藥者，亦隨時取樣試驗，有不合安定性規定之發射藥，提出洞庫單獨存儲。（遵照署令甲条与項辦理）

五、各庫房均掛有温度計及記錄表，每日檢查温度及庫房三次，通風時間依天氣之變化而隨時通風，悉照規定辦理。（遵照署令甲条子項辦理）

六、本廠成品出廠驗收後，即行解繳，少數待驗之砲彈，則分裝各船，散佈停靠於行人稀少之牛耳沱，每船相隔數十公尺。

七、火藥庫區之生火，除指定地點外，概嚴禁吸煙生火，照明概用電筒，庫房附近未裝電燈，船隻生火停靠時，概在山坡埋鍋煮飯，行船時隨有腳船裝鍋煮飯、吸煙、點燈，概在嚴禁之列。（遵照署令甲条8了各項辦理）

八、每庫房均派有庫工看守及管理，除由職巡查負責外，每地區派有庫員一名，負責駐守及管理，牛耳沱成品船由庫員邢敬康駐守，銅台路火藥庫由庫員劉汝儉駐守，蓮花背存引信之山洞由庫員章文斗負責，石馬崗裝黑葯及雷管之數小山洞由庫員夏新志負責，鎖匙由庫員親自提帶，銅台路大批洞庫之鎖匙，另有保險櫃以裝鎖匙，俾資謹慎。（遵照署令甲条于17各項辦理）

九、廢品隨時呈請處理，故本庫鮮有廢品之存在。（遵照署令甲条10項辦理）

十、發火劑本廠極少，遇有此項情形，臨時佈置之。

十一、遇有開箱封箱必要時，均由職或庫員親自監視，在庫房以外為之。（遵照署令甲条11項辦理）

十二、上列各節，係本庫最近情形。

呈

军政部兵工署第五十工厂为报告遵照署令办理危险品之制造运输储存等情况致兵工署的呈

（一九四四年五月二十八日）

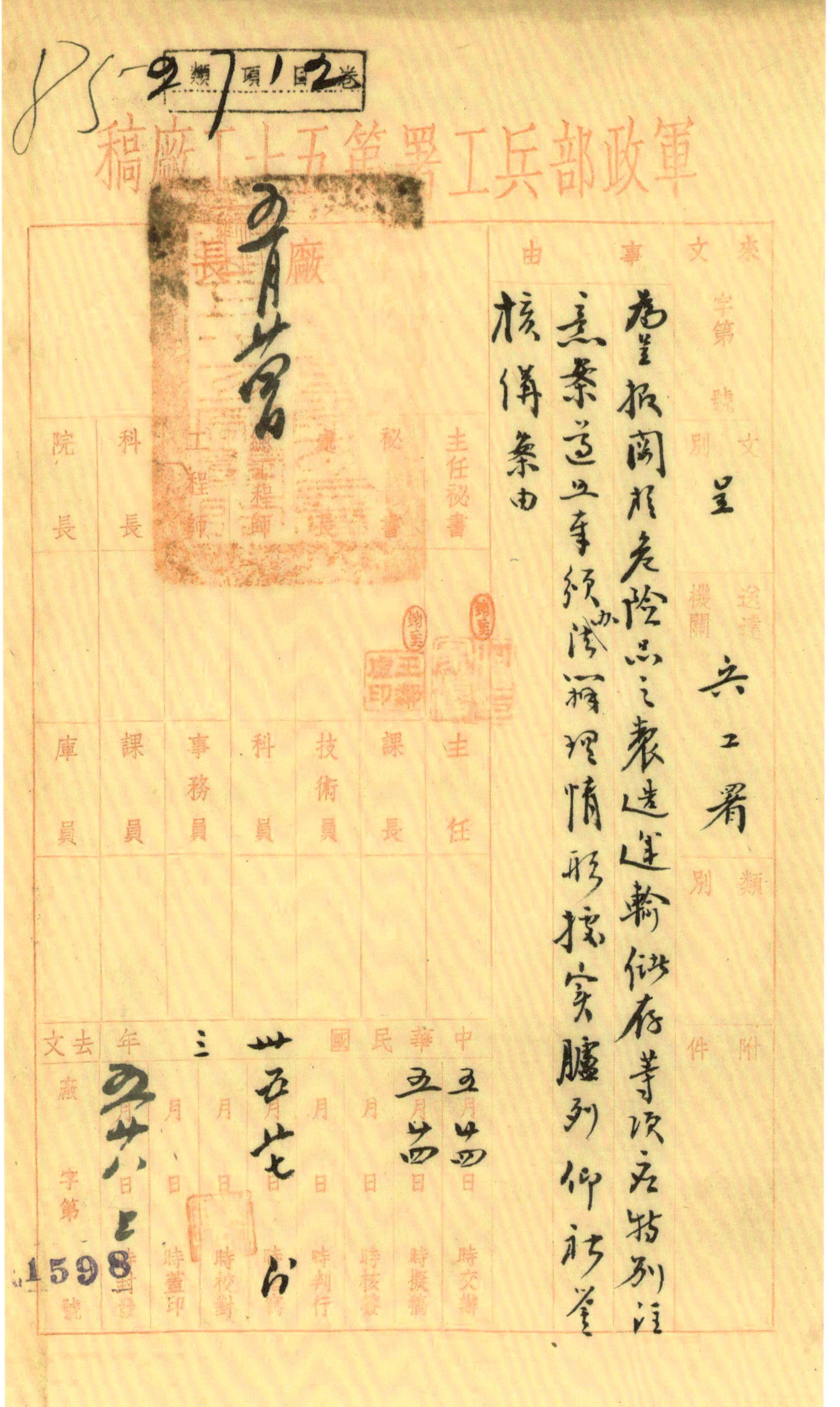
軍政部兵工署第五十工廠稿

呈 兵工署

事由：為呈報關於危險品之製造運輸儲存等項應特別注意各節遵照辦理情形據實臚列仰祈鑒核備案由

中華民國三十三年五月廿八日

呈

案奉

鈞署渝造（兰）丁字第04601號訓令：「為飭關於危險品之製造運輸儲存等項應特別注意檢查辦法令仰切實遵辦」等因。奉經分別嚴飭各主管部分遵照辦理，並將現在辦理情形逐項查報前來。茲謹據實分項臚陳如左：

（一）據材料保管科科長萬鴻勳轉據軍械庫主任技術員張郁秋呈報軍械庫儲存彈藥情形：

（1）凡領到各種火藥，均分別儲存山洞內，無煙藥裝一洞庫，梯恩梯裝一洞庫，不完整之箱桶及檢查受潮變性或有杂质者均剔出另装入其他库房，概不混杂。黑药及其他药品则分别储存于山洞内、掩体内或碉堡内，储量极少，遵照令颁危险品保管储存应须特别注意事项（甲條）第八、2、3、4、5、6各项办理。

（2）装梯恩梯及装无烟药之两山洞石质坚硬，无漏水情形，其洞有三口，各装铁门及木栅门各二道，平时双层门均加铁锁，通风时则开铁门，锁木栅门。小山洞系石层，石质极坚，其洞装黑药四万公斤。掩体、碉堡均经修理后将动用，该库房尚均干燥，毗邻亦无任何房屋（遵照令颁甲條第4、6、10各项办理）。

（3）堆存药类之布置，如枕木、通风道、高度等，未照规定办理，堆积亦

86-1

穩妥，無受震即倒塌現象（適照令頒甲條第ヲ項辦理）

(4) 每年四月八月取藥樣試驗其安定性，並對修理品有無射藥，如以隨時取樣試驗有否合規定之安定性，發射藥即提出間庫單獨存儲（適照令頒甲條第ㄅ項辦理）

(5) 各庫房均掛有溫度計及記錄表，每日檢查溫度及庫房之次通風時間，依天氣之變化隨時通風，適照規定辦理（適照令頒甲條第ヲ項辦理）

(6) 本廠成品出廠驗收時即行解繳少數給驗之硫彈，則分裝各艘散布停泊於行人稀少之牛頭沱江邊，每船相隔五十公尺。

(7) 火藥庫區之生火，除指定地點外，概嚴禁吸煙點火，照明專用電

87

簡庫房附近未裝完炸彈船隻發生火警時概在山坡上埋鍋煮飯行
船時隨有腳船裝鍋煮飯以烟照炸概在嚴禁之列（遵照全領
甲條第8、9各項辦理）

（8）各庫房均派有庫工看守及管理，除由職巡查負責外，各地區
派有庫員一名負責駐守及管理，現牛耳沱成品船由庫員邢毅
虛駐守，銅罐驛火藥庫由庫員劉汝倫駐守，蓮花背存引信
之山洞由庫員章職負責，石馬岡裝黑藥及雷管之兩山洞
由庫員夏毅志負責，鑰匙由職暨各員親自攜帶，至銅罐驛大批洞庫
之鑰匙另有保險櫃裝存，俾資審慎（遵照全領甲條第7、17各項辦理）

（9）廢品隨時呈請處理，故本庫鮮有廢品存在（遵照全領甲條第16項辦理）

87-1

(10)發火剎車廢坑時遇有此項情形臨時布置之。

(11)遇有開箱封箱必要時均由職或庫員親自監視在庫房以外行之。

(並照令頒甲條第卅項辦理)

(二)據工務處處長凌雲民轉據火工所主任陳贊文呈報該所辦理關於危險品保管儲存及製造場所火工作業注意事項各情形之則：關於危險品保管儲存特別注意事項如下：

(1)本所無變性之廢品，僅偶有不合用或受潮之藥品均隨時廢棄或浸入水坑中。

(2)無烟藥放一石洞中，炸藥(即梯恩梯及特出兒)又放另一石洞中。

(3)成品與火炸藥均已分離堆置。

(4)本所儲用黑藥最多為一箱即(25)公斤及裝好待用之(75)公分黑急等均係單獨存放在一有地板之木房上蓋涼棚。

(5)本所凡向庫房領到之火炸藥均即時送檢驗科檢驗其水分及安定性以便分批裝配，故如有變性火藥即時可以檢出處理。

(6)本所存儲火炸藥量，視工作情形而定。平常最多類為梯恩梯壹噸，特屈兒二五公斤，各種發射藥共五〇〇公斤，黑藥二五公斤，光黑藥五〇公斤，均已分類存放，不使集中。

(7)庫房溫度均有記載，藥箱底均墊有空木箱一層，離地高為二英尺。

(8)本所夜晚多不工作，故庫房夜間無須使用照明，有亦祇用電手筒。

88-1

(9) 東所庫房附近均為空地，向不堆存物品。

(10) 東所庫房無毗連房屋居住員兵。

(11) 關於避雷針已與水電所洽商擬於東所周圍三個山頭上裝置避雷針，需用材料由水電所呈報。

(12) 關於廢品，大量呈報銷燬，少量則沉入水坑，待失去爆炸性後即拆卸，以收回五金材料利用之。

(13) 庫房無漏雨情事，其日光直射之處，已由地產科搭蓋涼棚。

(14) 東所開箱均在工作場所，而不在庫房。

乙、屬於危險品製造場所及火工作業特別注意事項：

(1) 火工作業時間，東所採用減少工作時間制，擬自六月一日起至九月卅日止。除不危險之工作其工作時間不變外，凡危險工作之部分照上年向例辦理，即上午六時至十一時半，下午五時半至八時半，但以不妨碍出品為原則，而工資計算仍舊。

（2）本廠分五區管理，每區均有一技術人員負責，即（一）白藥組，管轄大嵐埡白藥工作各廠房，由工程師蕭賢揚負責；（二）75彈組，管轄75山野砲彈工作各廠房，由助理技術員武慶友負責；（三）迫彈組，管轄15公分迫彈及六公分迫彈裝配工作各廠房，由技術員陳祖冀負責；（四）引信組，管轄檢驗科後山上各廠房，主要工作為迫彈引信及底火裝配、烘藥等，由技術員何蕭鈺負責；（五）白鐵組，製造白鐵箱盒，由助理技術員蘇相儿負責。

891

（3）新進員工，除查其確有經驗者外，凡係新手，均令先作相當時間之不危險工作，察看其學習能力，而後給予適當工作。

（4）過去因檢驗關係，75砲彈滿五佰箱，迫彈滿壹佰箱，始能繳庫，嗣後擬隨裝隨繳，即每裝滿壹佰箱即繳庫。

（5）膠鞋太貴，擬領用橡皮板，做成草鞋形式，發給員工於工作時穿用，下工時繳還。地板鋪橡皮板，須用數量亦大，購置不易，現祇將最危險之工作，如裝白藥、白藥混合等棹面鋪以橡皮板，以示權宜。至本所大廠房地板下均不通風，每日水洗，於地板既易霉爛，而濕度增大，對於火藥工作似不相宜。除白藥容易飛散之廠房，每日擬以水拖抹，每星期六水洗外，其他藥粉不易飛散之廠房，如75山野砲彈及迫彈裝配廠房，則擬每日

40

祇掃地一次，每星期六以水拖抹一次。

(6)電綫保護：因水管不敷，現除21及210兩厰房用鉄管装置外，其餘均用特厚膠皮電綫，其開關不在厰房外者，均改装在厰房外。

(7)本厰除大厰房已用沙箱隔離外，小厰房以疏散為原則，其間離均約五十公尺，似無須再用土牆隔離。至較危險工作，如壓火帽、壓雷管等，均已用鋼板保護。

(8)本厰烘藥均有專人負責，溫度每小時檢視一回，每櫃烘藥最高量（夏季數量）白藥烘櫃半公斤，火帽藥烘櫃四公斤，黑藥烘櫃五公斤，特出光烘櫃五公斤，光黑藥烘櫃九公斤，均已定有限制。

(9)乾燥白藥，平常隨乾隨用，不多儲藏，現因改裝烘房，僅暫存乾白

901

高雄公行。

(10)本所設立於卅六年，創立之初，修廠房二間，設備毫無，歷年以來逐漸添設，廠房擴展至大小共三十五間，一切設備及工具，亦漸見充實，惟因抗戰日趨困難，物資購置不易，致仍未能達到吾人之理想境地，自當逐漸設法補充改善。

(三)據主辦運輸事宜業務員馬保和簽稱：

奉頒運輸危險品應特別注意各項，遵經嚴飭各押運人員閱及第一第二第三第六第八等五項，切實注意，並與辦理，查第四項本廠駁船、篷篙等項均係完整，第七項裝卸危險品因本廠廠區遼闊，危險品散儲各方，裝卸

轉事宜實難指定一定場所除裝卸時臨時指派人員負責
監視外並已飭遵照員工特別注意防範並第五第九兩項
早經嚴飭經同各船夫車輛司機等切禁止吸煙燒飯並將
各事項油印分發各押運員及張貼各舟車俾得時時警惕
各等情據此查本案關係重大經職親往各部分查視根據
本項規定辦法均尚能切實執行為慎重起見關係除由職隨
時視查外仍擬指派工務處處長凌雲從警衛稽查組組長郭慕
亮警衛隊隊長汪憲三人同於每週內前往各洞庫場所檢查
一次俾期周密而免疏忽所有遵令注意辦理關於危險品之製
造運輸儲存各情形是否有當理合備文據實呈報仰祈

911

鑒核俯賜備案示遵

謹呈

署長俞

廠長（全銜名）

中華民國　年　月　日

監印

校對

繕寫

军政部兵工署第五十工厂机器清册（时间不详）

93

第五十工廠製砲所机器清册							1
新編号	舊編号	兵工署編号	机器名稱	數量	附屬机器編号	安置地点	備考
A1	A3	303002	車床	1	A1/1	A1	空襲被炸未修復
A2	A1	303004	〃	1	A2/1	A3	
A3	A5	303005	〃	1	A3/1	A4	
A4	A6	303006	〃	1	A4/1	A9 2	
A5	A12	303015	〃	1	A5/1	A2	
A6	A13	303014	〃	1	A6/1	A5	
A7	A7	303007	〃	1	A7/1	A3	
A8	A8	303011	〃	1	A8/1	A6	
A9	A9	303010	〃	1	A9/1	A1	
A10	A18	303019	〃	1	A10/1	A6	
A15	A10	303009	〃	1	A15/1	A2	
A16	A11	303008	〃	1	A16/1	A6	
A17	A14	303013	〃	1	A17/1	A2	
A18	A15	303012	〃	1	A18/1	A6	
A27	A16	303018	〃	1	A27/1	A2	
[illegible]	A17	303017	〃	1	A28/1	A5	
[illegible]	A21	303021	〃	1	A30/1	A6	
[illegible]	A22	303022	〃	1	A31/1	A5	
[illegible]	A23	303023	〃	1	A32/1	A5	
[illegible]	A24	303024	〃	1	A33/1	A2	
[illegible]	A19	303028	〃	1	A34/1	A5	
[illegible]	A25	303030	光桿車床	1	A36/1	A6	
[illegible]	A26	303025	〃	1	A37/1	A5	
A38	A27	303026	〃	1	A38/1	A6	
A401	A87	303019	轉刀架車床	1	A401/1	A6	

94

第五十工廠製砲所机器清册							2
新編号	舊編号	兵工署編号	机器名稱	數量	附屬机器編号	安置地点	備考
A810			單鑽式混車床	1	A810/1	A5	
B2	A78	309016	鑽床	1	B2/1-2	〃	
B4	A79	309022	〃 〃	1	B4/1-2	A2	
B6	A81	309020	旋臂鑽床	1	B6/1	A6	
B7	A100	302006	〃 〃	1	B7/1	A8	
B8	A101	302005	鑽床	1	B8/1	A2	
B9	A84	309017	〃 〃	1	B9/1	A6	
B10	A103	302002	〃 〃	1	B10/1	A8	
B14	A82	309019	〃 〃	1	B14/1	A5	
B301	A70	309002	深鑽机	1	B301/1-3	A1	
B302	A71	309001	〃 〃	1	B302/1-3	A3	
B303	A74	309006	〃 〃	1	B303/1-3	A1	
B304	A72	309004	鑽膛机	1	B304/1-2	〃	
B305	A73	309005	〃 〃	1	B305/1-2	A3	
B306	A69	309003	〃 〃	1	B306/1-2	A9₂	
B307	K15		穿鑽床	1	B307/1-3	A1	
B308	K16		〃 〃	1	B308/1-3	A3	
B309	G99		〃 〃	1		未裝	
B310	G100		〃 〃	1		〃	
B501	A63	309001	擴床	1	B501/1	A4	
B502	A64	309011	〃 〃	1	B502/1	A9₂	
B503	A65	309012	〃 〃	1	B503/1	A4	
B504	A66	309013	〃 〃	1	B504/1	〃	
B505	A67	309014	〃 〃	1	B505/1	A6	
B506	A68	309015	〃 〃	1	B506/1-2	A9₂	九

95

第五十工厰製炮所机器清册							3
新编号	舊編号	兵工署編号	机器名稱	数量	附屬机器編号	安置地点	備考
B607	A30	303027	掌心机	1	B607/1	A6	
B706	A63	309018	横鑽床	1	B706/1	A91	
C1			立式銑床	1	C1/1-2	A2	
C2			〃 〃	1	C2/1-2	A4	
C3			〃 〃	1	C3/1-2	A6	
C4			〃 〃	1	C4/1-2	A92	
C5	A50	304001	〃 〃	1	C5/1	A6	
C6	A51	304002	〃 〃	1	C6/1	A5	
C7	A52	304003	〃 〃	1	C7/1	A2	
C8	A53	304004	〃 〃	1	C8/1	A92	
C9	A54	304005	〃 〃	1	C9/1	A6	
C11	A55	304007	〃 〃	1	C11/1	A5	
C12	A56	304008	〃 〃	1	C12/1	〃	
C13	A57	304009	〃 〃	1	C13/1	A2	
C14	A58	304010	〃 〃	1	C14/1	A6	
C16	A60	304012	〃 〃	1	C16/1	A2	
C201	A61	304013	卧式銑床	1	C201/1	A2	
C301	A62	304006	萬能〃 〃	1	C301/1	A6	
C501			長銑床	1	C501/1-5	A4	
C502			〃 〃	1	C502/1-3	A3	
C503			〃 〃	1	C503/1-3	A92	
C610	A86	304015	齒輪銑床	1	C610/1	A6	
C709	A91	304014	单台立〃 〃	1	C709/1	A4	
D1	A34	305004	龍門〃 〃	1	D1/1-4	A92	
D2	A31	305001	〃 〃	1	D2/1-3	A4	56

第五十工廠製炮所机器清册								4
新編号	舊編号	兵工署編号	机器名稱	數量	附屬机器編号	安置地点	備考
D3	A32	305002	龍門銑床	1	D3/1.2	A92	
D4	A33	305002	〃 〃	1	D4/1.4	A4	
D5	K5		龍門鉋床	1		〃	
D6			龍門銑床	1		未裝	
D7			〃 〃	1		〃	
D101	A35	305005	單臂鉋床	1	D101/1	A2	
D102	A36	305006	〃 〃	1	D102/1	A6	
D201	A37	305007	鑽床	1	D201/1	A92	
D202	A38	305008	〃 〃	1	D202/1	〃	
D203	A39	305009	〃 〃	1	D203/1	A6	
D204	A41	305001	〃 〃	1	D204/1	〃	
D205	A40	305010	〃 〃	1	D205/1	A2	
D206	A48	305014	〃 〃	1	D206/1	A2	
D207	A49	305015	〃 〃	1	D207/1	A5	
D208	A47	305013	〃 〃	1	D208/1	A6	
D210			〃 〃	1	D210/1	A2	
D211			〃 〃	1		未裝	
D212			〃 〃	1		〃	
D213	E1*		〃 〃	1		A5	無馬達
D401	A42	305012	牛頭鉋床	1	D401/1	A2	
D402	A43	305016	〃 〃	1	D402/1	A5	
D403	A44	305017	〃 〃	1	D403/1	A6	
D405	A45	305018	〃 〃	1	D405/1	A5	
D405	A45						
E2	A102	302004	砂輪刀具磨床	1	E2/1	A92	96

97

第五十工厰製砲所机器清册							5
新编号	舊編号	兵工署编号	机器名稱	數量	附屬机号编号	安置地点	備考
E5	A89	303020	刀具磨床	1	E5/1	A5	
E6	A90	303031	〃　〃	1	E6/1	A4	
E7	A95	302013	〃　〃	1	E7/1	A6	
E16	A88	303034	双輪砂輪机	1	E16/1	A2	
E402	A85	310001	平面磨床	1	E402/1	A2	
E504	K19		园磨床	1	E504/1-5	A3	
E505			〃　〃	1	E505/1-5	A92	
E701	K18		擦磨床	1	E701/1-4	A1	
F1	A75	309007	拉来復線机	1	F1/1-2	〃	
F2	A76	309008	〃　〃	1	F1/1-2	A3	
F3			〃　〃	1	F3/1	A1	
F4	A77	309009	拉駐退管机	1	F4/1-2	A92	
F201			鑿方眼机	1	F201/1	〃	
G101	A106	302001	冷鋸机	1	G101/1	A6	
H1	A96	302012	衝剪机	1	H1/1	A8	
H2	A105	302018	移動式衝剪机	1		〃	
H4	A114	302007	手剪机	1		〃	
H6	A98	302010	角〃〃	1	H6/1	〃	
H7	A99	302009	滚折〃	1		〃	
H8	A120	302008	折鉄器	1		〃	
J706	A113		打〃炉	1		〃	
			砲管热套炉	1		〃	
N1	A110	302015	移動式電焊机	1		〃	
N201	A111	302015	固定式氣焊机	1		〃	
N202	A112	302017	移動〃〃	1		〃	66

第五十工厰[illegible]机器清册							6
新編号	舊編号	兵工署編号	机器名稱	數量	附屬机器編号	安置地址	備考
R2	A116	310006	萬能材料試驗机	1		A8	
R5	A117	310005	[illegible]氏硬度測〃〃	1		A1	
R8	A115	310007	[illegible]試〃〃	1	R8/1	A5	
T1	A93	310003	電動起重机	1	T1/1	未裝	
			單螺起重机	1		A4	
U3	A121	302021	手電鑽	1		A1	
U4	A122	302022	〃〃〃	1		〃	
U6			風鑽	1		〃	
U7			〃〃	1		〃	
U8			手氣錘	1		A8	
U9			〃〃	1		〃	
U10			〃〃	1		〃	
U11			〃〃	1		〃	
U12			〃〃	1		〃	
U13			〃〃	1		〃	
U14			〃〃	1		〃	
U15			〃〃	1		〃	
U16			〃〃	1		〃	
U17			〃〃	1		〃	
U18			〃〃	1		〃	
U19	A125	302025	電磨石	1		A1	
U20	A125a	302026	〃〃	1		〃	
U21	A124	302024	電剪	1		〃	
U5	A123	302023	手電鑽	1		〃	
							86

99

第五十三廠彈夾所機器清冊							1	
新編號	舊編號	兵工署編號	機器名稱	數量	附屬機器編號	安置地點	備考	
A35	A20	303029	車床	1	A35/1	B19		
A39	B149	401049	高速車床	1	A39/1	B12		
A610			半自動車床	1	A610/1	"		
A611			" " " "	1	A611/1	"		
A612			" " " "	1	A612/1	B13		
A701	BI5	401005	專門車床	1	A701/1, A701/2	B14		
A702	BI21	401021	" " " "	1	A702/1, A702/2	B13		
A703	BI22	402022	" " " "	1	A703/1, A703/2	"		
A704	BI23	402023	" " " "	1	A704/1, A704/2	"		
A705	BI8	401008	" " " "	1	A705/1, A705/2	B14		
A706	BI28	401028	" " " "	1	A706/1, A706/2	B13		
A707	BI29	401029	" " " "	1	A707/1, A707/2	"		
A708	BI30	401030	" " " "	1	A708/1, A708/2	"		
A709	BI31	401031	" " " "	1	A709/1, A709/2	"		
A710	BI19	401019	" " " "	1	A710/1, A710/2	船上		
A711	BI20	401020	" " " "	1	A711/1, A711/2	"		
A712	BI6	401006	" " " "	1	A712/1, A712/2	"		
A713	BI13	401013	" " " "	1	A713/1, A713/2	B12		
A715	BI9	401009	車　床	1	A715/1	船上		
A716	BI14	401015	" "	1	A716/1	B12		
A717	BI15	401016	" "	1	A717/1	"		
A718	BI16	401014	" "	1	A718/1	船上		
A719	BI17	401017	" "	1	A719/1	B12		
A720	BI24	401024	專門車床	1	A720/1	B13		
A721	BI25	401025	" " " "	1	A721/1	"	66	

第五十五廠彈夾所機器清冊							2
新編號	舊編號	兵工署編號	機器名稱	數量	附屬機器編號	安置地點	備考
A722	BI33	401033	專門車床	1	A722/1	B13	
A723	BI34	401034	〃 〃 〃 〃	1	A723/1	船上	
A724	BI40	401040	〃 〃 〃 〃	1	A724/1	B13	
A725	BI41	401041	〃 〃 〃 〃	1	A725/1	〃	
A726	BI42	401042	〃 〃 〃 〃	1	A726/1	〃	
A727	BI45	401045	〃 〃 〃 〃	1	A727/1	B12	
A728	BI46	401046	〃 〃 〃 〃	1	A728/1	〃	
A729	BI32	401032	〃 〃 〃 〃	1	A729/1	〃	
A730	BI37	401037	〃 〃 〃 〃	1	A730/1	B13	
A731	BI38	401038	〃 〃 〃 〃	1	A731/1	〃	
A732	BI39	401039	〃 〃 〃 〃	1	A732/1	〃	
A733	BI47	401047	〃 〃 〃 〃	1	A733/1	B12	
A734	BI48	401048	〃 〃 〃 〃	1	A734/1	〃	
A735	BI121	403021	光車床	1	A735/1	B18	
A736	BI122	403022	〃 〃 〃	1	A736/1	〃	
A738	BI61	401061	〃 〃 〃	1	A738/1	船上	
A739	BI61	401062	〃 〃 〃	1	A739/1	〃	
A740	BI110	403010	車銅壳機	1	A740/1	B19	
A741	BI115	403015	〃 〃 〃 〃	1	A741/1	船上	
A742	BI119	403019	〃 〃 〃 〃	1	A742/1	B18	
A743	BI16	403006	〃 〃 〃 〃	1	A743/1	B19	
A744	BI111	403011	〃 〃 〃 〃	1	A744/1	船上	
A745	BI116	403016	〃 〃 〃 〃	1	A745/1	B19	
A746	BI18	403008	〃 〃 〃 〃	1	A746/1	〃	
A747	BI19	403009	〃 〃 〃 〃	1	A747/1	〃	eal

101

第五十工廠彈夾所機器清冊							3
新編號	舊編號	兵工署編號	機器名稱	數量	附屬機器編號	安置地點	備考
A748	BI113	403013	車[illegible]床機	1	[illegible]/1	船上	
A749	BI114	403015	〃 〃 〃 〃	1	A749/1	〃	
A750	BI117	403017	〃 〃 〃 〃	1	A750/1	B19	
A751	BI118	403018	〃 〃 〃 〃	1	A751/1	〃	
A752	BI17	403007	〃 〃 〃 〃	1	[illegible]/1	〃	
A753	BI112	403012	〃 〃 〃 〃	1	[illegible]/1	船上	
B3	BI44	401044	鑽床	1	B3/1, B3/2	B13	
B5	A80	309021	〃 〃	1	B5/1, B5/2 (B5/2存A5)	B12	
B11			〃 〃	1	B11/1	船上	
B605	BI65	401065	割螺紋機	1	B605/1	〃	
C15	A59	304011	立式銑床	1	C15/1	B12	
C202			卧式銑床	1	C202/1	〃	
C601	BI18	401018	雙式銑螺紋機	1	C601/1	〃	
C602	BI26	401026	〃 〃 〃 〃 〃	1	C602/1	B13	
C603	BI51	401051	〃 〃 〃 〃 〃 〃	1	C603/1	〃	
C604	BI52	401052	〃 〃 〃 〃 〃 〃	1	C604/1	〃	
C605			〃 〃 〃 〃 〃 〃	1	C605/1	B12	
C606	BI7	401007	專門單式螺紋銑床	1	C606/1	船上	
C607	BI27	401027	〃 〃 〃 〃 〃 〃 〃 〃	1	C607/1	B13	
C608	BI50	401050	〃 〃 〃 〃 〃 〃 〃 〃	1	C608/1	船上	
C609	BI64	401064	單式螺紋銑床	1	C609/1	B12	
C705	BI53	401053	特種銑床	1	C705/1	B13	
C708	BII20	403020	內銑機	1	C708/1	B19	
B1	BI68	401067	三輪砂輪機	1	B1/1	B13	
B13			刀具磨床	1	B13/1	B12	

101

102

第五十工廠彈夾所機器清冊							4
新編號	舊編號	兵工署編號	機器名稱	數量	機器編號	安置地點	備考
B17	BII35	402030	雙輪磨機	1	[illegible]/1	B19	
G1	BI1	40[illegible]001	截料機	1	G1/1	船上	
G3	BI43	401043	〃〃〃	1	G3/1	B13	
G4	BI60	401060	〃〃〃	1	G4/1	船上	
H3	A97	302011	剪機	1	H3/1	B12	
J1	BII11	403001	磨擦壓機	1	J1/1	B18	
J4	BI36	401036	偏心壓機	1	J4/1	B13	
J6	BII23	403023	壓孔機	1	J6/1	B19	
J301	BII2	403002	雙式引伸壓機	1	J301/1	B18	
J302	BII3	403003	〃〃〃〃〃〃	1	J302/1	〃	
J601	BII31	403033	烘炉	1	J601/1-4	〃	
J602	BII32	403032	〃〃	1	J602/1	〃	
L101	BI67	401068	噴鑄機	1	L101/1 附件存B13	船上	
P203			鼓風機	1	P203/1	B18	用於J601,J602
P211			〃〃〃	1	P211/1	B12	
U1	A107	302017	電氣點銲機	1		B12	
Z1	BII24	403024	刷銅殼機	1	Z1/1	B19	
Z2	BII25	403025	〃〃〃〃	1	Z2/1	〃	
Z3	BII26	403026	〃〃〃	1	Z3/1	〃	
Z4	BII27	403029	刷螺紋機	1	Z4/1	〃	
Z5	BII28	403028	〃〃〃〃	1	Z5/1	〃	
Z6	BII29	403027	〃〃〃〃	1	Z6/1	〃	
Z7	BII4	403004	切口機	1	Z7/1	B18	
Z8	BII5	403005	軋底機	1	Z8/1	〃	
Z12	BI10	401010	滾花機	1	Z12/1	船上	201

111

第五十工廠彈夾機器清冊							5
新編號	舊編號	兵工署編號	機器名稱	數量	附屬機器編號	安置地點	備考
213	B135	401035	滾光機	1	[illegible]	B13	
216			彈體壓縮器	1		〃	
225			[illegible]彈夾心機	1		船上	
234			[illegible]滾機	1		B18	
239			油櫃	1	[illegible]	〃	

111

112

第五十五廠引信所機器清册							1
新編号	舊編号	兵工署編号	機器名稱	數量	附屬機器編號	安置地点	備考
A402	C1	402001	轉刀架車床	1	A402/1	山1	
A403	C2	402002	〃 〃 〃 〃 〃	1	A403/1	〃	
A404	C3	402003	〃 〃 〃 〃 〃	1	A404/1	〃	
A405	C4	402004	〃 〃 〃 〃 〃	1	A405/1	〃	
A406	C5	402005	〃 〃 〃 〃 〃	1	A406/1	〃	
A407	C28	303032	〃 〃 〃 〃 〃	1	A407/1-2	山7	
A408	C29	303033	〃 〃 〃 〃 〃	1	A408/1-2	〃	
A409	C9	402006	〃 〃 〃 〃 〃	1	A409/1-2	山1	
A410	C10	402011	〃 〃 〃 〃 〃	1	A410/1-2	〃	
A411	C11	402012	〃 〃 〃 〃 〃	1	A411/1-2	〃	
A412	C12	402077	〃 〃 〃 〃 〃	1	A412/1-2	〃	
A413	C13	402013	〃 〃 〃 〃 〃	1	A413/1-2	〃	
A414	C14	402008	〃 〃 〃 〃 〃	1	A414/1-2	〃	
A415	C15	402009	〃 〃 〃 〃 〃	1	A415/1	山7	
A416	C16	402014	〃 〃 〃 〃 〃	1	A416/1	〃	
A417	C17	402010	〃 〃 〃 〃 〃	1	A417/1	〃	
A601	C35	402021	自動車床	1	A601/1	山新1	
A602	C36	402002	〃 〃 〃 〃	1	A602/1	〃	
A603	C37	402023	〃 〃 〃 〃	1	A603/1	〃	
A604	C6	402017	〃 〃 〃 〃	1	A604/1	〃	
A605	C7	402016	〃 〃 〃 〃	1	A605/1	〃	
A606	C8	402019	〃 〃 〃 〃	1	A606/1	〃	
A607			自動轉刀快車床	1	A607/1	〃	
A608	C40	402015	自動靠模車床	1	A608/1	〃	
A609			六桿自動車床	1	A609/1	〃	211

113

第五十工廠引信所機器清冊　　2

新编号	舊編号	兵工署編号	機器名稱	數量	附屬機器編号	安置地点	備考
[illegible]	C49	402047	光車床	1	[illegible]	山7	
A602	C24	402030	小型車床	1	[illegible]	山新1	
A603	C25	402031	〃 〃 〃 〃	1	A603/1	〃	
A604	C26	402032	〃 〃 〃 〃	1	A604/1	〃	
A605	C27	402033	〃 〃 〃 〃	1	A605/1	〃	
A606	C28	402034	〃 〃 〃 〃	1	A607/1	〃	
A608	C30	402036	〃 〃 〃 〃	1	A608/1	〃	
B17	22 C22a	402022	快鑽床	1	B17/1	山7	
B601	C22	402028	立式割螺紋机	1	B601/1	〃	
B602	C31	402037	〃 〃 〃 〃 〃 〃	1	B602/1	山新1	
B603	C47	402049	〃 〃 〃 〃 〃 〃	1	B603/1	〃	
B604	C20	402027	雙桿鑽床	1	B604/1	山7	
B606	BI66	401066	割螺紋机	1	B606/1	山新1	
B701	C33	402059	枱鑽床	1	B702/1	〃	
B703	A104	302003	〃 〃 〃	1	B703/1	〃	
B702	C46	402050	〃 〃 〃	1	B703/1	〃	
B705	BI63	401063	〃 〃 〃	1	B705/1	B12	
B707	C32	402038	〃 〃 〃	1	B707/1	山新1	
C612			造曲線工具床	1	B612/1	山7	
C704	C19	402024	手式銑床	1	C704/1	〃	
E9			刀具磨床	1	E9/1-2	山1	
E10	C38	402016	〃 〃 〃 〃	1	E10/1-2	山7	
G2	C41	402041	截料機	1	G2/1	〃	
G106	C23	402029	小型鋸具	1		山新1	
A807	C29	402055	小型車床	1	A807/1	〃	(11)

第五十工廠引信所機器清冊

3

新編号	舊編号	兵工署編号	機器名稱	數量	附屬機器編號	置放地点	備考
J5	C18		單體偏心压机	1	[illegible]	山1	
I6	C39	402025	小型壓氣机	1	[illegible]/1	〃	
1402			抽風機	1	[illegible]402/1	C22	
217	C44	402052	手搖偏心机	1		山1	
218	C45	402051	〃 〃 〃 〃	1		〃	
2,9	C50	402053	浸洗机	1		C22	
220	C52	402055	燃速試驗器	1		山1	
222	C48	402046	手搖捲邊机	1		山7	

加11

115

第五十工廠鍛工所機器清冊　1

新编号	舊编号	兵工署编号	機器名稱	數量	附屬機器编号	安置地点	備考
J2	D1	301001	磨擦压机	1	[illegible]/1	D23	
J3	D13	301014	〃 〃 〃	1	[illegible]/1	〃	
J201	D15	301015	水压机	1	J201/1_2	〃	
J401	D10	301011	氣鍾	1	J401/1	〃	
J402	D11	301012	〃 〃	1	J402/1	〃	
J501	D5	301006	雙人引模鍾	1		〃	
J502	D6	301007	〃 〃 〃 〃 〃	1		〃	
J603	D14	301016	鐵皮烘炉	1	J603/1	〃	
J604	D8	301005	烘炉	1	J604/1-2	〃	
J605	D2	301002	〃 〃	1	J605/1	〃	
J701	D7	301008	打鐵油炉	1	J701/1	〃	
J702	D12	301013	〃 〃 〃 〃	1	J702/1	〃	
J703	D19	301019	打鐵炉	1		〃	
M203			油池	1		〃	
P1	D3	301003	壓汽机	1	P1/1-2	〃	
P4	D16	301017	〃 〃 〃	1	P4/1	〃	
P204			鼓風机	1	P204/1	〃	用於J603
P205			〃 〃 〃	1	P205/1	〃	用於J605
P206			〃 〃 〃	1	P206/1	〃	用於J701
P207			〃 〃 〃	1	P207/1	〃	用於J702
P212			〃 〃 〃	1	P212/1	〃	用於J604
P213			〃 〃 〃	1	P213/1	〃	用於J703
P214			〃 〃 〃	1	P214/1	〃	用於Z23
P401	D18	301009	抽風机	1	P401/1	〃	
P510			手摇水泵	1		〃	511

116

第五十工廠鍛工所機器清册							2
新编号	舊编号	兵工署编号	機器名稱	數量	附屬機器編號	安置地点	備考
F512			高压抽水機	1	F512/1	D23	附於T201
Z25	D17	301018	緊輪[illegible]器	1		〃	
Z24	D9	301010	灣輪器	1		〃	
							911

117

第五十工厰工具所機器清冊							1
新編號	舊編號	兵工署編號	機器名稱	數量	附屬機器編號	擺地点	備考
A11			車　床	1	A11/1	F28	
A12	F1	209001	〃	1	A12/1,A122	〃	
A13			〃	1	A13/1	〃	
A14	F2	209006	〃	1	A14/1,A14/2	〃	
A19			〃	1	A19/1,A19/2	〃	
A20			〃	1	A20/1,A20/2	〃	
A21			〃	1	A21/1,A21/2	〃	
A22			〃	1	A22/1,A22/2	〃	
A40	F3	209014	快車床	1	A40/1	〃	
A41			車　床	1	A41/1	〃	
A809	F4	209015	萬能花刀車床	1	A809/1,A809/2	〃	
B13	F20	209022	鑽　床	1	B13/1	F29	
B704	F19	209021	搖鑽床	1	B704/1	〃	
C10	F5	209016	立式銑床	1	C10/1	F28	
C302	F6	209009	萬能銑床	1	C302/1	〃	
D404	F8	209003	牛頭鉋床	1	D404/1	F29	
D406	F7	209002	〃〃〃〃	1	D406/1	〃	
D407			〃〃〃〃	1	D407/1	〃	
E3	F26	208005	雙輪刀具磨床	1	E3/1	F30	
E4	F11	209017	刀具磨床	1	E4/1	F28	
E8	F12	209018	〃〃〃〃	1	E8/1,E8/2,E8/3	F29	
E15	F15	209006	砂輪磨機	1	E15/1	F28	
E202	F13	209012	萬能刀具磨床	1	E202/1	〃	
E203	F16	209012	〃〃〃〃〃〃	1	E203/1	〃	
E204	F24	209025	磨鋸片機	1	E204/1,E204/2	F29	

117

118

第五十工廠工具所機器清冊							2
新編號	舊編號	兵工署編號	機器名稱	數量	附屬機器編號	安置地點	備考
E205	F16	209020	磨鋸片機	1	E205/1	F29	
E206	F17	209019	〃 〃 〃	1	E206/1	〃	
E207	F14	209005	鑽刀磨床	1	E207/1	〃	
E208	F22	209007	〃 〃 〃 〃	1	E208/1	〃	
E401	F10	209010	平面磨床	1	E402/1	F28	
E505	F9*	209004	圓磨床	1	E505/1	〃	
E601	F21	209013	樣板磨床	1	E601/1	F29	
C802	F23	209025	鋸料機	1	C102/1	F30	
J403	F33	208009	氣錘	1	J403/1	〃	
J704	F34	208010	打鐵爐	1		〃	
J705			〃 〃 〃	1		〃	
M1	F28	208001	盐液淬火爐	1	M1/1.	〃	
M2	F32	208006	淬火爐	1	M2/1	〃	
M3	F29	208004	〃 〃 〃	1	M3/1	〃	
M4			淬火小電爐	1		〃	
M5			淬火電爐	1	M5/1	〃	
M6			〃 〃 〃 〃	1	M6/1	〃	
M7			〃 〃 〃 〃	1	M7/1	〃	
			噴砂機			F29	
M101	F31	208007	退火爐	1	M102/1	F30	
M201	F30	208005	油池及水池	1		〃	
M202			油池	1		〃	
N2	F25	209024	焊器	1		〃	
P201	F27	208002	鼓風機	1	P201/1	〃	
P202	F27a	208003	〃 〃 〃	1	P202/1.	〃	811

119

第五十工廠工具所機器清冊							3
新編號	舊編號	兵工署編號	機器名稱	數量	附屬機器編號	安置地点	備考
P209			鼓風機	1	P209/1	F-30	
R6	N1*		陸氏硬度測驗機	1		〃	
R7	F43	209027	硬度測驗機	1		F-29	

J11

第五十工廠木工所機器清冊

新編号	舊編号	兵工署編号	機器名稱	數量	附屬機器編号	安置地点	備考
K1	E1	306001	帶鋸[illegible]	1	[illegible]	E27	
K2	E2	306002	圓鋸[illegible]	1	[illegible]	E26	
K3	E18	306019	横鋸[illegible]	1	[illegible]	"	
K4	E3	306003	木刨床	1	K4/1	"	
K5	E4	306004	[illegible]	1	[illegible]	"	
K6	E8	306008	[illegible]	1	[illegible]	E27	
K7	E5	306005	木銑床	1	[illegible]	E26	
K8	E6	306006	木鑽床	1	K8/1	E25	
K9	E7	306007	"	1	K9/1	"	
K10	E12	306012	牆壁木鑽床	1	K10/1	"	
K11	E9	306009	割筍机	1	K11/1	"	
K12	E10	306010	車輪机	1	K12/1	"	
K13	E11	306011	車輻机	1	K13/1	"	
K14	E13	306013	磨鋸片机	1	K14/1	E26	
K15	E14	306014	磨刨刀机	1	K15/1	"	
K16	E15	306016	裝輪机	1	K16/1	E27	
K17	E17	306018	烘木設備	1	K17/1-2	未裝	[illegible]
K18	E16	306017	連式湾木机	1	K18/1		[illegible]
K19	E19	306015	焊鋸條机	1		E26	
			圓鋸机	1		"	
			手電鑽	1		E27	

121

第五十工廠鑄工所機器清冊

1

新編号	舊編号	兵工署編號	機器名稱	數量	附屬機器編號	放置地点	備考
11			熔鐵炉	1		鑄工所	
12			〃 〃 〃	1		〃	
			3.5T熔鐵炉	1		〃	
P210			鼓風機	1		〃	用於11及12
P509			電動離心力油水机	1	[illegible]/1	〃	

121

第五十工廠火工所機器清冊

1

新編号	舊編号	兵工署編号	機器名稱	數量	附屬機器編号	安置地点	備考
A714	B112	401012	专门車床	1	A714/1	B11	
J101	C43	402043	螺軸压机	1		B17	
J102	C45	402044	手板压机	1		"	
J606	C53	402054	電烘箱	1		"	
Z9	B157	401057	油漆机	1	Z9/1	B11	
Z10	B158	401058	" " "	1	Z10/1	"	
Z11	B159	401059	" " "	1	Z11/1	"	
Z21	C54	402042	装箱鐵皮試驗器	1		B17	
Z30			熔TNT鍋炉	1	Z30/1	"	
Z35			砲彈装壳压机	1		"	
Z36			装砲彈銅壳机	1		"	
Z37			折砲彈銅壳机	1		"	
			手摇光药机	1		"	
			捲紙筒机	1		"	

122

123

[illegible]十工廠樣板所機器清冊　1

新編号	舊編号	兵工署編号	機器名稱	數量	附屬機器編号	安置地点	備考
A23	B6*		高速精細車床	1	A23/1,A23/2	山3	
A24	B5*		[illegible]床	1	[illegible]/1	〃	
A25	B4*		[illegible]	1	[illegible]/1	〃	
A801	B1*		[illegible]車床	1	[illegible]1/1	〃	
A26	B3*		車[illegible]床	1	[illegible]/1	〃	
A29	B2*		[illegible]	1	[illegible]/1,A29/2	〃	
B1	F4*		精密鏜床	1	[illegible]	〃	
B12	F3*		鏜床	1	B12/1	〃	
B15	F2*		〃	1	B15/1	〃	
B16	F2*		〃	1	B16/1	〃	
B608	A5*		準心机	1	B608/1	山3	
C17	C4*		立式銑床	1	C17/1	山5	
C303	C2*		萬能銑床	1	C303/1	〃	
C304	C3*		〃	1	C304/1	〃	
C305	C6*		萬能工具銑床	1	C305/1,C305/2	〃	
C306	C7*		〃	1	C306/1	〃	
C611			齒輪銑床	1	C611/1	A5	現移至山2 [illegible]
C701	C5*		雙桿銑床	1	C701/1	山5	
C702	C1*		小銑床	1	C702/1	山5	
D209	A46	305019	鉋床	1	D209/1	山2	
D408	D1*		牛頭鉋床	1	D408/1	〃	
D409	D2*		高速精細牛頭鉋床	1	D409/1	〃	
D601			錐形齒輪鉋床	1		〃	
E11	I3*		刀具磨床	1	E11/1,E11/2	山5	
[illegible]	I1*		〃	1	E12/1	〃	123

124

第五十工廠樣板所機器清冊							2
新編号	舊編号	兵工署編号	機器名稱	數量	機器附屬編号	安置地点	備考
E14	I 2*		[illegible]	1	[illegible]/1	山3	
E201	I 4*		萬能工具磨床	1	[illegible]01/1	山4	
E403	J 2*		平面磨床	1	[illegible]/1,E403/2 [illegible]/3	〃	
E404	J 3*		[illegible]	1	[illegible]/1,E404/2 [illegible]/3	〃	
E405	J 4*		[illegible]	1	[illegible]/1,E405/2 [illegible]/3	〃	
E406	J 1*		立式面平磨床	1	[illegible]/1,E406/2 [illegible]/3,E406/4	〃	
E501	K 2*		萬能磨床	1	[illegible]/1,E501/2 [illegible]/3,E501/4	〃	
E502	K 3*		〃 〃 〃	1	[illegible]/1,E502/2 E502/3,E502/4	〃	
E602	L1*		樣板磨床	1	E602/1-2		
E603	L 2*		螺絲磨床	1	E603/1-2		
E702	M 1*		砂帶擦光机	1	E702/1-2	山2	
E703	M 2*		圓盤〃〃〃	1	E703/1	山4	
E704	M 3*		萬能〃〃〃	1	E704/1	山5	
G103	A 1*		鋸料機	1	G103/1	山2	
J103	H 2*		手板機	1		〃	
J104	H 1*		〃 〃 〃	1		〃	
F208			鼓風機	1	F208/1	山4	原為[illegible] Z38
S1			直劃線機	1		山2	現在山7
S2	C 1*		〃 〃 〃	1		山5	
S3	C 2*		刻字機	1	S3/1-2	〃	
S4	C3*		電刻機	1		〃	[illegible]
Z27	N 8*		小型濕温度調節器	1	Z27/1	山2	[illegible]
Z28	N 7*		四孔冷氣箱	1	Z28/1	山5	
Z29	N [illegible]*		冰箱	1		〃	
[illegible]	N 5*		噴漆器具	1	Z38/1	山2	hil

125

第五十工廠水電所機器清冊　1

新编号	舊编号	兵工署编号	機器名稱	數量	附屬機器编号	裝置地点	備考
P2	A109	302014	壓汽機	1	P2/1-2	压流机房	
P3	JI 6	101006	[illegible]	1	P3/1	J50	
P5	JII 3	103003	[illegible]	1	P5/1	未装	
P501	JII 4	103004	深井式電動抽水机	1	P501/1	河边水泵房	
P502	JII 4a	103005	[illegible]	1	P502/1	"	
P503	JI 7	101007	冷却抽水机	1	P503/1	J50	
P504	JI 9	101009	[illegible]	1		"	
P505	JI 8	101008	" " " " "	1	P505/1	未装	存B16
P506	JI 10	101010	" " " " "	1	P506/1	山2	
P507	JII 1	103001	電動離心力抽水机	1	P507/1	未装	存B16
P508	JII 2	103002	" " " " " " " "	1	P508/1	"	"
P511			手摇水泵	1		天字住宅	
T2	JI 11	101011	手動起重机	1		J50	
Z26	JI 12	101012	濾油器	1	Z26/1-2	"	
Z31			濾油机	1	Z31/1	"	
	JI 1	101001	445馬力柴油發電机	1		"	
	JI 4	101004	" " " " " " "	1		"	
	JI 5	101005	75馬力 "	1		山2	
			水管鍋炉	4		未装	
			自動加煤器	4		"	
			鼓風機	2		"	
			抽風機	1		"	
			鍋炉給水蒸清器	1		"	
			電動鍋炉給水泵	1		"	
			汽動 "	1		"	

.521

126

第五十工廠水電所機器清册　2

新編号	舊編号	兵工署編号	機器名稱	數量	附屬機器編号	安置地点	備考
			2000KW透平發電机	1		未装	
			125KW 〃	1		〃	
			215M² 表面凝結器	1		〃	
			110M² 〃	1		〃	
			775噸循環水泵	1		〃	
			400噸 〃	1		〃	
			真空氣泵	2		〃	
			4.5馬力凝結水泵	1		〃	
			2.5馬力 〃	1		〃	
			83Kva 三相变压器	1		山2	
			75Kva 〃	1		未装	存B[illegible]
			215Kva 〃	1、		T5	
			170Kva 〃	1		銅鑼缺	

126

127

第五十工廠半成品檢驗室機器清冊

1

新編号	舊編号	兵工署編号	機器名稱	數量	附屬機器編号	放置地点	備考
B708	C64	402040	搖鑽床	1	B708/1	C20	
R1			萬能材料試驗床	1	[illegible]5	B15	☆
R4	B156	401056	卜氏硬度測驗机	1		〃	
R5	B1130	402061	硬度測驗机	1		〃	
Z14	B1 54	401054	水压式压力机	1	Z14/1	B17	
Z15	B1 55	401055		1	[illegible]/1	B15	

☆已于29年9月5日移交保管科

127

128

順序號碼	名稱	頁數	經交人		經收人	
			簽名	蓋章	簽名	蓋章
1	製砲所機器表	6	葉華林		葉華林	
2	彈夾所〃〃〃	5	成子英		成子英	
3	引信所〃〃〃	3	劉天威		劉天威	
4	鍛工所〃〃〃	2	張式齡		張式齡	
5	工具所〃〃〃	3	施惟吾		施惟吾	
6	木工所〃〃〃	1	郝蓋臣		郝蓋臣	
7	鑄工所〃〃〃	1	吉玉山		吉玉山	
8	火工所〃〃〃	1	陳贊文		陳贊文	
9	樣板所〃〃〃	2	于慶洽		周祖彭	
10	水電所〃〃〃	2	張君瑞		張君瑞	
11	半成品檢驗室〃〃〃	1	[illegible]		[illegible]	

128

（五）业务计划报告

军政部兵工署第五十工厂工程师室一九三九年上半年度业务撮要（一九三九年七月九日）

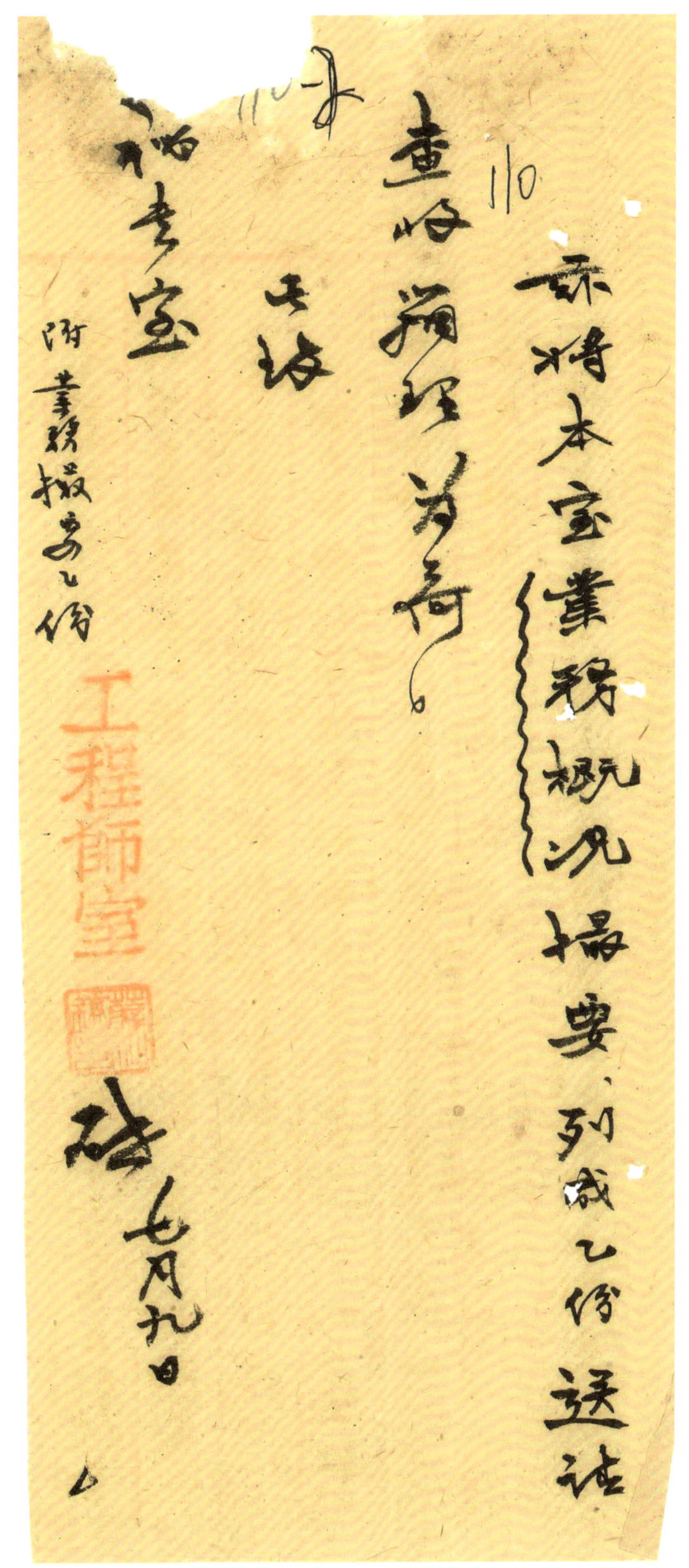

110

兹将本室业务概况撮要、列成乙份送请

查照办理为荷

此致

厂长

附业务撮要乙份

工程师室

七月九日

工程師室

業務撮要

(一)描印廠中各部份機器之安裝圖樣：

如車、銑、刨、鑽、動力機及其他機器之安裝圖樣等，約計二百五十餘張。

(二)預備本廠開工時之所需砲、砲彈、銅壳、引信及其他出品之製造圖樣

1. 描印砲、彈、引信、銅壳、彈藥車等圖樣計三千八百餘張。

2. 設計迫击砲、手榴彈、引信等圖樣計一百四十餘張。

(三)設計并绘製砲件、彈、引信、銅壳之夾具、工具、及樣板等

1. 製砲工具夾具樣板等，如三七平射砲所需之工具夾具樣板等。（在设计中）

2. 設計各項砲彈之工具夾具樣板畫，就目前經已完成者，約計三

一四〇—七

百張、他如迫击砲弾、手榴弾等、尚在設计中。

3、銅殼底火等工具夾具樣板等図樣約計三百張。

(三)

出、各種引信所需之工具夾具樣板圖、合計約三百餘張。

(四)設計并繪製新建廠房内之設備圖、

如起重設備、交通工具、熔鐵爐、鎔銅爐等図樣約六百張。

(五)依照本廠在製造上之需要、設計并繪製工具機等図樣、就現在

設計中者有車床等図、約計四十張。

(六)其他添配之零星機件図樣

(一)

如配造被炸机器内之机件時所需者約四十張、他如設計用表等

約計一六〇張。總計五千七百餘張。

军政部兵工署第五十工厂地产科一九三九年上半年度工作概要（一九三九年七月九日）

准

贵室函嘱抄送工作报告摘要以便汇存等由，过科。兹将本科廿八年度上半年工作概要另为抄附，送函请

查收为荷！

此致

秘书室

附表一纸

地产科（印）启

七月九日

112

地產科卅八年度上半年工作概要

(一)測量工作

1. 征用民地分戶測量約二十畝
2. 廠區地形測量面積約二千畝

(二)建築工程

1. 廠房三十二座(連同地盤土石方護土牆混凝土地台等)
2. 山洞動力廠房一座
3. 職工宿舍二十六座
4. 職工住宅二十四座
5. 馬路及涵洞計六公里
6. 橋樑及水閘各乙座
7. 防空山洞五座

(三)林場工作

1. 移植樹木約八千株
2. 開闢苗圃約八十畝
3. 培植樹苗約六十萬株

(四)其他工作

1. 辦理本廠各廠房偽裝事宜
2. 其他零星工程如修繕房屋及養路等工作

軍政部兵工署第五十工廠對內信箋

军政部兵工署第五十工厂工务处一九三九年上半年度工作报告（一九三九年七月十二日）

108

二十八年上半年度工作報告

搬運及安裝各廠房重要機器計250部

1 配製本廠需用各種机件工具夹頭刀具模型等共計25239件

製造各種樣板計3409件

3 修理各式火砲計十三门

2 配製各式火砲零件428件

4 鑽15公分迫擊炮管18枝

5 製造7.5公分砲彈引信6000個

6 鑄造并車製7.5公分砲彈々体2000個

7 壓製底火3000个

108-1

修理砲彈舊銅壳 2000 个

製造75公分砲彈木箱 2100 只

军政部兵工署第五十工厂庶务室一九三九年上半年度工作报告摘要（一九三九年七月）

122

庶務室廿八年半年度工作報告摘要

1、運輸工作　運入方面

一月份機器約五噸　材料約四百式十八噸

二月份材料約式百零五噸

三月份機器約叁十壹噸　材料約壹百六十八噸

四月份機器約十噸

五月份機器約式十噸　材料約壹佰零九噸

六月份機器約叁十六噸　材料約式百壹拾七噸

半年來合計運入機器壹佰零式噸　材料約壹千壹百式十七噸

2、輸出方面　因在建設中未有出品半年度輸出零件約十餘噸而已。

122-1

2. 人事方面

一月份補公役五名長伕一名水手一名　開除長伕貳名水手一名

二月份補公役五名長伕四名起重工人八名司机四名提升職員一員

開除公役壹名司機壹名

三月份補公役五名司机壹名長伕一名起重工人二名提升公役五名

開除公役二名長伕一名起重工人三名司机一名

四月份補公役二名水手一名長伕五名提升公役三名

開除公役二名水手一名長伕二名

五月份補長伕二名水手一名運輸班小工四十八名提升公役二名

開除公役四名長伕二名

123

六月份补公役六名、长伕八名、水手二名、提升职员一员、公役九名

开除公役二名、司机三名、长伕一名

3. 雇工方面

一月份共雇小工七千八百五十五名　平均每日雇小工贰百六十贰名（连夜工在内）

二月份共雇小工九千八百壹十名　平均每日雇小工叁百五十名（连夜工在内）

三月份共雇小工壹万四千九百三十四名　平均每日雇小工四百九十七名（连夜工在内）

四月份共雇小工壹万贰千五百四十名　平均每日雇小工四百壹十八名（连夜工在内）

五月份共雇小工七千三百四十贰名　平均每日雇小工贰百四十四名（连夜工在内）

六月份共雇小工七千八百三十六名　平均每日雇小工贰百六十一名（连夜工在内）

庶务室主任徐鉴泉

军政部兵工署第五十工厂会计处一九三九年下半年度工作摘要报告（一九三九年十二月三十日）

會計處二十八年下半年工作摘要報告 二十八年十二月三十日

1、調整會計科目——本年上半年準備擬行新制時即感一時廢除舊制代以新制不免困難諸多迭經參照署所擬訂之會計科目根據過去經驗將會計科目重行調整編列號碼以備下年度起全部採用漸次引進完成本會計制度

2、整理財產登記——本廠所有財產經搬運之後極為紊亂且在此趕工建築開工製造繁忙之時舊有財產尚未清理而新購者陸續增加欲求完整之財產簿目實難編成迭經本處在此年末會同各處科室調查登記大致已完備

3、實行公庫支票——公庫制度係奉令於本年十月開始實行蓋初行此制不慣種種困難本處乃於十一月遵照採用公庫支票凡在建設費項下支用款均開以公庫支票付給之其零星墊借已付款則由本處另製帳單開具公庫支

139-1

票免取

4、辦理報銷工作——繼續辦理二十七年度經常費報銷業已辦至二十七年十二月份二十八年度經建各費因單據未齊工程尚有未完成者須留待造報搬遷費因更改赴渝旅費奉准重行擬訂遷川人員旅費給予辦法乃將全部已列報之旅費另行更正頗費相當時日以致本廠全部搬遷旅費亦須留待造報

5、經費劃分統計——本廠經費按照預算分別劃清共計有下列各項經費項目：(1)(26)年度经常費三三〇八〇、七〇元(27)年度经常費二三六、〇八一、六〇元(26)年度建設費一〇〇、〇〇〇、〇〇元(26)年度材料費七〇、〇〇〇、〇〇元(26)年度購置費二五〇、〇〇〇、〇〇元(27)年度搬遷費一九〇、〇〇〇、〇〇元(27)年度建設費一、二三二、三五五、〇〇元

140

(28)年度建設費一、六五〇、〇〇〇、〇〇元李王兩員赴歐旅費二三、八三三九〇元製造費三九

九、二〇〇、〇〇元以上共計四、一六九、五五一、二〇元

军政部兵工署第五十工厂工务处一九三九年下半年度工作报告（一九四〇年一月九日）

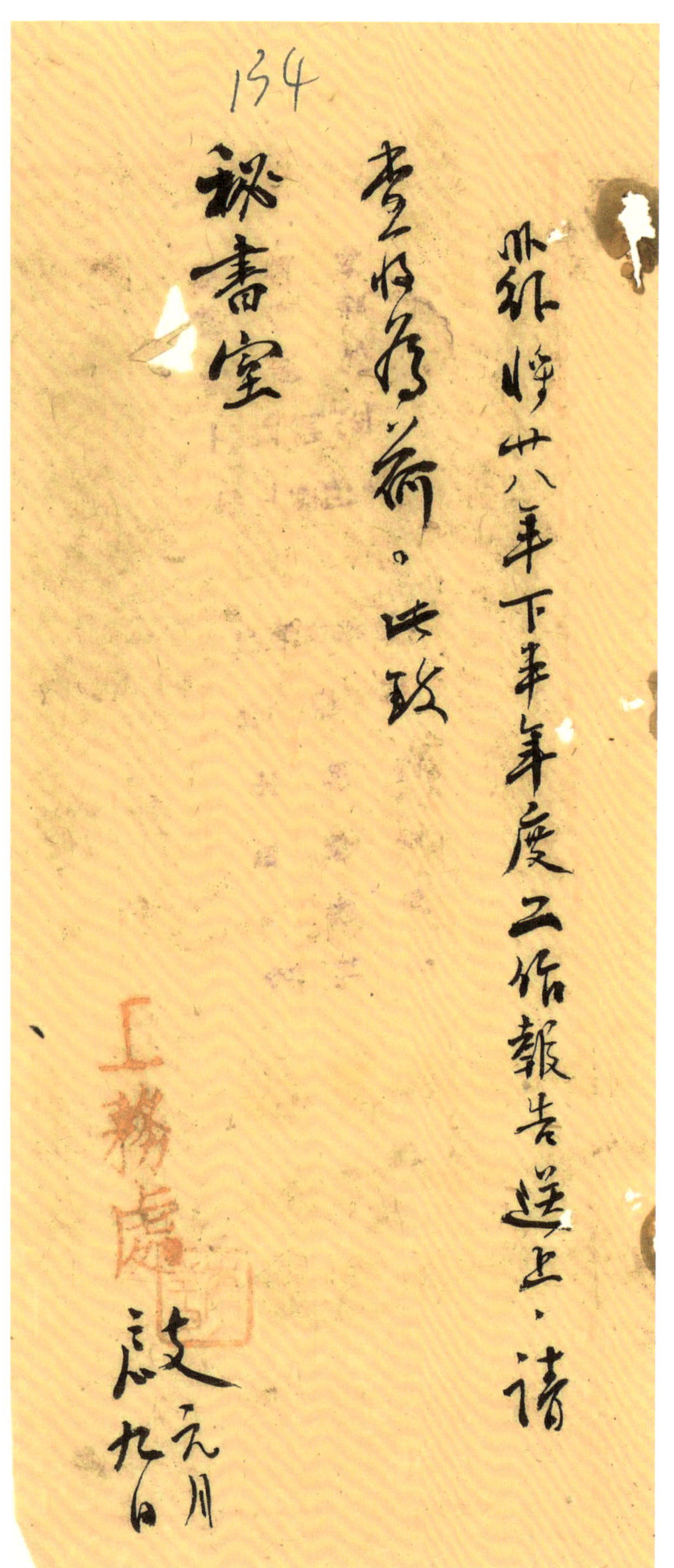
134

茲將廿八年下半年年度工作報告送上，請

查收備案。此致

秘書室

工務處（印）啟 元月九日

135

二十八年下半年度工作報告

工作品名	製造數量
(一)裝置各種機器	六六部
(二)代修各式火砲及砲管	六九門
(三)代修各式砲彈	九三顆
(四)代製：A.配製底火及全備銅売	三九三枚
B.各式火砲零件	二一八件
C.各種樣板	三〇〇套
D.其他航委會託製物件等	一〇六二件
(五)配製本廠需用機件工具夾頭刀具樣板	五七七四副

135-1

(六)成品：A. 75山砲彈	一一七七〇	顆
B. 75野砲彈	一八八〇	顆
C. 15公分迫彈	七五〇	顆
(七)待裝成品：A. 引信	三六九六	枚
B. 75公分彈體	八五七一	枚
C. 75山砲銅壳	三六九七	枚
D. 75野砲銅壳	一〇九三	枚
E. 底火	一二七〇二	枚
F. 15公分彈口圈	五七九	枚
G. 75山砲彈箱	二六一五	個

136

H.75野砲彈箱　五六〇個

I.15公分迫彈箱　二五〇個

军政部兵工署第五十工厂庶务室一九三九年下半年度工作报告摘要（一九四〇年一月九日）

160

軍政部兵工署第五十工廠庶務室廿八年下半年度工作報告摘要

(一)運輸工作 (運入) 七月份机件約九噸 材料約三百八十九噸 八月份机件約十噸 材料約七十三噸 九月份机件約三十噸 材料約弍百叁拾弍噸 十月份机件約四十六噸 材料約壹百九十噸 十一月份机件約四十九噸 材料約弍百零四噸 十二月份机件約五噸 材料約弍百弍十七噸

(輸出) 七月份器材約弍噸 十五公分迫擊砲十一門 地脚螺絲一六〇對 八月份十年式山砲五門 海砲一門 山砲彈四六〇顆 九月份器材約十噸 十五公分迫擊砲四十門 十月份器材約十弍噸 十五公分迫擊砲弍十弍門 十一月份器材約三噸 四公分机關砲撞針三套 彈簧四套 十二月份器材約壹噸 鉄屑三十三噸 六年式山砲彈七〇〇〇顆 十五公分迫擊砲彈七五〇顆 琴絃三噸

(二)人事方面 七月份補公役九名 斥七名 逃一名 調一名 補水手八名 補長伕三名 開除一名 開除運輸小工三名 汽車司机逃一名 八月份補公役弍名 開除五名 斥三名 病故一名 斥職員一員 補汽車司机四名

160-1

補長伕一名調二名逃二名　補炊事兵二名開除一名升一名逃一名　補水手一名開除一名　補運輸小工卅名　九月份補公役四名開除一名　補水手三名開除三名　補炊事兵二名　補長伕五名　補運輸小工十六名　十月份補公役八名升廿一名開除四名調升為職員一員調為長伕二名逃一名　補運輸小工一名開除五名　補長伕五名開除一名　補汽車司机二名開除一名　補炊事兵一名開除一名　十一月份補公役十八名開除六名升四名調一名逃一名　補起重工八壹名開除一名　補長伕十八名開除二名調一名　補運輸小工十六名開除三名逃一名　補炊事兵四名開除三名　汽車司机逃一名　十二月份補職員二員　補公役二名開除四名升十八名調二名　補長伕十一名開除八名調二名逃一名　補運輸小工十八名開除六名逃一名　補水手一名　補炊事兵二名開除一名升一名

(三)僱工方面　七月份共僱臨時小工五、六七一名　八月份共僱臨時小工三、七二〇名　九月份共僱臨時小工三、三二八名　十月份共僱臨時小工二、七二一名　十一月份共僱臨時小工二、〇八三名　十二月份共僱臨時小工一、二六九名

庶務室主任徐鑑泉　徐鑑泉印　卅九、一、九、

军政部兵工署第五十工厂地产科一九三九年下半年工作报告（一九四〇年一月十九日）

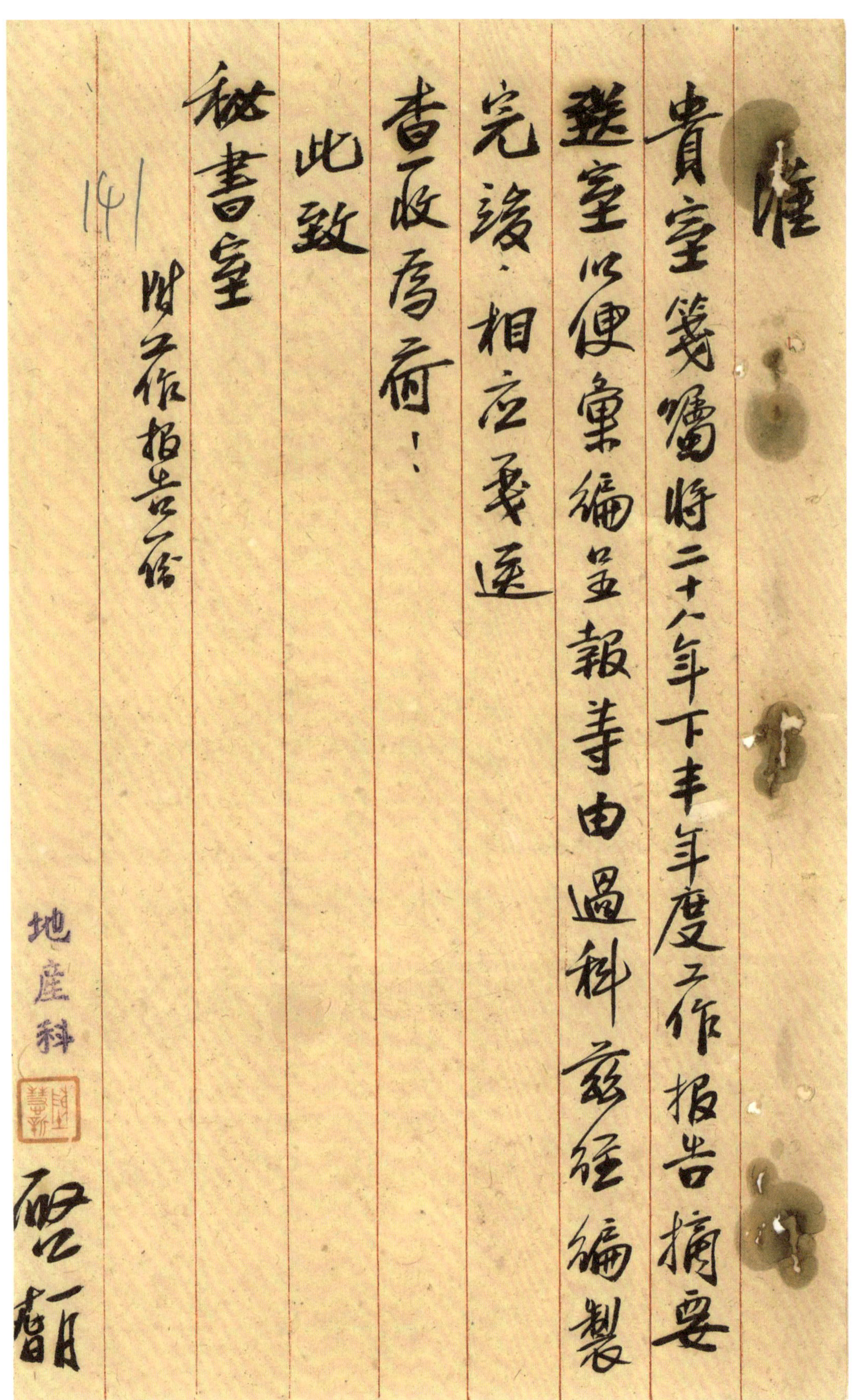

准

貴室箋囑將二十八年下半年度工作報告摘要

送室以便彙編呈報等由，過科茲經編製

完竣，相應送還

查收為荷！

此致

秘書室

附工作報告書

141

地產科 啟

一月

二十八年度下半年地產科工作報告

（一）測量工作

1. 完成大興場新村用地分戶測量約兩萬畝

2. 繼續辦理廠區地形測量

3. 各種工程測量

（二）工程設計工作

1. 完成新建耒機山洞廠房工程計劃及預算

2. 完成製炮所山洞廠房初步設計及預算

3. 完成禮堂飯堂工程計劃及預算

4. 完成合作社浴室工程計劃及預算

142-1

5. 完成廠區内職工飯堂盥洗室廚房等工程及預算

6. 完成廠區内各防空山洞内部結砌工程計劃及預算

7. 完成大興場新村第二批職員住宅工程計劃及預算

8. 完成大興場新村第一期馬路及臨時碼頭土石方工程計劃及預算

9. 完成大興場新村第一期防空山洞開鑿工程計劃及預算

10. 完成大興場新村學校地盤土石方工程計劃及預算

11. 完成廠西路土石方工程計劃及預算

12. 完成銅鑼峽樣板房職工飯堂盥洗室廚房廁所等工程計劃及預算

143

13. 完成厰區内職工醫院分診所工程計劃及預算
14. 完成紫曲械水池工程計劃及預算
15. 完成製炮所飯堂道路橋樑涵洞工程計劃及預算
16. 完成銅鑼峽第二批山洞廠房結構工程計劃及預算
17. 完成銅鑼峽的崖鑿洞洞外石方工程計劃及預算
18. 完成西人宿舍建築工程及土石方工程計劃及預算

(三)工程招標訂約及施工工作

1. 繼續办理上半年各項未完工程
2. 整理各項已完工程面表及呈報驗收
3. 办理本廠第一期路面工程招標訂約及施工

143-1

4. 办理厂区内职工饭堂盥洗室厨房等工程招商订约及施工

5. 办理厂区内各防空山洞内部结砌工程招商订约及施工

6. 办理制炮所山洞厂房洞口土石方工程招商订约及施工

7. 办理合作社浴室工程招商订约及施工

8. 大兴场新村第二批职员住宅工程招商订约及施工

9. 办理大兴场新村第一期马路及临时码头土石方工程招商订约施工

10. 办理大兴场第一期防空山洞开凿工程招商订约及施工

11. 办理大兴场新村学校地盘土石方工程招商订约及施工

12. 办理厂西路土石方工程招商订约及施工

13. 办理厂区内职工医院分诊所工程招商订约及施工

144

14.办理柴油機水池工程招商訂約及施工

15.办理銅鑼峽第二批山洞廠房結砌工程招商訂約及施工

16.办理銅鑼峽的崖鑿洞洞外石方工程招商訂約及施工

17.办理西人宿舍建築工程及土石方工程招商訂約及施工

18.办理磨旗寺防水堤路第一段土方工程招商訂約及施工

19.办理全廠一切已成工程之修繕事項

（四）林場工作

1.办理苗圃除草灌溉事項

2.開闢菜圃約六十畝

144-1

5. 办理苗圃内移植上年播种培育之苗本约三十万株

4. 厂房附近自十二月开始移植高约五尺至二丈之树木及毋竹等事项

5. 办理各厂房其他伪装事宜

145

二十八年下半年完工建築表

(一) 完成火工所臨時廠房二座暨

(二) 完成鍛工所臨時廠房一座

(三) 完成標板所山洞廠房八座

(四) 完成柴油機冷水池一座

(五) 完成第二批職員宿舍十二座附廁所盥洗室等

(六) 完成機械士宿舍廁所盥洗室等十四座

(七) 完成馬路涵洞計二公里

(八) 完成職員第一批住宅二十座

(九) 完成廠區內職工飯堂盥洗室廚房等三座

(十) 完成防空山洞結構工程六十公尺

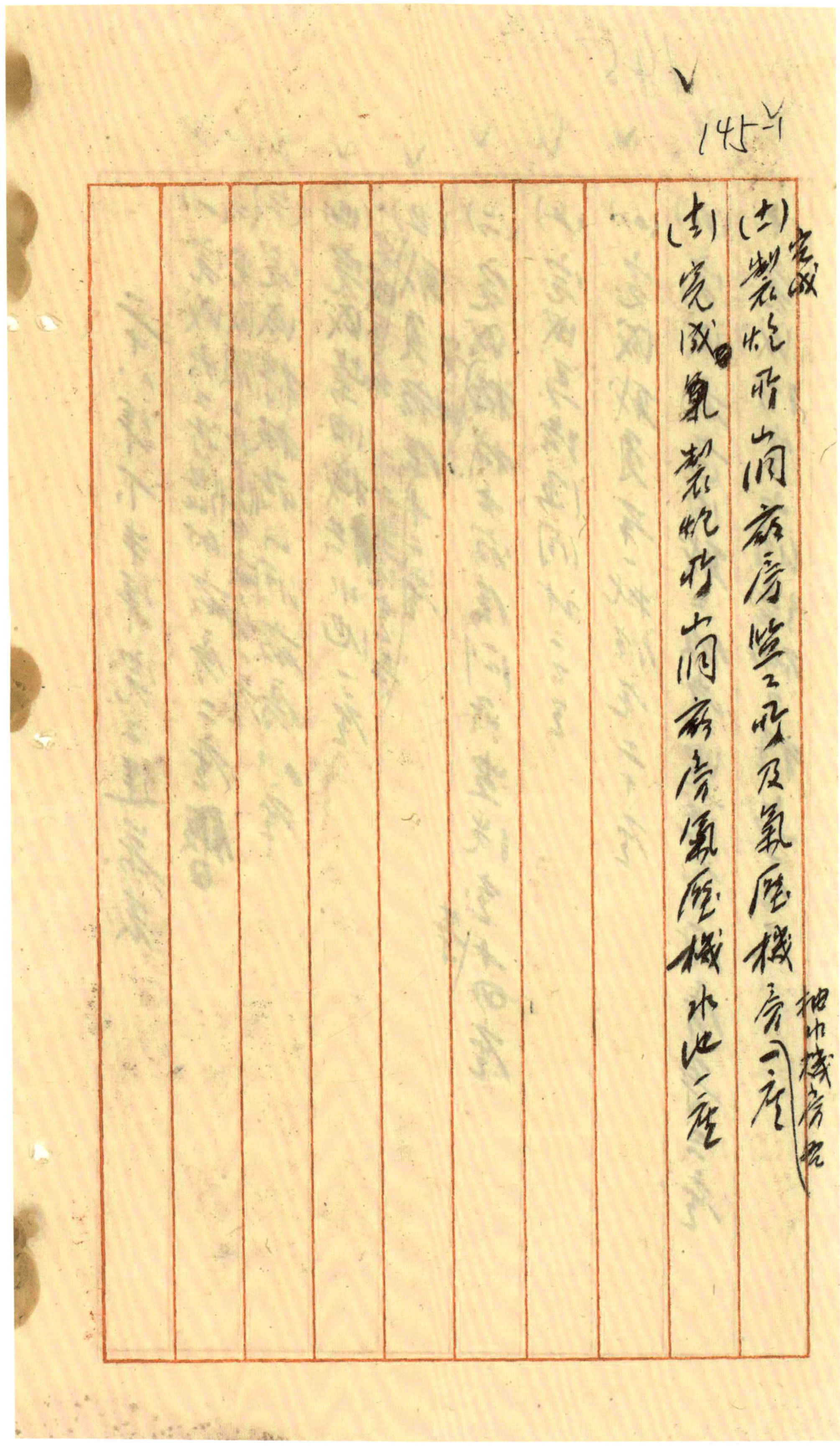

145

（十一）完成 制硝酸厂山洞厂房暨工房及氧压机房、抽水机房各一座

（十二）完成氧 制硝酸厂山洞厂房氧压机水池一座

工程師室廿八年下半年工作報告

一、繼續繪製本廠開工時所需之砲、砲彈、銅殼、引信及其他製品圖樣約三百餘張。

二、設計并繪製砲、彈、銅殼、引信及其他出品應用之工具及量具樣板等。

三、設計各所應用之機器設備，如小型機器、翻砂工具、化鐵爐、鼓風機及其他零星設備等約五百餘張。

四、編製設計參考用之各種表格，如工業規格、各項材料表及研究書表等約一百餘張。

五、翻平射砲全部圖樣及譯中文名詞約計一千一百餘張。

军政部兵工署第五十工厂艺徒学校一九三九年工作报告（一九四〇年一月）

163

本校二十八年度工作報告

藝徒學校

164

蓉校二十八年下半年工作報告

甲. 校務

一. 學課：

(1.) 本校結至二十八年年底計有學生二百零三人因入校日期不等程度難齊故每班人數亦不一致各班人數及已授課週數見附表一

(2.) 所採用之課本均為初中程度物理則為高中程度各班學課之進度如附表二

二. 藝課：

(1.) 各生每日下午實習四小時實習工場計分車，鉗，鍛，鑄，木，電六部第一二學年為預科每部實習四個月輪流實習至第三學年時視各生之

164-1

所近再飭專習一種技能現各部已作之工作件計有

a. 車工部 各種搖柄搖輪有坡度及無坡度之工作件車各種絲扣

b. 鉗工部 立方鐵套板三角鐵筆架內卡外卡扁鏨尖鏨眼銃手鏈

劃規角尺手虎鉗

c. 鍛工部 鍛製右開各種毛坯

d. 鑄工部 翻鑄各種銅鐵機器配件

e. 木工部 三角板丁字尺繪圖板木箱及各種翻砂模型

木工部附設之油工部 填補及調配石膏刷漆配漆

調合洋乾漆

f. 電工部 試驗電鈴電話礦石收音機電鍍安裝電燈開關保險

165

變壓器測驗電流電壓電動機起動法

(2.)學生實習須逐日繕寫日記寫出心得與凝問交由教官批閱

(3.)為每生均立有專簿以考核學生之實習成績

(4.)教務組立有專簿以登記各生實習之部別

三、操作：依照預定計劃先教以軍人基本動作起牀後為之下午下工後全體作課外運動以鍛練學生之體魄

四、訓育：依照教育部頒定之青年訓練大綱辦理於每日起牀後作精神訓話一刻鐘至半點鐘

五、成立學生自治會以養成學生高尚之習慣課外運動時分下列各組辦理之

(1.)球類組　包括籃球足球排球台球

165-1

(2.) 田徑組　包括鐵球鐵餅跳高跳遠

(3.) 歌詠組　西樂口琴

(4.) 平劇組

六、成立合作社以增長學生經營之能力

七、成立圖書室購入書籍雜誌多種以供教學者之參考

乙、場務

一、修理積存之破爛機器查四川兵工廠自民國二十四年停工後因場房破陋機器銹爛不堪現經修理完好並已安裝應用之機器計柒拾柒部其號碼及類別見附表三

二、自製之各種工具及設備如虎鉗手錘夾鉗刨子扁鏨工作枱等名

166

目繁衆茲從略設如左表分配學生實習工作已無缺乏工具之虞

車工部六十名

鉗工部六十名

鍛工部五十名

鑄工部五十名

木工部六十名（油漆在内）

電工部二十名

三、安裝電氣設備本校現購置電動機三部一部二十馬力二部各十五馬力購用商電與本市電燈公司定立合同每瓩電費為九分正所用之變壓器及銅綫則係本校自廠領到現全校電燈均已大致

166-1

安好全月動力及燈費約為三百圓之譜

四、運回四川兵工廠散置外縣各地之機器查前四川兵工廠散置各地之機器為數極衆二十八年春奉

令先派員前往各地調查旋作運費預算奉准後計自三台運回機器四十三部自綿陽運回機器一百零八部自德陽運回機器四十二部至存於廣漢之機器七部因有特殊情形迄未起運現方呈由

委員長成都行轅調查中運回之機器計共一百九十三部現已修好者計五十部其號碼及類别見附表三

五、奉　令移交各廠前四川兵工廠之機器設備

(1.)將全部製造子彈機器移交與二十五廠

(2.)將製藥處主要機器及酒精設備移交二十三廠

167

以上兩項均如期辦理完畢呈報在案

丙、修繕土木工程

查本校係利用前四川兵工廠舊址該廠停辦多年場房破陋經先後修葺計已完善者計共四百三十五間房號見附表四另製藥處之庫房及水路碼頭完全修好

丁、其他

一、本校於二十八年冬季奉令成立製絃所製造琴絃以供各廠製造手溜彈之需用經籌劃匝月自十一月份起每月可製絃一噸成本較市價每市斤低四五元之譜如以每月製絃兩噸（自二十九年一月份起已辦到）計算每月可省公幣貳萬元每年可省貳拾肆萬於抗戰前途不無小補

167-1

二、查生絲可以獲外滙且為製造軍火原料之一極為重要為維持軍火且不
影響外滙起見本校商得四川大學農學院蠶桑系高主任教授之同意
義務指導本校進行養蠶種桑工作並供給一切應用之設備如桑苗蠶子
等以期自行養蠶抽絲減低製絃成本預期可至拾萬元之鉅並擬收回放
租之四川華陽縣觀音橋營産充作桑田此項計劃現已着手進行辦理

三、本校代廠自成茂師管區領來壯丁一百數十名在校訓練數月後調廠補
充警衛士兵之用

四、本校先後代廠購製衣物品計有價值一十萬元大宗為青油計一十萬斤吾
廠撙節公帑亦不在少數

五、兵工專門學校囑本校代辦招生事宜計報名者達四五百人考學科者一

168

百數十名共考取學生十一名

六、修整消防器具本校因鑒於敵機肆虐消防事宜未可緩圖爰將前四川兵工廠移交之舊水龍一具修理完整并設置各種消防器具以備萬一

七、代管軍需署營產自二十八年度起本校奉令代爲經營軍政部四川華陽縣之營產二十八年度之租金已如數收還解繳在案

戊 工場工作計劃

(1.) 製造炮彈彈體（現已準備各項應用之工具及設備）

(2.) 製造迫擊炮瞄準鏡（現已準備各項應用之工具及設備並已製妥樣品擬自二十九年二月份起每月先製二百套）

(3.) 製造手溜彈彈體（俟圖樣辦理）

168-1

(4.) 煉製各種油漆如速乾漆無光漆耐熱漆印刷用油漆均製有樣品

並有成效

(5.) 製造各種物理課程應用之儀器

己 會計事宜

(1.) 按月編製經常費決算

(2.) 購料收料付款保管手續一切仿照廠規辦理

(3.) 二十八年度各項支出統計表附後（附表五六）

(4.) 本年年終曾盤點工場各部工具材料以資核對

169

軍政部兵工署第五十工廠藝徒學校各班學生名額及授課週數　附表一

班次	學生名額	開課月日	結至二十八年終計上課週數	備考
第一班	五十二	三月二十日	四十二	
第二班	五十一	四月三日	三十九	
第三班	三十	四月二十四日	三十六	
第四班	二十七	七月十七日	二十四	
第五班	四十三	十二月十五日	二	

170

軍政部兵工署第五十工廠藝徒學校學課進度表 結至二十八年年終 附表二

班次 已授點數 課別	算術	代數	幾何	三角	幾何畫	機器畫	物理	國文
一	135=	164=	117	18	34=	88	36	158
二	164=	181=	129		28=	92		182
三	199=	160	99		51=	94		153
四	133=	134	26		51=	94		102
五	28				9			15
六								
七								
備考	數目字下凡用=標出者即已授完							

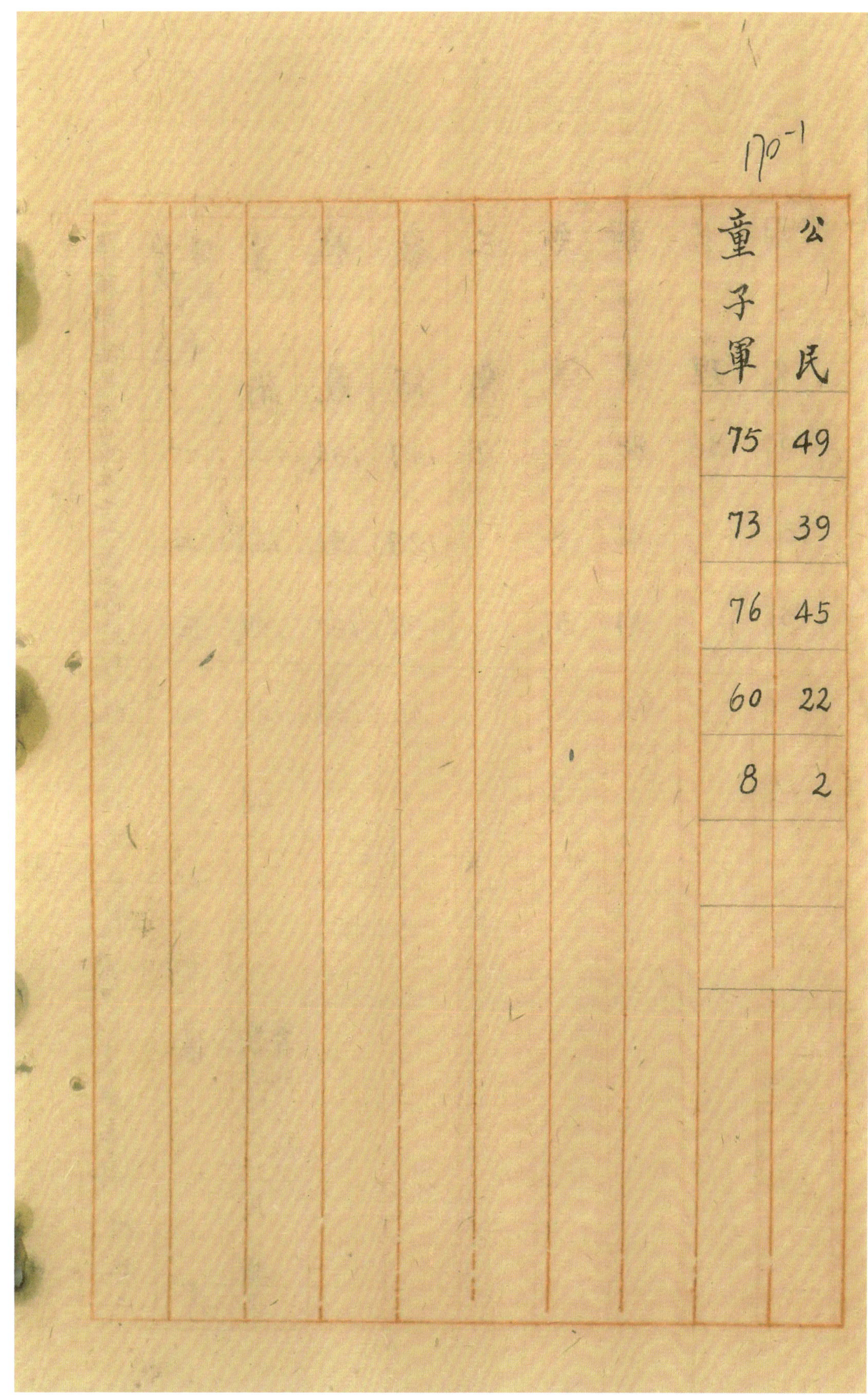

170-1

公民	童子軍
49	75
39	73
45	76
22	60
2	8

171

藝徒學校

本校現已修妥並安裝能用機器清册 附表三

172

本校現已修妥並安裝能用機器清冊

編號	名稱	數目	備考
六三	舂火帽機	一部	一千號以裡者為四川兵工廠原存之機器 一千號以外者為自外縣運回之機器
一四〇	弓形鋸料車	一部	
一四一	剪刀機	一部	
一四六	六呎元車	一部	絲（即可車絲之意）
一四九	木工元車	一部	
一六四	小剪刀機	一部	
二〇三	大號林肯銑牀	一部	
二〇四	大號林肯銑牀	一部	

172-1

二〇五	中號林肯銑牀	一部
二一五	中號林肯銑牀	一部
二一六	中號林肯銑牀	一部
二三二	中號彎弓銑牀	一部
二三四	中號彎弓銑牀	一部
二三九	中號彎弓銑牀	一部
二四〇	中號彎弓銑牀	一部
二四四	中號彎弓銑牀	一部
二四七	中號彎弓銑牀	一部
二五〇	中號彎弓銑牀	一部

173

編號	名稱	數量
二五四	手搬銑	一部
二六一	雙桿靠模銑	一部
二六二	手搬銑	一部
二六三	手搬銑	一部
二六五	手搬銑	一部
二六八	雙桿靠模銑	一部
二六九	雙桿靠模銑	一部
二七〇	雙桿靠模銑	一部
二七四	萬能銑	一部
二七五	花刀銑	一部

173-1

二七六	花刀銑	一部	
二七七	車槍筒機	一部	
二八一	元車	一部	
二八二	元車	一部	
二八三	元車	一部	絲
二八四	元車	一部	絲
二八六	元車	一部	絲
二八七	元車	一部	
二八八	元車	一部	
二八九	元車	一部	

174

二九二	元車	一部	絲
二九三	元車	一部	絲
二九四	小號六角車牀	一部	
二九五	小號六角車牀	一部	
二九六	小號六角車牀	一部	
二九八	中號六角車牀	一部	
三〇〇	中號六角車牀	一部	
三〇一	單桿鑽牀	一部	
三〇二	單桿鑽牀	一部	
三〇五	單桿鑽牀	一部	

174-1

三〇六	單桿鑽牀	一部	
三二五	挖角機	一部	絲
三二七	五頭光眼機	一部	
三三〇	插牀	一部	
三三一	插牀	一部	
三三二	插牀	一部	
三三七	雙頭牛頭刨牀	一部	
三四七	大螺絲壓力機	一部	
三四八	手搬壓力機	一部	
三四九	手搬壓力機	一部	

175

編號	名稱	數量
三五〇	手搬壓力機	一部
三五一	手搬壓力機	一部
三五二	手搬壓力機	一部
三五三	手搬壓力機	一部
三五六	來復綫機	一部
三六三	銑齒機	一部
四五八	手動銑牀	一部
四五九	手動銑牀	一部
四七二	五呎元車	一部
四七七	三呎元車	一部

175-1

五一〇	六角車牀	一部	
五一二	四呎元車	一部	絲
六二五	手搬剪刀機	一部	
九〇六	二丈元車	一部	絲
九一一	牌坊刨牀	一部	
九一二	一丈四呎刨牀	一部	
九二〇	三丈元車	一部	絲
九二一	二丈元車	一部	絲
九二二	一丈六呎元車	一部	絲
一〇〇一	元車	一部	絲

176

一〇〇二	元　車	一部	
一〇〇三	元　車	一部	
一〇〇五	元　車	一部	絲
一〇〇六	元　車	一部	絲
一〇〇七	元　車	一部	絲
一〇〇八	元　車	一部	絲
一〇〇九	元　車	一部	絲
一〇一〇	元　車	一部	絲
一〇一一	元　車	一部	絲
一〇一二	元　車	一部	

176-1

一〇一三	元車	一部	絲
一〇一四	元車	一部	絲
一〇一五	元車	一部	絲
一〇二四	雙桿鑽牀	一部	
一〇二七	六角車牀	一部	
一〇三五	牛頭刨牀	一部	
一〇四七	五絲元車	一部	絲
一〇四八	六絲元車	一部	絲
一〇四九	龍頭刨牀	一部	
一〇五五	四絲元車	一部	絲

177

一〇五六	四絲元車	一部	絲
一〇五七	四絲元車	一部	絲
一〇五八	四絲元車	一部	絲
一〇五九	四絲元車	一部	絲
一〇六〇	四絲元車	一部	絲
一〇六八	元車	一部	
一〇九〇	六吹小六絲元車	一部	絲
一〇九五	六吹四絲元車	一部	絲
一〇九七	一丈四絲元車	一部	絲
一一四〇、	六吹刨牀	一部	

(7)-1

一一四二	四呎元車	一部	
一一四四	德造六絲元車	一部	絲
一一四五	德造六絲元車	一部	絲
一一五〇	省造二絲元車	一部	絲
一一五六	德造雙桿鑽牀	一部	
一一六三	立銑鑽牀	一部	
一一六五	八呎五絲元車	一部	絲
一一六六	八呎明四暗八元車	一部	
一一六七	六呎二絲元車	一部	絲
一一六八	六呎二絲元車	一部	絲

178

一一七一	四呎元車	一部	
一一八二	元車	一部	
一一八九	六呎元車	一部	絲
一一九〇	六呎元車	一部	絲
一一九二	小彎弓銑牀	一部	
一一九四	彎弓銑牀	一部	
一一九八	刨牀	一部	
一一九九	六呎元車	一部	絲
一二〇〇	四呎元車	一部	絲

以上共計機器一百二十七部

180

本校二十八年度修葺完好之房屋一覽表

請參閱華字第四號之一二圖

編號	名稱	間數	編號	名稱	間數	編號	名稱	間數
一	傳達衛士室	六	二〇	飯廳	五	六三	動力室	二
二	廁所	二	二一	機械士宿舍	九	六四	浴室	五
三	禁閉室	四	二二	稽查室	三	六五	福利股	六
四	廚房	六	二五	庫房	一五	六六	福利股	二
六	學生寢室	五	二九	會客室 職員寢室	一二	六七	福利股	四
七	學生寢室	一八	三〇	廚房	三	六八	福利股	二
八	盥浴室	三	三四	工場	一〇	六九	福利股	三
九	儲藏室	五	三五	工場	三〇	七一	衛士室	二
一〇	第一教室	四	四四	工場	六	七四	兵工寢室	三
一一	第二教室	四	四九	工場	一六	七五	職員眷屬寢室	二六
一二	辦公閱報室	五	五〇	工場	二	共	計	四三五
一三	第四教室	四	五一	庫房	四			
一四	第三教室	四	五八	用途未定	三二			
一五	禮堂	五	六〇	製絃所	二〇			
一六	第五教室	四	六一	製絃所	二〇			
一九	第六教室	四	六二	製絃所	二〇			

附表四

182

附表5

軍政部兵工署第五十工廠藝徒學校民國二十八年三至十二月份經常費支出表

支出科目	三月份	四月份	五月份	六月份	七月份	八月份	九月份	十月份	十一月份	十二月份	總數	附註
款 1000 經常費	2,916.98	3,380.45	1,949.17	6,715.21	8,822.79	6,065.08	6,475.20	17,531.68	11,013.48	10,430.22	75,300.26	此表根據每月寄廠單據編製
項 1100 俸給費	485.50	150.50	168.50	2,992.47	5,253.73	3,969.26	3,239.09	14,575.04	7,690.18	6,478.46	45,002.73	
目 1110 俸薪	315.00			2,169.20	3,751.42	2,304.36	1,372.40	1,497.00	2,263.13	2,481.05	16,153.56	
節 1111 俸薪技術人員	120.00			1,180.00	2,502.02	1,177.42	500.00	500.00	1,496.13	460.00	7,935.57	
節 1112 〃〃陸軍官佐	195.00			989.20	1,249.40	1,126.94	872.40	997.00	767.00	2,021.05	8,217.99	
目 1120 餉項	170.50	150.50	168.50	823.27	1,502.31	1,664.90	1,866.69	13,078.04	5,427.05	3,997.41	28,849.17	
節 1121 餉項學生								11,268.43	3,826.94	2,131.24	17,226.61	
節 1122 〃〃士兵伕役	30.50	30.50	30.50	204.63	312.40	311.39	417.02	404.50	387.97	354.19	2,483.60	
節 1123 〃〃機械士	140.00	120.00	138.00	618.64	1,189.91	1,353.51	1,449.67	1,405.11	1,212.14	1,511.98	9,138.96	
項 1200 辦公費	565.41	857.33	555.58	881.52	918.56	618.42	578.79	318.76	822.27	900.74	7,017.38	
目 1210 文具	145.75	341.55	161.47	238.80	169.93	21.49	36.40	26.10	180.11	328.44	1,650.04	
目 1220 郵電	12.35	53.48	20.42	20.73	13.35	19.04	31.83	27.00	2.38	5.11	205.69	
目 1230 印刷	16.50	124.50	54.70	240.80	18.10	24.80	74.36	55.10	159.60	315.70	1,084.16	
目 1240 消耗	192.33	183.99	126.80	198.00	429.48	240.40	236.20	118.80	259.38	34.80	2,020.18	
目 1250 雜支	198.48	153.81	192.19	183.19	287.70	312.69	200.00	91.76	220.80	216.69	2,057.31	
項 1300 設備費	1,699.20	2,227.00	1,108.64	2,418.18	2,498.66	1,146.05	2,067.69	2,309.18	2,332.53	1,743.18	19,550.31	
目 1310 教育費	1,328.27	1,682.95	855.74	1,355.34	2,292.89	1,098.27	1,955.59	1,859.17	1,913.80	1,404.56	15,746.58	
目 1320 購置費	336.56	286.06	202.00	347.52	164.57	6.00	74.80	372.50	366.30	268.30	2,424.61	
目 1330 醫藥費	34.37	257.99	50.90	715.32	41.20	41.78	37.30	77.51	52.43	70.32	1,379.12	
項 1400 特別費	166.87	145.62	116.45	423.04	151.84	331.35	589.63	328.70	168.50	1,307.84	3,729.84	
目 1410 旅運費	45.87	31.62	2.45	77.04	23.24	210.23	489.63	126.80	92.50	1,203.94	2,303.32	
目 1420 其他	121.00	114.00	114.00	346.00	128.60	121.12	100.00	201.90	76.00	103.90	1,426.52	

藝徒學校

183

附表6.

軍政部兵工署第五十工廠藝徒學校民國二十八年三月至十二月份開辦費及雜項費用支出表

支出科目		三月份	四月份	五月份	六月份	七月份	八月份	九月份	十月份	十一月份	十二月份	總計 小計	總計 共計	備考
2000	開辦費	14,079.63	4,417.38	4,381.38	5,529.16	15,850.81	3,249.67	26,085.59	35,022.09	33,004.80	38,679.17		180,299.68	此表根據每月寄廠單據編製.
2001	修繕土木工程	3,524.49	1,272.05	191.99	428.10	2,331.03	81.20	16,837.94	6,980.04	9,563.29	11,387.27	52,597.40		
2002	購置電氣設備		195.90	332.10	1,952.35	1,096.70	566.00	1,468.00	4,029.85	8,083.96	778.40	18,503.26		
2003	修繕機器設備	1,778.41	2,551.28	3,269.24	2,444.41	1,658.75	1,512.00	3,337.27	23,840.00	10,677.24	21,548.53	72,617.13		
2004	購置木器傢具	1,228.20	318.55			308.70	27.00					1,882.45		
2005	購置學生服裝		36.00	522.05	704.30	9,894.63	238.47	4,400.38	172.20	4,680.31	4,964.97	25,613.31		
2006	雜項	*7,548.53	43.60	66.00		561.00	825.00	42.00				9,086.13		*此數係於二十七年十月至二十八年二月間付出之開辦費
3000	本校墊款	972.00	981.33	982.00	2,132.28	16,425.38	3,161.96	2,780.51	21,542.73	24,435.60	44,550.58		117,964.37	
3001	校墊付廠調人員薪俸	972.00	981.33	982.00	2,132.28	1,045.00	865.00	865.00	1,045.00	1,045.00	1,020.00	10,952.61		
3002	廠方囑購物品墊款					15,380.38			18,878.00	23,120.60	43,530.58	100,909.56		
3003	墊付新兵薪餉等項						2,296.96	1,751.51	1,476.73	270.00		5,795.20		
3004	墊付廠招學工用款							164.00	143.00			307.00		
4000	專案報銷					37.45		76,731.64	30,791.63	26,145.16	33,000.25		166,706.13	
4001	搬運前四川兵工廠散置各地機器費用					37.45		7,857.34	12.59			7,907.38		
4002	購置鋼料							68,874.30				68,874.30		
4003	購置琴絃用費								30,779.04	26,145.16	33,000.25	89,924.45		
總結													464,970.18	

藝徒學校

183

军政部兵工署第五十工厂一九四〇年度受检报告书表（一九四〇年三月）

3
軍政部兵工署第五十工廠二十九年度受撿報告書表

軍政部兵工署第五十工廠公文紙

第五十工廠設施及工作情形報告書

兵工事業，為國防要政之一，尤其在今日抗戰情形之下，關於兵工製造出品在求其速，產量惟貴其多，庶能適應環境需要，發揮抗戰效能。本廠原為專造各式火砲之所，其製造成績之良窳，關係抗戰前途，至為重大，以故初遷此地時，即認定此二項目標，擘劃經營，於建築方面，一本簡單迅速之原則辦理，得以早觀厥成從事製造；於人事方面，則羅致專才，培育藝工，以期充實力量，增加出品。重以製造材料，國產缺乏，勢必取給外邦，因派工務處長李式白率同技術員王運豐前赴德國，採購3.7平射砲材料百門，以備自造，嗣因歐戰爆發，海運艱阻，訂購材料，不能如期運達，而本廠初步計劃，至是，不無受其影響。茲將最近設施及工作情形，分別報告於次。

4-1

一、設施事項　按本廠建築工程可分三項：(甲)、現已完成之工程，計有山洞廠房八座，動力廠房一座，木棚廠房三十一座，竹批泥牆廠房一座，臨時竹棚廠房三座，臨時竹棚工場三座，竹棚庫房十五座，稽查分所四座，警隊臨時兵棚五座，職員宿舍連廁所盥室二十四座，機工宿舍連廁所盥室二十座，職員住宅二十一座，機工住宅八座，臨時工人竹棚住所六座，監工所二座，職工飯堂盥室廚房等三座，供水池二座，氣壓機房抽水機房各一座，汽車房一座，石墩木橋滾水堤各一座，馬路連涵洞計長九公里，防空山洞五座，修繕藝校房舍四百三十五間；(乙)尚待完成之工程，計有邃平發電機山洞廠房一座，引信所山洞廠房六座，精測所山洞廠房兩座，各防空山洞結砌五座；(丙)正待舉辦之工程，計有製砲所彈夾所山洞廠房，各處科辦公室，大禮堂兼食堂，醫院及分診所，職工子弟學校校舍，第二批職工住宅　西人宿

5

舍、合作社連浴室等等，此外，開闢菜圃六十畝，移植木苗三十萬株，運回散置外縣之舊成都兵工廠機器一百九十三部；又以吾國低級機械幹部人才缺乏，爰於前冬在成都成立藝徒學校一所，以資作育，而應要需，現有學徒二百五十四名，教員十四名；關於課程方面：將初中高中學課，擇要教授，例如初中算術幾何代數三角幾何畫，高中立體幾何等，於第一二學年趕授完畢；關於機械方面：參照高級機職學校所授科目，施以教練；關於技藝方面：暫分車、鉗、鍛、鑄、電、木工等六部，於第一二學年分期輪流學習，凡材料之鑑別，機器之運用，圖樣之認識，由淺而深由易而難，必使熟習養成獨自工作之習慣而後已；第三學年按照學習成績及實際需要，分別指定專習一種技能，俾有專長；第四學年則令入廠練習專門機器設備之運用，加深造詣，平日尤注意於精神思想之訓練，使其發皇民族思想，信仰三民主義

軍政部兵工署第五十工廠公文紙

5-1

服從最高領袖，並參照軍事管理，使其生活紀律化，是則四年畢業後，其學業已有根基，技藝當亦優越，思想既已純正，品德自臻善良，當可成為本廠機械幹部人才也。又以職工多屬客籍，隨廠來川，挈眷同居，子弟教育頓成問題，爰於去冬成立臨時職工子弟學校一所，現有教員五人，學生一百三十四人，其課程則注重數學手工等科，其思想則注重愛國自立等項，藉宏教育初基，成為優秀份子，進可升學深造，退可習藝作工，其稍異於普通小學者，即在於此。

二、工作情形 本廠工務處之下，分設製砲、彈夾、引信、鍛工、木工、工具、樣板、水電、鑄工、火工、精確等所，關於機工人數，計製砲所一二九名，彈夾所一四四名，引信所六一名，木工所四五名，工具所四六名，樣板所四〇名，水電所九七名、鑄工所一三二名，火工所七三名，精確研究室五名，工具樣板室二〇名，半成品庫一八名、合計八三二名。關於發電設備，原有四四五馬力大柴油機兩部，七五馬力小柴油機一部，可發電力六百基羅華特，每日用電約二千至三千基羅華特小時，以柴油來源缺乏、每日啟用兩部，尚感無以為繼，故積極建築透平發電機廠，俾燃料改用煙煤，減輕成本。製砲所初擬先製三·七公分平射砲，旋以材料發生問題，故過去工作，係修配各式火砲，兼造十五公分迫擊砲管，六公分及十二公分迫擊砲等等。彈夾所則照預定計劃，製造七·五公分山砲野砲及十五公分迫砲等砲彈，一〇·五公分榴彈，亦正着手籌造，現因前購三·七公分平射砲材料，預計下月即可全部到渝，則今後製砲所工作，對於三·七公分平射砲，亦可全部開始製造。至成都藝校工場，除修好破舊機器七十餘部外，現正準備製造六公分迫擊砲彈及迫砲瞄準鏡，又自製手榴彈所用拉火琴絃，每月可出二噸。理合將本廠設施及工作情形，並檢同二十八

6-1

年度經費概况、出品數量、存品出納及官佐履歷等表，備文呈報，敬請

鑒賜備查！

謹呈

檢視主任唐　轉呈

部長何

次長曹

次長張

附二十八年度經費概况出品數量存品出納及官佐履歷等表各一份

第五十工廠廠長江杓

7

軍政部兵工署第五十工廠廿八年度經費概況表

製造費之部

收入		摘要	支出	
		收入項		
319,200	00	向兵工署領入八九兩月份額造費		
80,000	00	向兵工署借入製造琴絃週轉金		
10,606	47	代製品收入		
828	58	一厘存息公積金		
14,603	32	利息收入		
5,128	77	租金收入		
526	43	罰款收入		
692	20	賠償收入		
61,707	87	雜項收入		
3,806	14	應付未付薪工		
39,555	87	保管款		
87,602	40	暫收款		
		支出項		
		解繳成本	495,966	54
		材料	149,727	15
		預付貨款	81,232	46
		預付俸薪	170	00
		存出保證金	2,211	28
		職工借支	33,994	56
		暫付款	244,087	56
383,131	50	差額		
1,007,389	55		1,007,389	55

附註

(一)本表所列數字係結至二十八年十二月卅一日止。

(二)本廠二十八年度製造費，在年度終了時，因各項資產盤存，尚未完畢，無法辦理决算，故暫照原科目所記數字列出，以供參考。

(三)本表所記材料支出$149,727.15係指定二十八年度購入，業經查明確未領用者。

(四)職工借支項内包括赴德購備機料之王技術員運豐借支旅費一萬餘元，及赴海防等處辦理運輸之職員借支旅運費在内。

(五)暫付款項下，包括本廠藝徒學校購備製造琴絃材料等費在内。

(六)差額係暫借移建設費墊付，特註明。

軍政部兵工署第五十工廠廿八年度經費概況表

建設費之部

費別		說明	收入：廿八年以前收入數	收入：廿八年收入數	收入：合計	支出：廿八年以前支出數	支出：廿八年支出數	支出：合計	比較：不足	比較：剩餘	備考
廿六年度	經常費	剩餘數轉來	28,019.19		28,019.19					28,019.19	本表所列數字係
〃	建設費	剩餘數轉來（包括廿六年度之購置材料費在內）	20,354.73		20,354.73					20,354.73	結至廿八年十二月
〃	源湛公路橋樑工程損失賠償	本廠在湛江時興建之公路橋樑工程，後因故停工，奉　准賠償承造商損失費					2,877.77	2,877.77	2,877.77		卅一日
廿七年度	經常費	剩餘數轉來	66,596.28		66,596.28					66,596.28	
〃	建設費	建設工程及設備費	460,000.00	772,355.00	1,232,355.00	314,350.37	567,482.15	881,832.52		350,522.48	
〃	搬遷費	指本廠由湛江遷渝之搬遷費	130,000.00	60,000.00	190,000.00	104,266.61	84,048.80	188,315.41		1,684.59	
〃	接收前百研所職員薪金	廿七年九月起百水橋研究所歸併本廠，九月至十二月薪金由本廠支發					7,678.30	7,678.30	7,678.30		
廿八年度	建設費	建築工程及設備費		1,650,000.00	1,650,000.00		341,841.21	341,841.21		1,308,158.79	
〃	經常費	奉　准在本廠廿八年度建設費項下撥支					764,688.30	764,688.30	704,688.30		
〃	西安招募工匠用費	本廠派員赴西安招考機工所需旅費及辦公費等，奉　准在廿八年度建設費節餘項下開支					5,371.73	5,371.73	5,371.73		
〃	藝徒學校開辦費	本廠在成都設立藝徒學校一所需費用，奉　准在廿八年度建設費節餘項下開支					101,094.00	101,094.00	101,094.00		
〃	〃經常費	藝徒學校於廿八年三月成立，三月至十二月之經常費奉　准在廿八年度建設費項下撥支					72,049.03	72,049.03	72,049.03		
〃	集修前成都兵工廠機器費	前成都兵工廠機件散失各地，奉　令集修所需經費在廿八年度建設費內支用					81,037.47	81,037.47	81,037.47		
〃	額外人員薪俸	在本廠服務之練習生實習員等薪津，奉　准在廿八年度建設費項下支用					4,958.37	4,958.37	4,958.37		
〃	少准尉獎勵金	自廿八年九月起少准尉奉　令擇優獎勵，所需經費在廿八年度建設費節餘項下開支					418.00	418.00	418.00		
〃	專業建築費	速平發電機通天山洞廠房等工程費			~~3,211,159.10~~		86,594.99	86,594.99	86,594.99		
〃	李王兩員赴歐旅費	本廠為購備三七平射砲材料及其他重要機件，特呈　准派員赴歐採購，所需川資月費交際費等		23,833.90	23,833.90		11,803.56	11,803.56		12,030.34	
		合計	704,970.20	2,506,188.90	3,211,159.10	418,616.98	2,131,943.68	2,550,560.66		660,598.44	

兵工署第五十工廠二十八年出品數量報告表

品名 區分	二十八年份預定出品數量	二十八年份實在出品數量	二十九年份預定出品數量	備攷
7.5公分山砲彈		一一、八〇〇顆	二八、二〇〇顆	
7.5公分野砲彈		一、九〇〇顆	八、一〇〇顆	
15公分迫砲彈		七五〇顆	二〇、〇〇〇顆	
配製底火及全備銅殼		三九三枚		
修理各式火砲		一四門		
配製各式火砲零件		六四六件		
鑽15公分迫砲砲管		八六根		
代製各種樣板		三、七〇九件		

9-1

代航空委員會配製飛機零件等	六公分迫擊砲	六公分迫砲彈	3.7公分平射砲
一〇六二件	四〇〇門		三〇門
		須底大問題解決後方能估計	

(1)

各倉庫二十八年份存品出納報告表

品名 \ 單位 \ 區分		二十七年結存	二十八年收入	二十八年發出	二十八年底結存	備考
高速度鋼類	公斤	778.10	1,617.90	943.90	1,452.10	
合金工具鋼類	〃	128.18	1,480.539	365.037	1,243.682	
炭素工具鋼類	〃		18,621.70	1,017.511	17,604.189	
鋼條類	〃	168,020.85	8,147.15	12,477.749	163,690.251	
鉄條類	〃	27,160.70	62,003.00	49,358.474	39,805.226	
鋼管及鉄管	公噸	195.205		7.365	187.84	
〃 〃	公斤	15,096.5		4,956.25	10,140.25	
鋼皮類	〃	23,079.33	65,642.05	10,654.502	78,066.878	
鉄絲	〃	19.30	25.00	25.43	18.87	
鍍鋅鉄絲	〃	6,955.80	443.90	4,223.65	3,176.05	
鍍鋅鉄皮	〃	3,575.30	635.4	8,700.7	3,340.635	
鍍鋅鉄管	公噸	4,521.88	601.57	1,159.851	3,963.599	
馬口鉄	張		14,324	8,119	6,205	
紫銅	公斤		200.56		200.56	

10

紫銅條	公斤	674.40	3,211.80	141.616	3,744.584	
黄銅	〃	4711.87	430,160.95	74,216.434	403,656.386	
錫	〃	500.47	3,184.50	331.95	3,352.55	
鉛	〃	2037.9	2,865.00	1,172.20	3,730.70	
鋅	〃	925	27,343.00	1,164.9	27,103.1	
鋁	〃		1,289.35	118.60	1,170.75	
植物油	〃	288.4	29,909.18	11,820.41	18,377.17	
汽油	加侖	91	3,392	1,825	658	
機器油	公斤	70,584.20	85,522.79	124,185.04	31,921.95	
油漆	〃	177.60	4010.70	852.00	3,336.30	
顏料	〃	33.35	13,340.5	5,058.95	8,314.9	
膠	〃	77.4	542.5	179.10	440.8	
腊	〃	70	674	26	718	
木样	根	890	1,388	1,962	316	
木枋	立方公尺		146,960	96,132.1	50,805.9	
木板	〃		552,185	324,830	227,355	

12

（3）

竹桿	根	9.20	4,375	3,257	2,038	
煤	公斤		449,450	368,713	80,737	
炭	〃		25,755	17,321	8,434	
磚	塊	46,627	312,071	152,108	200,635	
水泥	桶	225.5	155,755	88,335	69,675	
石灰	公斤		34,975	34,975		
火泥	〃	8,700	20,000	35,065	3,635	
河沙	立公方		44.5	44.5		
石子	公斤		54,155	27,500	26,655	
皮弹	公尺	94.19	413.66	370.85	137	
墊料石棉	公斤	30.3	102	67.60	64.7	
紡織品	〃	1,003	3,152	2,569	1,586	
化學藥品	〃	966	10,029	2,149.3	7,976.3	
玻璃	塊	3,017	3,400	4,249	2,168	
生鉄	公斤		562,659	462,677	99,982	
钞鉄	〃	〃	19,000	18,700	300	

13

(4)

電線類	公尺	879	16,674.1	14,105.8	34,1730	
電磁類	個	5,145	7,987	6,957	6,175	
接線夾類	〃	13,819	14,383	14,914	13,788	
接管類	〃	146	126	116	156	
接線盒類	〃	500	817	263	1,054	
開關類	〃	82	711	209	584	
保險類	只	1,331	1,320	933	1,718	
插銷類	〃	78	566	276	368	
電池類	〃	875	2,264	1,175	1,964	
燈頭	〃	263	1,450	1,094	621	
電表類	〃		193	35	158	
電器	〃	9	139	74	74	
燈類	〃	491	263	301	453	
燈罩類	〃	385	991	750	706	
電線項類	〃	1,455	3052	2753	1754	
工具類 刮刀	件		6	6		

(5)

剉砂輪刀	件	29	14	6	37	
鉸刀類	〃	66	349	110	305	
車刀類	〃		826	742	84	
銼刀類	〃	9746	1080	2883	7943	
銑刀類	〃		317	261	56	
刮刀類	〃	51	1	16	36	
各種刀剪類	〃	8	41	31	18	
金鋼刀	〃		4	3	1	
鏟刀類	〃		72	42	30	
鑽具類	〃	833	6027	1587	5273	
鉗類	〃	63	124	83	104	
鋸類	〃	554	1288	1313	569	
錘類	〃	320	83	217	186	
鏨類	〃	198	72	190	80	
尺	〃	515	241	446	310	
油石類	〃	13	72	79	6	

砂纸砂布類	張	1,920	9,877	5,139	6,658	
鋼砂	磅	13	39	23	29	
砂輪類	件	75	196	67	204	
螺丝工具類	付	82	991	406	667	
起重工具類	件	37	55	14	78	
雜項工具類	〃	1,568	698	1,187	1,079	
儀器	〃	4	19	16	7	
工廠用具類	〃	103	58	68	93	
螺丝類	磅	77,380	98,700	23,611	152,468	
螺丝釘類	個	260,342	64,891	95,270	229,963	
洋釘類	磅	3,583	6,620.5	6,392	3,811.5	
水管另件	件	246	1,155	85	1,316	
五金雜項		22,055	24,271	8,937	37,389	
道林纸類	張	3,926	14,215	15,033	3,108	
繪图腊纸	捲	24	40	55	9	
毛頭纸	張		63,600	14,655	48,945	

(7)

夹油纸	张		4,849	4,849		
十行纸	〃	9,355	64,716	63,641	10,430	
便条纸类	本	470	2217	2539	148	
信笺类	张	9169	24,700	23,709	10,160	
信封类	個	13,626	9,400	12,796	10,230	
毛笔类	枝	218	1,670	1,446	442	
铅笔类	〃	2146	3547	3031	2662	
排笔	排	91	994	700	385	
钢笔尖	個	1,608	3,179	2,226	2,561	
红蓝墨水	瓶	492	228	522	198	
铁红 寄山 豆坡	磅	14	177	50	141	
橡皮类	块	391	272	355	308	
橡皮圈	盒	53	70	76	47	
格子类	张	151	90	238	3	
票类	〃	1	629	600	30	
椅类	把	252	493	625	120	

16

凳類	個	154	1,470	1,353	271	
几類	〃	17	25	37	5	
架類	〃	353	120	263	210	
牀類	張	111	810	643	278	
櫃類	個	96	81	164	13	
板類	塊	7	181	177	11	
牌類	〃	4,009	4213	4,036	4,186	
盤類	個		105	105		
木器零件	件	32	163	158	37	
箱類	只	8	266	254	20	
鏡框類	件	137	28	59	106	
桶類	只	116	885	882	119	
盆類	〃	93	2,344	938	1,499	
盂類	〃	100	39	131	8	
瓶類	〃	37	24	23	38	
盅類	〃	100		42	58	

(9)

铃类	具	3	2	2	3	
壶类	把	15	273	201	87	
杯碟类	個	476	217	371	322	
船具类	件		382	377	5	
布类	尺	217	58069	48056	42183	
绸缎类	尺		78250	24250	44	
窗帘类	件	132		28	104	
棉织品类	件	529	283	484	328	
运动器具类	〃	163	2075	1605	210	
灯类	盏	86	323	247	162	
照相材料类	件		3235	314	95	
碟碗类	〃	840	4346	4457	729	
锅类	〃		103	73	30	
盖类	〃		100	57	43	
饭具杂件类	〃	516	5208	4889	835	
西餐用具类	〃	834			834	

18

秤類	桿	2	31	20	13	
鐃鈸類	只	14	14	22	6	
旗類	面	76	70	65	81	
背枕類	〃	487	11,144	11,065	566	
籐項	件	871	29,366	21,319	8,918	
暑藥	斤		10.6875		10.6875	
〃 〃	瓶		4		4	
〃 〃	包		20		20	
消耗類	把	12	1,966	1,878.6	99.6	掃帚等
〃 〃	雙		3,775	3,599	196	草鞋等
〃 〃	斤		8,453.8125	3,775.9375	4,677.875	鮑魚簍等
〃 〃	丈	114.6	208	150	172.6	棉紗帶粗布等
〃 〃	札	3	158	140	21	烏灯心等
〃 〃	打	913.3		733.8	179.5	燈芯等
〃 〃	捆		29,027	29,027		松柴等
〃 〃	擔		185	185		蘆炭等

(11)

消耗類	只	64	5137	4929	272	燈罩等
〃 〃	付	3		3		滅火藥等
〃 〃	條		10		10	機長帶等
〃 〃	塊	27.5	1,602	1,628.5	1	肥皂等
西藥類	種		305	305		

20

希望充實改善事項意見書

一、關於材料補充事項

現時國產原料，求過於供，購致困難，舶來原料，成品或半成品，運輸遲滯，緩不濟急，在在均影響於兵工製造之產量及進度，為補救及解決困難計，希望：第一、所有國產兵工製造原料直接由兵工機關統制；第二、國外訂購器材之運輸，予以充分的調整。

例如：(一)兵工直接製造之原料，如銅鉄煤及其他金屬礦產，應歸兵工署統制，俾增加生產，平均支配；其他列入統制之品已有指定機關統制者，如液體燃料之菜油、柴油，如硝磺管理處之純硝硫磺及可製炸彈拉索用之生絲等，均應與兵工機關切取更密切之聯繫，務使國產兵工製造原料，在軍事第

軍政部兵工署第五十工廠公文紙

21-1

一之綱領下，有儘先採用之權，兵工製造，方可適應軍機，預期成果。

二調整運輸 為求出產迅速效能準確，不能不仰賴於國外成品或半成品之供應，於是調整運輸，實為急務，現在向外國訂購原料或器材，每於運到海防或仰光之後，須經過半年或一年以上之長時間，始能運到目的地，跡其原因，雖或格於局勢，要亦事在人為，故加強運輸組織，充實運輸工具，調整運輸人員，實為刻不容緩之舉。

此外，為外滙之購得，關稅手續之力求簡捷，均為採購國外材料之重大問題，尤應顧及。

二、關於建築工程改善事項

本廠辦理建築工程，依照正式手續，於計劃擬妥時，須先將圖說預算後、方能從事招標、因此公文來往、頗費時日、而渝市工資物價、逐日增漲、至投標時、各商報價、莫不溢出先時核定之底價、設欲呈准追加預算、則公文轉輾、時稽價漲、復同前失、以致亟待興辦之工程、率多無法進行、如按照各廠處建築工程暫行辦法第七条之規定、一面辦理呈報手續、一面進行招標事宜、辦理固較便利、但因条文中有標價不得超出原估底價過多之語、各商報價、既已按照時價估計、勢必多超原先核定之底價、其合約一與訂定、雖經呈奉核減、在承攬商以利害攸關、勢難接受、要之、核准時期捱延一日、即價格增漲一日、而本廠重要建築、已不能因之輕率裁抑、復不能於以擱置不辦、是則增漲一分價格、即損失一分公帑、而貽誤廠務、尤難勝言、茲欲彌補此項缺憾、惟有在固定之預算內、予本廠以相機辦理之權、如有舞弊及浪費情事、亦應由本廠負其全責、以期便捷、而臻妥善。以

22-1

上所陳，是否有當？理合呈請

鑒核！

謹呈

檢視主任唐　轉呈

部長何

次長曹
張

第五十工廠廠長江杓

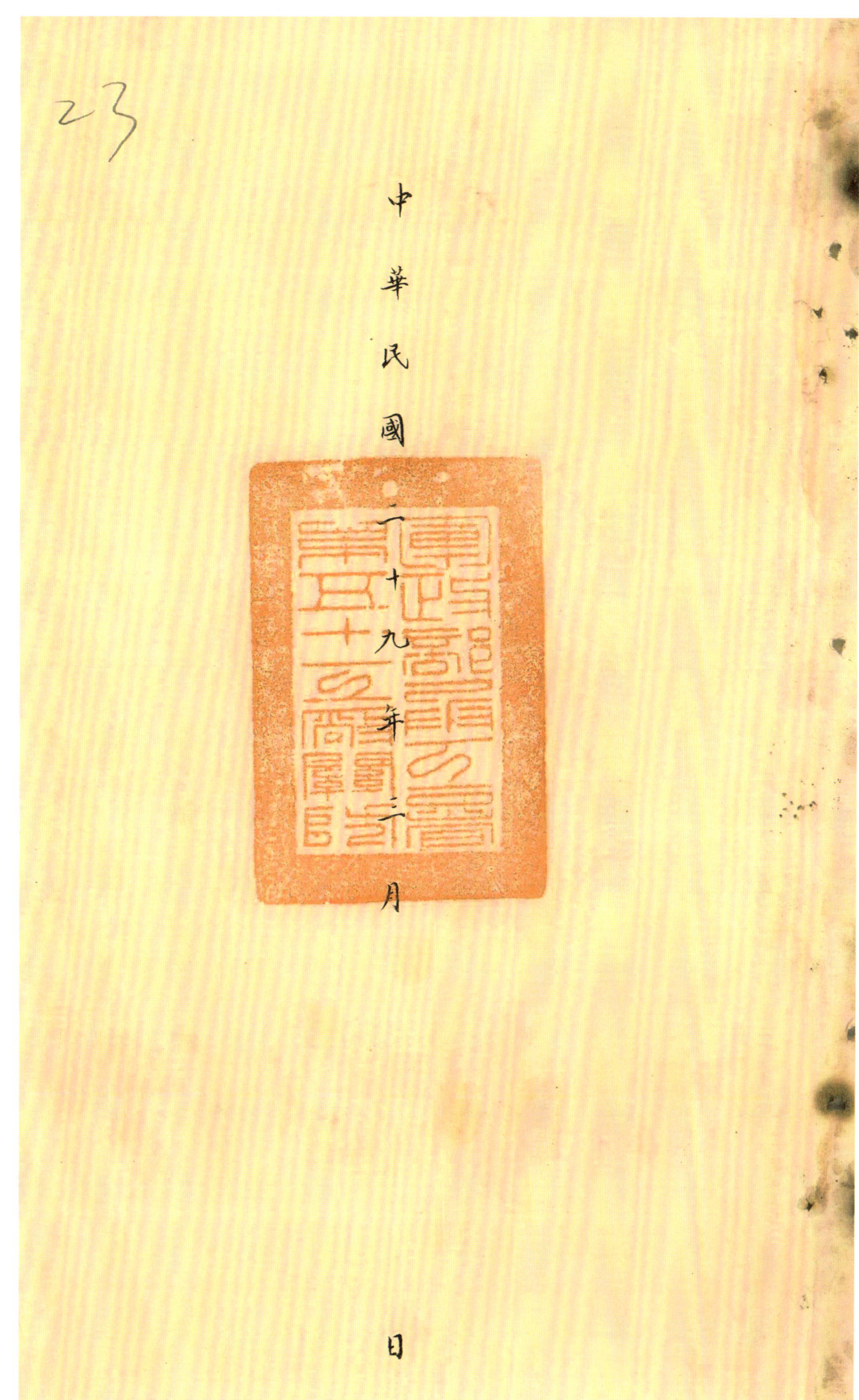

中華民國二十九年三月　日

军政部兵工署第五十工厂工务处工作情形（一九四一年四月十日）

95

工務處工作情形

三〇、四、十，

本處分製砲所，彈夹所，引信所，大工所，鑄工所，鍛工所，木工所，水電所，工具所，樣板所十部份，現有工人約七百名，出品方面為六年式七公分五山砲彈，三八式七公分五野砲彈，十五公分迫擊砲彈三公分七平射砲，以及各種樣板，此外舊砲修理，彈藥改配為數亦夥，惟因戰時交通困難，材料補充不易，而工人又多被私人廠商吸引，無法招募，故現有機力，不能充分利用，殊為可惜。

军政部兵工署第五十工厂工程师室一九四〇年度工作报告表（一九四一年四月）

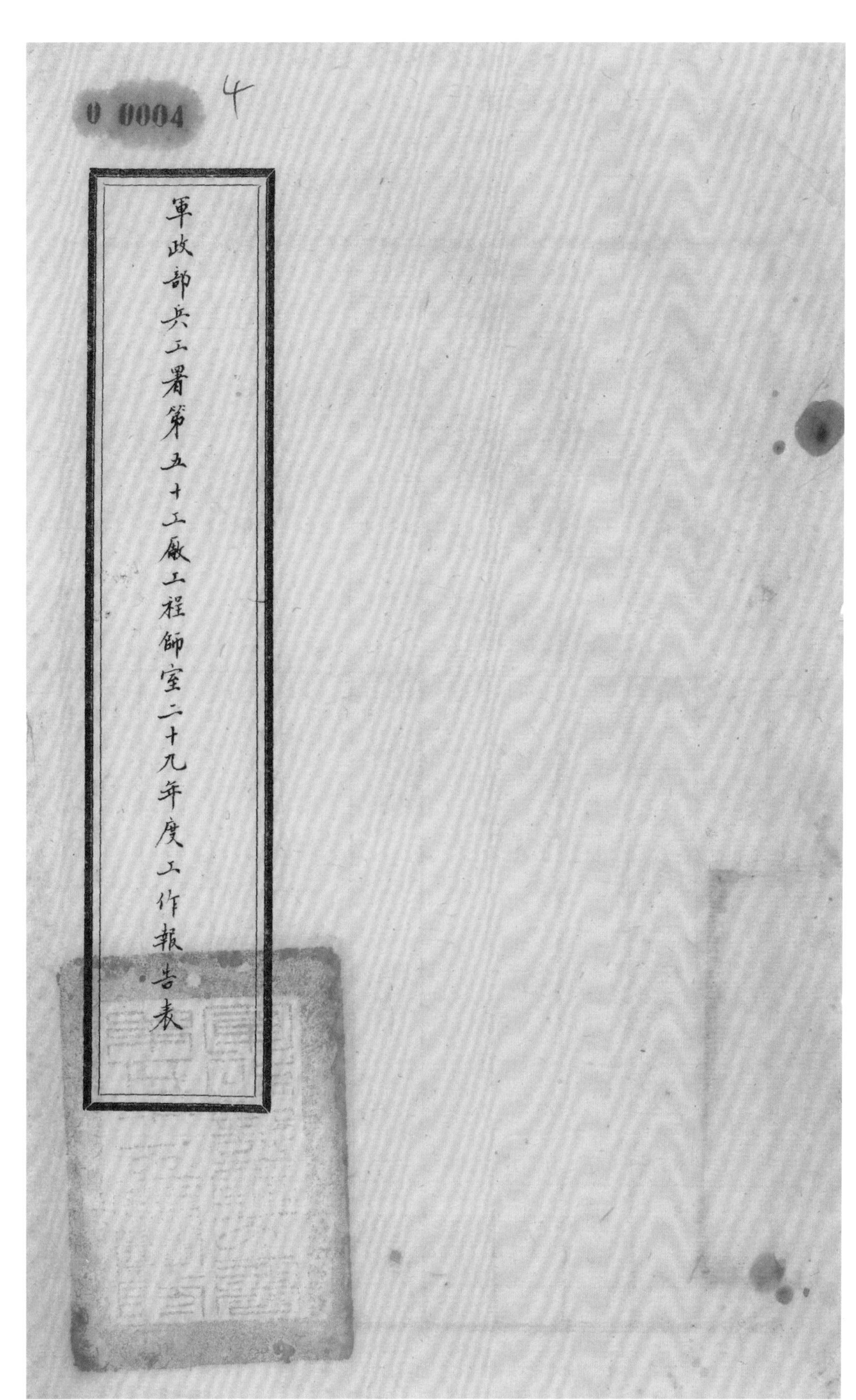

0 0004

4

軍政部兵工署第五十工廠工程師室二十九年度工作報告表

0 0005

5

工程師室念九年度工作報告表

(一)繪製各項出品之製造圖樣

類別	序号	項目	工作	張数	附註
火砲	一	三七平射砲	繪製	二〇三	已完成
	二	15公分迫擊砲	改造	六七	造一段落
	三	八公分迫擊砲	設計	一三五	造一段落
砲彈	四	日三八式砲彈	設計	二	已完成
	五	克式山砲彈	設計	一一	已完成
	六	士乃德山砲彈	設計	一一	已完成
	七	士乃德步兵砲彈	設計	一一	已完成

1-7

砲	八	15公分迫轟砲彈	設計	二〇	已完成
彈	九	八公分迫轟砲彈	設計	一一	告一段落
銅	十	日三八式野砲彈銅殼	設計	一	已完成
殼	十一	克式山砲彈銅殼	設計	一	已完成
	十二	29式迫轟砲彈引信	設計	一一	告一段落
引	十三	30式山砲彈引信	繪製	二三	已完成
	十四	31式山砲彈引信	繪製	二三	已完成
	十五	32式引信	設計	二六	已完成
信	十六	33式引信	設計	三〇	已完成
	十七	八二迫轟砲彈引信	繪製	二〇	已完成

 6

彈藥車	十八	三七平射砲前車	繪製	三〇	告一段落

(二)設計製造出品所需之工具夾具及樣板

類別	序号	項目	工作		附註
火砲	一	三七平射砲	砲件之卸模冲模樣板刀具及夾具		尚在設計中
	二	15公分迫擊砲	砲件之刀具及夾具		告一段落
	三	八公分迫擊砲	砲件之刀具及夾具		告一段落
砲彈	四	日三八式砲彈	彈体之樣板刀具冲模及夾具		已完成
	五	克式山砲彈	仝上		已完成
	六	15公分迫擊砲彈	仝上		已完成
	七	八公分迫擊砲彈	仝上		已完成

6-1

銅	八	日三八式野砲彈銅殼	銅殼之樣板刀具沖模夾具		告一段落
殼	九	克式山砲彈銅殼	仝上		告一段落
引	十	29式迫擊砲彈引信	引信之樣板刀具夾具		尚在設計中
信	十一	32式引信	仝上		告一段落

（三）設計有關製造成品之机器設備

序号	項目	工作		附註
一	車床	設計		尚在設計中
二	其他零星机件	設計		尚在設計中

（四）編製有關設計時之參考圖表

序号	項目	工作	附註
一	德國萊茵廠規準	繪印	尚在繪製中
二	德國陸軍器材規準	繪印	尚在繪製中
三	德國通用規準	繪印	尚在繪製中

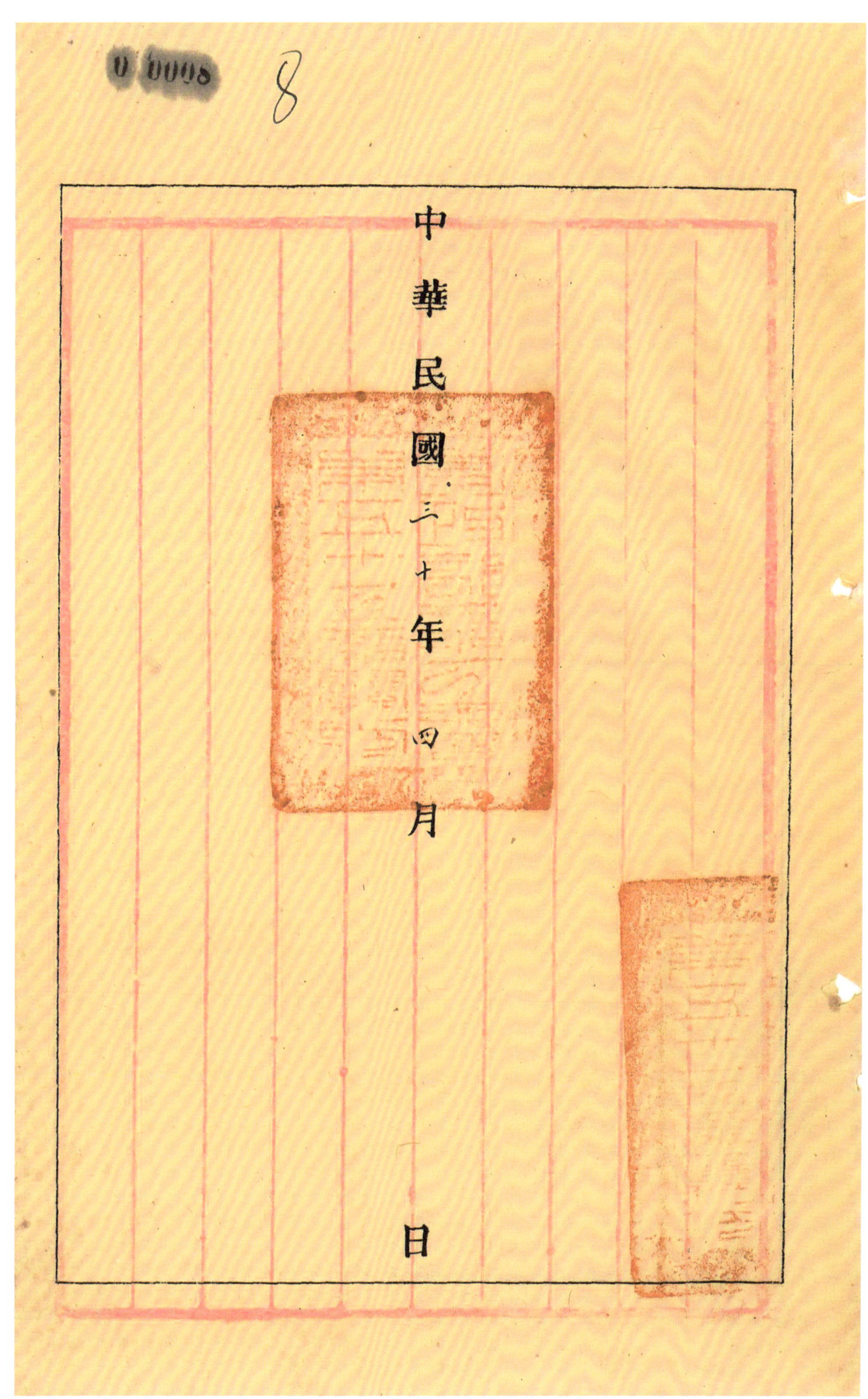
0 0008 8

中華民國三十年四月　日

军政部兵工署第五十工厂关于上报一九四〇年度研究改善及试造等工作暨一九四一年度技术改进计划表致兵工署的呈（一九四一年十一月六日）

附：兵工署第五十工厂一九四〇年度研究改善及试造等工作一览表

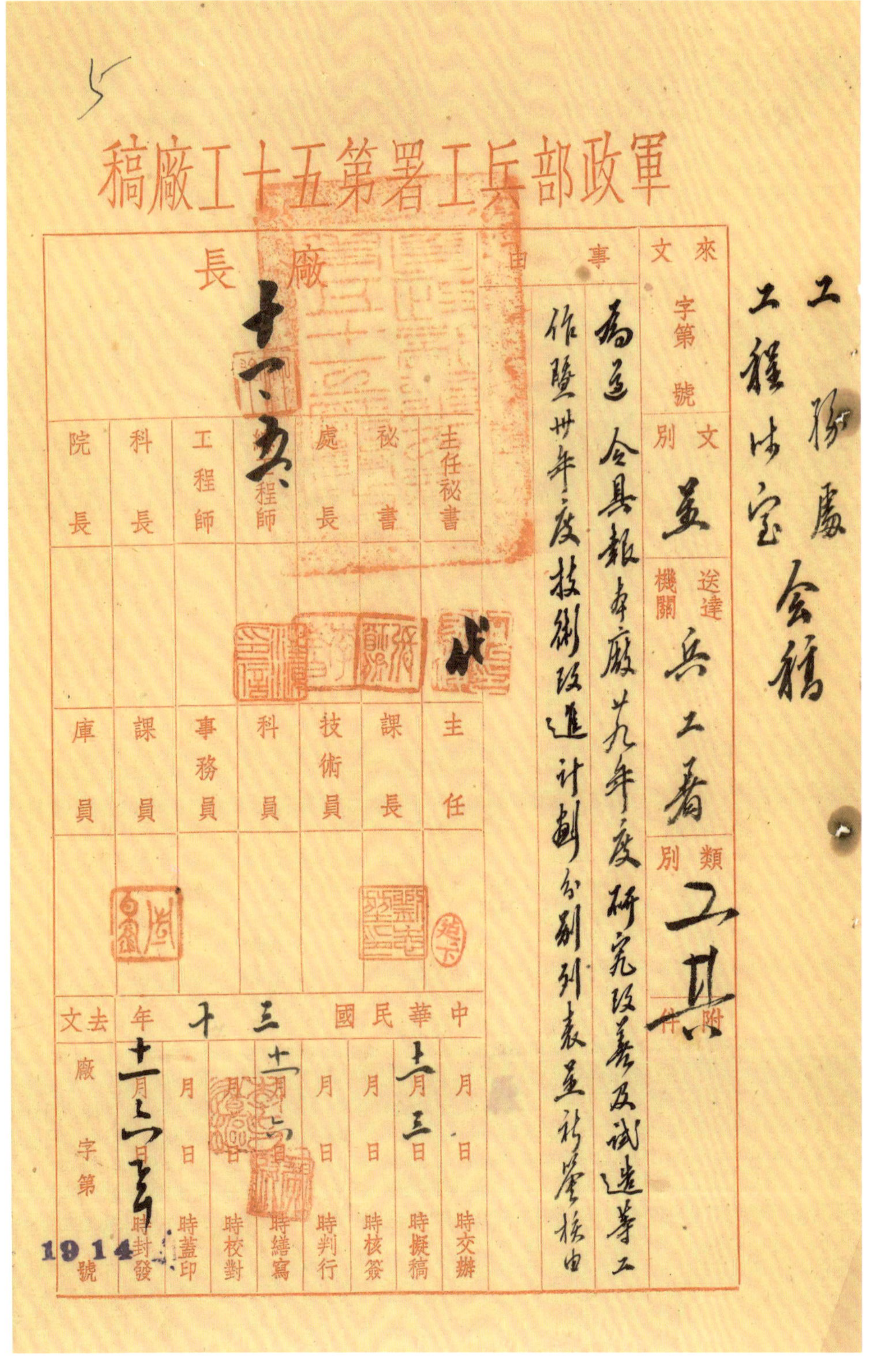

軍政部兵工署第五十工廠稿

工務處
工程師室 會稿

來文字號：
文別：呈
送達機關：兵工署
類別：工具
附件：

事由：為遵令具報本廠廿九年度研究改善及試造等工作暨卅年度技術改進計劃分別列表呈祈鑒核由

廠長：
主任秘書　秘書　處長　工程師　工程師　科長　院長
主任　課長　技術員　科員　事務員　課員　庫員

中華民國三十年
去文：廠　字第1914號

5-1

呈

案奉

鈞署渝造(卅)丙字第9288號訓令：「飭將本廠廿九年度研究改善及試造等工作及卅年度技術改進計劃一併造冊具報。」等因；奉此，

兹謹將本廠廿九年度研究改善及試造工作暨三十年度技術改進計劃分別列表，理合備文呈送，仰祈

鑒核案辦！

謹呈

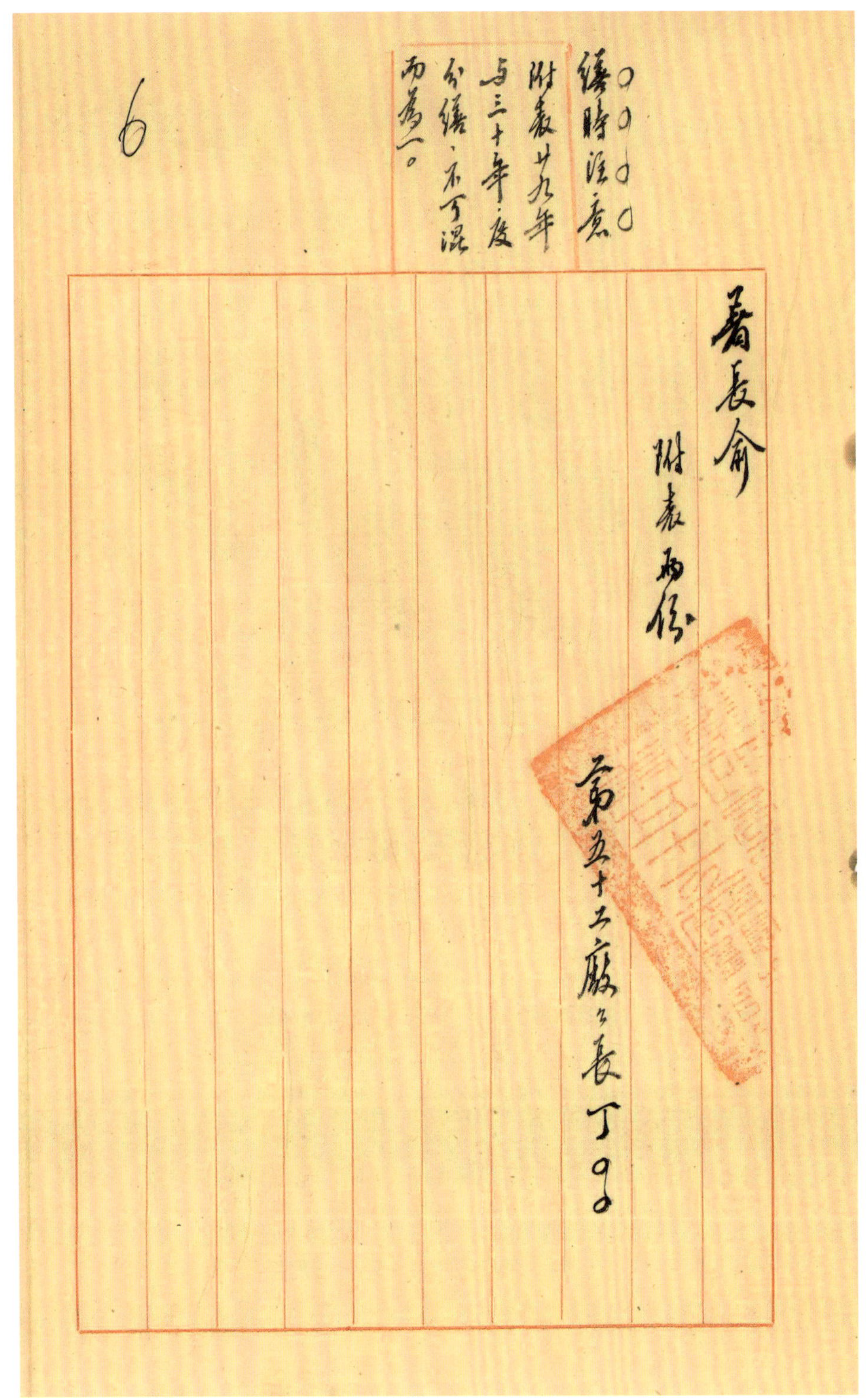

6

缮时注意：附表廿九年与三十年度分缮，不可混而为一。

署长俞

附表两份

第五十工厂厂长丁○○

兵工署第五十工廠

三十九年度本廠研究改善及試造等工作一覽表

(一)研究改善工作

類別	項目	簡單說明
十五公分迫擊砲彈	發現兩響之研究	尾管傳火孔位置及大小之決定。底火裝藥之增加。
	底火脫底之研究	底火質料之差異及砲管擊針尖之改短。
	砲彈爆炸不完全之研究	經多次試驗在起爆管裝藥變更時始有此項現象發生。
六公分迫擊砲彈	彈尾部分之決定	彈尾管傳火孔位置、大小及尾翼形狀之決定。
	簡單引信之研究	原理上已可成立。
十五公分迫擊砲	舊砲管之改善	舊砲管外部加熱套管增加其強度。
	舊砲架之改善	砲管與砲架間添一緩衝裝置，兩緩衝管中間裝迴力簧。

7-1

砲架之調整	砲架添水平調準裝置．
運輸設備之增進	改善砲車增設滑竿．

(二)試造工作

	類別	項目	簡單說明
(1)	六公分迫擊砲	首次設計	試造二門．
(2)	三七平射砲	試造	結果良好．
(3)	引信保險片	試製	結果尚可應用．

(三)創製工作

	類別	項目	簡單說明
(1)	三二式延瞬兩用引信		本廠技術員劉天威創製其特點為(甲)構造簡單，以四件簡單零件構成(乙)變用敏捷，祇須於砲

(2)

兵工署第五十工廠三十年度本廠技術改進計畫一覽表

類別	項目	簡單說明
		彈入膛時將砲彈上下兩面分別放置即可得延瞬兩種不同作用、夜戰尤便(丙)經濟合用、配用於任何引信均可適合,即引信本身亦因使用此項裝置改簡、工料成本均隨之減輕。
		右件經呈奉兵工署評獎委員會試驗合用,已由本廠大量製造。
明密電碼互譯機		本廠技術員周祖彭創製其特點為(甲)密法迫於無窮數,使人無從推算(乙)機件力源繫於發條,每次啓動即能自動旋緊(丙)使用手續簡便不致貽誤事機(丁)機身容積及重量儘量減少便於携帶。
		右件於廿九年七月奉 署長令試造成功經本署轉送軍事委員會辦公廳機要室試用滿意 委座已令設廠製造。

8-1

六公分迫击砲		二次設計成功，擬依照布朗德六公分迫击砲實樣大量製造．
卜福斯山砲		籌備試造．
十五公分迫击砲彈	引信之自製	
六公分迫击砲彈	簡單引信之研究	擬蒐集各種配合制度計算圖表以資参攷而備改進．
樣板	釐訂尺寸標準	除特種量規外，如普通配合樣板、螺絲樣板等亟須釐訂尺寸標準，務求式樣統一，製造方便．
	另行設計七九槍彈樣板	過去製造各廠所用槍彈樣板，均係根據本署廿四年所繪圖樣，原圖所註尺寸並未顧及本身之損耗，且無製造公差，難期獲得適當精度，並有製造槍彈時並不需要之對板，殊為耗時費工，現擬按照國際配合ISA制度改作工作樣板及驗收樣板兩種，另行設計圖樣以便製造而切實用．

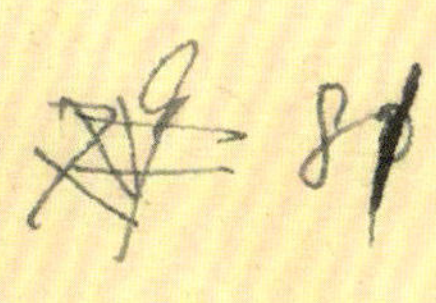

军政部兵工署第五十工厂一九四〇年设施及工作情形报告书（一九四一年）

第五十工廠設施及工作情形報告書

本廠爲廣東第二兵工廠遷渝而來，原始設施計劃，係側重於採購半成品，配製大小口徑火砲（十五榴砲、七五山榴砲及七五野砲），迨二十六年夏廠由兵工署接收，始有擴充計劃，舉凡砲彈壓搾設備，淬火間煤氣發生設備，材料試驗室設備，射擊靶場設備，以及鍛工所裝砲所機件等，罔不添補完備，而以德國合步樓公司及瑞柏林商務專員處爲其事，不料翌年抗戰軍興，訂購機件，已交貨者停滯於滇越滇緬途中，未交貨者根本即無法付運，擴充計劃中之工作，遂多不能實施，廿七年秋，本廠奉命遷川，初則忙於建築廠房，繼則忙於趕製砲彈及修配火砲

81-1

近年雖迭請填補機件，無以請購外匯之困難，運輸途程之濡滯，終屬無濟於事，故歷年製造成品，祇就原有設備，儘量發揮效能，此本廠過去設施及工作之大概情形也，茲請再就二十九年度之設施工作，分別縷陳如次：

一、設施事項：

甲、屬於建築方面者：

(子)已完成之建築工程，計有　偽裝廠房三座，合作社連膳堂共一座，工人宿舍及厨房各一座，裝碇所彈夾所及雜工廠防空山洞結砌各一座，醫院分診所一座，廠東路廠中路碎石路面六公里，大興場職工住宅馬路土石方

~~81~~ 82

長約一千五百公尺，其他次建築臨時之廠房、臨時庫房、〔隧工所第三級房地盤土石方一座〕

以及零星修繕等，不及臚舉。

（五）已開工尚未完成之建築工程，計有彈夾所、精確研究室等山洞廠房共六十座（另附進口洞三個），引信所山洞廠房六座（另附進口洞二個），透平發電機山洞廠房一座，機工住宅二十七座，職工宿舍、給水池四座，抽水機房、加礬間、殺菌間房屋三座，東溪及彈夾所防空山洞內部結砌〔增加土洞〕各一座，大興場職工住宅、消費合作社及庫房各一座，〔大興場〕職工子弟學校教室、禮堂、廁所及教職員辦公室、宿舍、廚房等共十座，廠區路石砌涵洞共八座

82-1

（寅）正待籌辦之工程：計有裝配所山洞廠房，通裝配所山洞廠房馬路，鑄工所第二第三廠房，火工所廠房第三批職工住宅，公共墳場，營房，醫院，大禮堂等，以及其他交通馬路之路基路面涵洞等各種是。

乙、屬於製造方面者

本年度添置機件甚多，除大部份三七戰事被燬材料已運達使用者外，餘如合步樓公司承辦之擴充案機件，雖有一部抵達，惟以配件不全，無法裝置，此外有二萬美金購料案及十萬美金擬購材料案，合同雖已陸續簽訂，而運到尚遙遙無期，至利用業置機件者，則有前成都兵工廠儲存機件及苑集該廠并供各種機件以為裝造六公分迫擊砲各種小迫砲彈及籌設白藥廠之用。

丙、屬於訓練方面者

（子）技工訓練——遵照國防最高委員會訓練國防工業技工計劃及大綱，在豫陝邊區招致技工二百五十名，附同本廠第一技工學校在成都訓練，已開始授業，本廠遵照上項之第一技工學校現有藝徒二百八十四名，現已施有一年以上至二年之訓練，此外

（丑）幹部訓練——為充實中下級幹部離子人員，本廠曾在白沙江津等縣招取高初中畢業學生三十餘人，在成都藝徒學校訓練六個月，期內授以廠

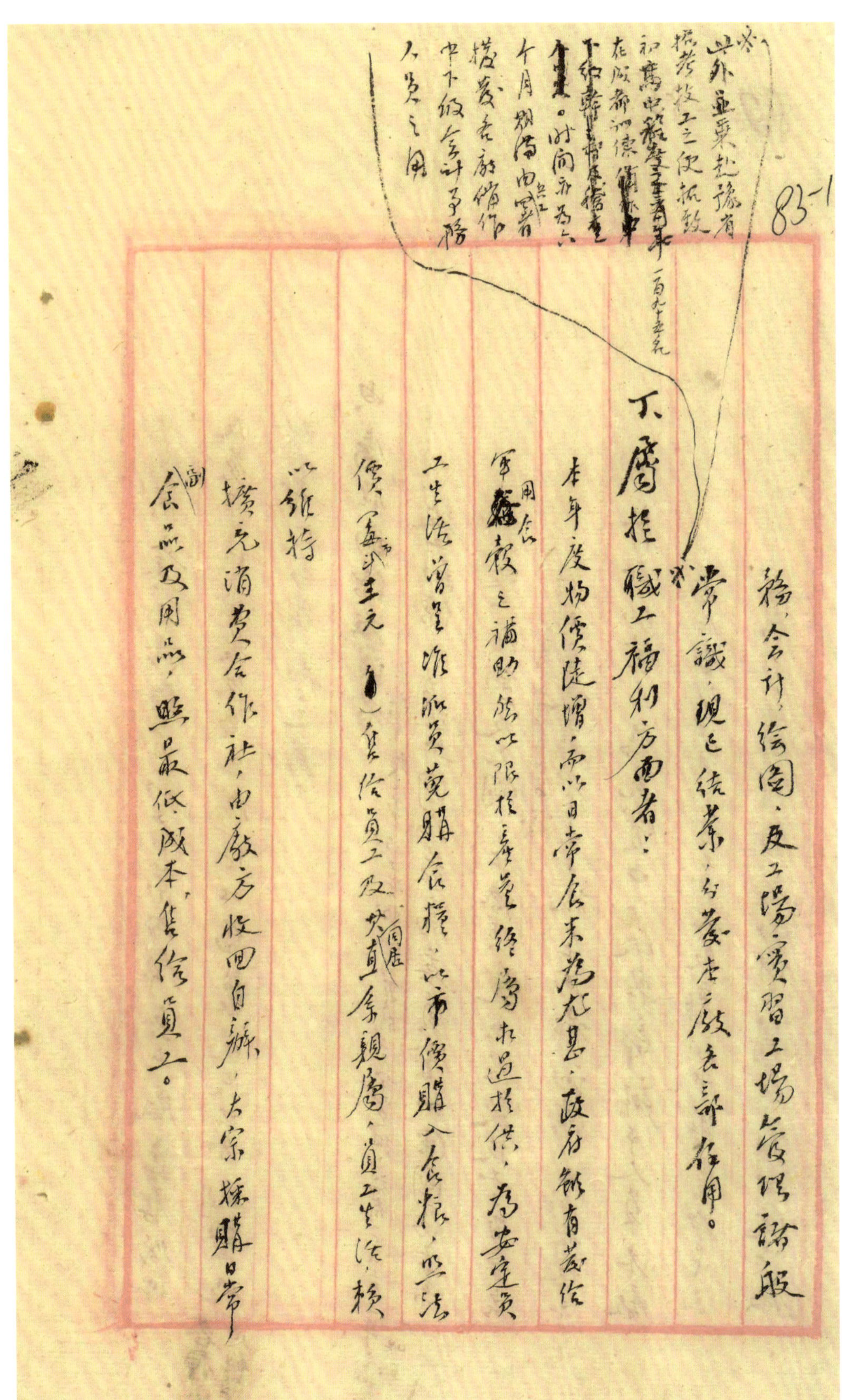

務、會計、繪圖、及工場實習、工場管理諸般常識，現已結業，分發本廠各部任用。此外並乘赴豫省招考技工之便，招致初高中畢業青年一百九十五名，在廠訓練，儲作中下級幹部儲備之需。時間亦為六個月，期滿由兵工署分發各廠備作中下級會計事務人員之用。

83-1

丁、屬於職工福利方面者：

本年度物價陡增，而以日常食米為尤甚。政府雖有發給軍用食穀之補助，然以限於產量，終屬求過於供。為安定員工生活，曾呈准派員蒐購食糧，以市價購入食糧，照法價（每市斗壹元）售給員工及其同居直系親屬，員工生活賴以維持。

擴充消費合作社，由廠方收回自辦，大宗採購日常副食品及用品，照最低成本，售給員工。

84

此外，俱樂部之籌設，球類之比賽，以及一切有益身心之鍛鍊與游藝，無不極力提倡舉辦，藉以強健身軀，陶冶性情，而增進工作效能。

戊、屬於其他方面者

擴充苗圃面積共有九十餘畝，採種及播種松、杉、側柏、梧桐、油桐、苦楝、黄楝等，以培育樹苗，擴大造林，將育成之苗本分植於廠區適宜地帶，計栽植松杉柳木冬青垂柳洋槐萬年青等共八萬五千餘株。

此外，復儘量利用餘地闢作菜圃，種植瓜菜及荳類供給員工購用。

二、工作情形：

本年度主要製造，原預定製成三七戰車砲三十門，惟以材料運到過遲，且缺欠主料尚多，雖經趕製，僅積製成一門，試射結果良好，雖曾繳，能以千里之行起於寸步，至此遂奠定自製三七戰車砲之基，其工作程序之先後與及材料之規定，均可視此為築護準繩也。

其次十五公分重迫砲之修改：此項新修改之迫砲，最顯著效能為口徑統一，便利彈藥補充；裝置

緩衝（制退）管，便利黏土發射，及避免筒變形，裝配瞄
準具，增高命中效率；砲身可自由裝拆，便利山
地作戰時之人工運輸；此外砲彈引信之改良，彈體
增裝高度爆藥，使威力增加。凡此長足進步，實開重
迫砲改進之先河，現已修成解送前線使用者已有三
十六門，其他尚有三十餘門在陸續修造中。
其他製造工作，計有修成火砲二十一門，新製火砲
零件八十四件，製成七五山砲彈二萬一千八百顆，七五野
砲彈六千一百顆，十五公分迫砲彈九千三百顆，各式
山野砲空包彈壹千二百顆，修改七九德砲彈八百顆，代製榴

85-1

極一百八十一件，前裝底火及引信五百三十五個，裝成手榴彈拉索十三公噸餘，以及其他修理工具刀具等工作稱是。

一

茲奉

檢視下敝廠管理會議同人希望充實改善事項意見書、官佐簡歷冊、二十九年度經費概況表、二十九年度出品概況表、二十九年度物品出納概況表暨士兵夫工匠花名冊等報告呈上，敬祈

鑒賜備查

謹呈

檢視主任 錢

部長何

次長張、曾

附件（九支）

第五十工廠廠長丁〇〇

86

希望充實及改善事項意見書

國防工業，與軍事息息相關，工作崗位，實居首要，就行政經驗所得，深感現時所急待解決者厥有二端：(一)器材補充問題(二)員工維繫問題，謹分陳如下：

一、器材補充問題：

(甲)機器補充——現時本廠最感缺乏者為車床，本年雖曾呈請訂購三十餘部，惟以外匯難得，運輸艱困，最早亦須於簽訂合同一年後始能翻運，為應付目前急需計，希望提請最高國防委員會通飭

85-1

凡有製造車床能力之廠家，在國防第一之國策下，儘先製供國防工業之用。例如：昆明中央機器廠，原有製造車床能力，惟以承造過於供，本廠雖曾函約代製數部，迄難如願。

（乙）材料補充——兵工製造主料為鋼鐵及一切金屬礦產，希望在國防第一之國策下，由政府統制，儘先供國防工業之用。例如：調整工礦之外，設立專處蒐集民間的鋼廢鐵以及其他金屬品，照成本售給兵工署分發各廠利用。

（丙）運輸調整——與器材補充攸關者，厥為運輸問題。就本廠訂購器材而論，凡已（滿）運抵海防或仰光者，動輒須六個月至一年始能運達廠址，此雖關於形格勢禁，要亦半在人為，例如本廠由德國購運五公尺長之車床二部，早已運抵昆明，惟因車輛長度及公路灣道關係，迄無法內運。聞其他機關有擬有數節汽車者，原可假用，而灣道問題亦可同時節省方法調度之。惟茲事體嚴大，牽涉甚多，希望高級機關對國防工業器材之運輸，予以最大便利，（適節運行）並如運輸管理人員力求充實，厲行廉潔，以達到敏捷確實之目的。

（丁）廠內外運輸，應增設運輸科——廠內外運輸，俾關製造材料之供應，事繁責重，惟向無專司，祇由庶務室兼辦，而庶務室人員又限於編制，每感呼應不靈。本廠前曾列同運輸科編制呈請預設，迄未奉准成立，希望早日在短期內核准成立，以專責成，而利製造。

六、員工維繫問題

（子）平價米調整、米糧之支配——現時生活高昂，商廠利誘，一般技

87

87-1

衛員工，徬徨於理智與意志生活壓迫之下，且異思遷者頗不乏人（在用經有，因無證言），本黨政府當局，早見及此，發售平價米，員工遂獲稍安於一時，無如事尚不無偏頗，希望再予調整：例如：工人米量，因勞作關係，業准自三月份起每人每月價發三市斗，而士兵夫役尚未邀一律待遇，實際士兵夫役勞作時間原不減於工人，尤以長伕自晨達暮，扛運器材，用力為甚，似宜參准援工人例每人每月價發食米三斗

（丑）折發單身員工米津——獨身或未携眷員工照章不得享受親屬平價米及親屬生活津貼待遇，實際此項

員工仰事俯畜負担家庭生活費用，原不輕於撥寄員工，然以親屬所在地或遭淪陷，或困於川資無法前來，在通郵通匯地區者猶可邀免費匯兌之優遇，萬一不通郵匯，勢不得不於七折八扣之重重剝削下忍痛匯款贍家。希望對此項單身員工按其親屬人數，折發平價米價或予額定津貼，俾安工作而勵來茲！

（寅）擴大合作事業組織——現時生活必需之外，尚有副食品及日常用品，其價格騰漲之指數遠非員工之薪津增益之指數所能追隨，故擴大消費合作之組織以收躉購廉售之效，實屬需要，希望在部或署之單位下組成合作總社，指撥鉅額基金或請金融界投資，並與社會部福利司、經濟部合作司及平價購銷處切取聯繫，俾於適時適地躉購大宗貨物，攤派各廠合作分社，以照本發售，以減輕員工生活負担，而免商人重利盤剝。

（卯）增加衛生設備——本廠醫院編制過狹，而廠區遼闊，近更擴充，員工前往就診，每感道遠費時失事，似應增設分診所，俾利員工就診，節省時間，維持康健，希望擴大醫院編制，加增醫生、護士名額，並添置醫療器械及藥品。

（辰）其他準備事項——例如推動員工普遍生產運動，利用婦女手工業，加強生產實力，訓練合作事業人才，以求管理適當；~~以醫院設診療所內容藥品醫療器械之充分供給~~，以及有益身心之游藝運動，自極力提倡，亦似為當務之急。

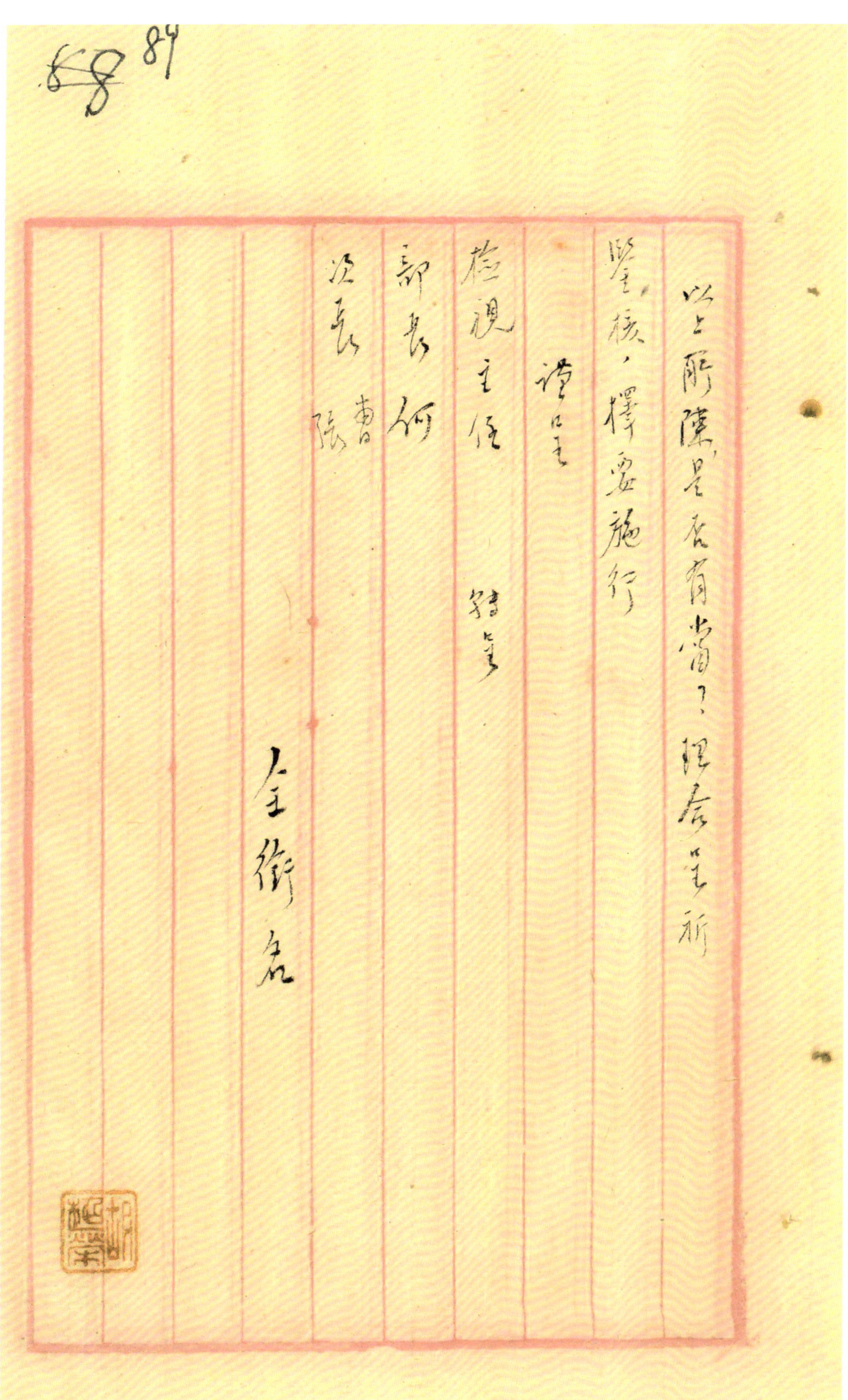

84

以上所陳，是否有當？理合呈祈

鑒核，擇要施行。

謹呈

總視主任　轉呈

部長何

次長曹、張

全銜名

军政部兵工署第五十工厂地产科一九四〇年设施事项及工作情形（一九四一年）

廿九年本廠地產科設施事項及工作情形

(甲)建築工程部份

查本廠遷建之初對於建築方面除動力廠外其餘均係一本簡單迅速之原則辦理俾得早觀廠成從事製造故各項普通廠房及其他急需之附屬建築物均已於廿七廿八兩年內先後陸續完成由本年起則逐漸從事於各種永久的山洞廠房及其他之永久建築物惟因本年物價暴漲工料預算變化異常抬高極感困難因之進行殊為遲緩總計本年建築工程除引信防山洞廠房六座(另附進口洞三座)及職工住宅三十七座行將完工外其他如彈夾區精確研究室等山洞廠房共二十座(另附進口洞三座)逕手裝置機山洞廠房一座職工宿舍區供水池四座及抽水機房加營

96-1

間殺菌間等房屋三座東溪及繹夫所防空山洞內部結砌各一座大興場職工住宅区合作社及庫房各一座又職工子弟学校教室禮堂廁所及教職員辦公室宿舍厨房等共十座廠西路石砌涵洞各一座鑄工所第二廠地盤土石方鍛工所增建編間廠房一座木工所烘木房一座等各項工程均經查勘先後陸續招商訂約開工至本年內完成之工程則有偽裝廠房三座職工宿舍區之合作社連浴室一座西人宿舍厨房各一座製炮所繹夫所及辦公廳防空山洞結砌各一座医院診所一座廠東路廠外路碎石路面六公里大共坊職工住宅区馬路土石方長約一千五百公尺第二食堂盥洗室厨房三座第三食堂便道一段長約三佰公尺鑄工所第三廠房地盤土石方廠房第二批木捆樓辦公室工具室等十五

97 ~~96~~

座火工所临时厰房三座谷仓五座保管科临时库房一座水電所临时库房三座引信所临时库房二座硝纤電醸木棚一座军械库辦公室及鐵工棚五座製砲所管热套炉一座鑄工所第一厰房三號半熔鐵炉一座与其他修理添建等零星工程各項其他正待举辦之建築工程计有製砲所山洞厰房通製砲所山洞厰房馬路鑄工所第二第三厰房火工所厰房第三批职员住宅郭家沱住宅區道路及下水道大兴场住宅區馬路路面及下水道唐家沱磁宅區馬路路面及下水道通至機動力厰運煤馬路通至機動力厰廢水引渠通至機動力厰滚水垻第二期護坡等厰區配電間大兴场住宅區防空山洞大兴场住宅區供水水池山洞器材庫厰西路及试砲场馬路

97-1

路南第一第四倉庫山洞廠房區公共廁所及供水水池碼頭射擊場第三批機械士宿舍公共墳場營房醫院健身房大禮堂兒童遊樂場等項

98

（乙）林場部份

本年度林场之設施情形其中心工作養育苗木付大量苗木育成後方開始大規模造林今春造林僅其工作之一部份茲將其設施及工作情形扼要述之于后：

（1）擴充苗圃面積——本廠原有之苗圃（第一苗圃）爲谷地梯田改用面積僅約卅餘畝不敷應用且土性粘重不適於大多苗木之蕃育故擇定劃海拔之山坡梯形地開闢爲第二苗圃面積卅餘畝並將第一苗圃兩旁之坡地亦擴充爲苗圃之用合計現有苗圃面積九十餘畝

（2）採種——購種困難且購來之種子多不可靠，故本場所用以育苗之種子概自行採集，並將採集之種量列表于下：

種名	松	杉	側柏	楓	油桐	苦楝	女貞	棕櫚	苦楝
種量（市斤）	6	5.5	2	7	3	15	4	25	9

（3）播種——所採集之種子除少數有剩餘作外，大部份各種子均已分別播於苗圃，以後勤加培育，將來可出產大宗苗木。

（4）預定產苗數量——本場選擇之造林樹種以山地造林樹種為主，庭園行道樹副之，以育苗標準而定苗数量亦依此而定，兹将应苗数量表列于下：

树种 松 杉 柏 乌桕 垂柳 槐树 油桐 洋槐 香樟 女贞 梧桐 法国白杨

株数 40000 100000 30000 20000 20000 15000 30000 10000 20000 500 30000

法国白杨垂柳系插枝育苗，其插穗亦自行採集外。

（5）本處造林——将已育成之各种苗木分别於本廠區各適宜地带造林，其餘大部份為松杉柏三種皆植於廠房附近之山地，兹附表于下：

树种 松 杉 樟木 冬青 毛柏 柏树 垂柳 洋槐 香椿 石榴 青桐

株数 45300 23400 12850 620 580 640 567 432 886 140 8645

军政部兵工署第五十工厂为编送一九四三年度建设事业计划纲要表致兵工署的呈（一九四二年七月二十一日）

附：军政部兵工署第五十工厂一九四三年度建设事业计划纲要表

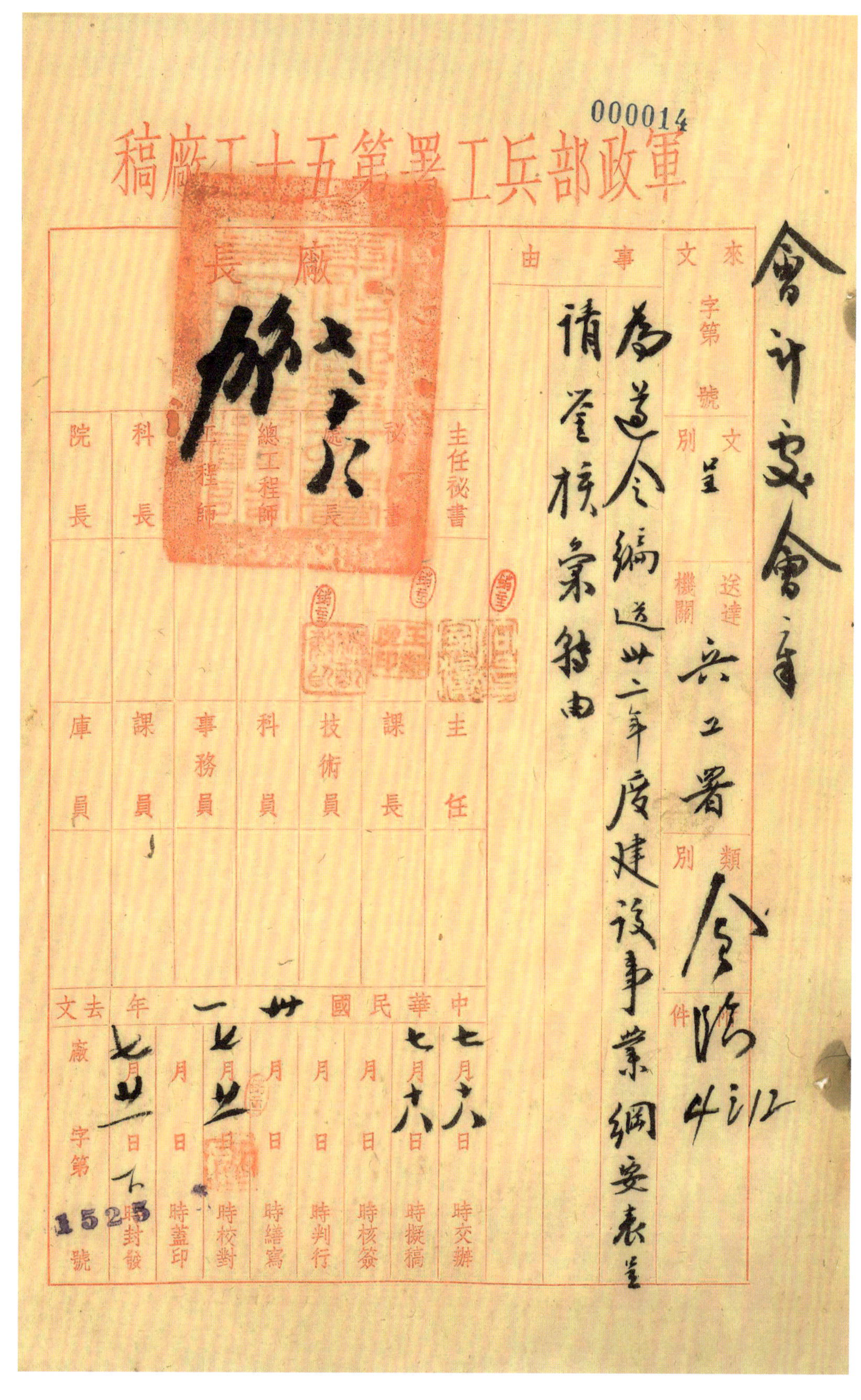
000014

軍政部兵工署第五十工廠稿

會計室會

來文：字第 號

文別：呈

送達機關：兵工署

類別：令

件：附 4212

事由：為遵令編送卅二年度建設事業綱要表呈請鑒核備案錄由

廠長：（簽名）

主任秘書　秘書　處長　總工程師　工程師　科長　院長

主任　課長　技術員　科員　事務員　課員　庫員

中華民國卅一年

七月六日時交辦　七月六日時擬稿　月日時核簽　月日時判行　月日時繕寫　七月廿一日時校對　月日時蓋印　七月廿一日下時封發

去文：廠字第1525號

呈

案奉

钧署渝署总密(丗)发字第1272号训令，为抄发编送三十二年度建设事业要点及附表式，饬令遵照编送三十二年建设事业计画纲要表等因。奉此，遵即按照本厂实际情形依式编造，编造完竣，缮装廿一份，理合备文呈送，仰祈

鉴核俯赐案转！

谨呈

000015

署長命

附呈卅二年度建設事業計畫綱要表廿一份

廠長（全銜名）

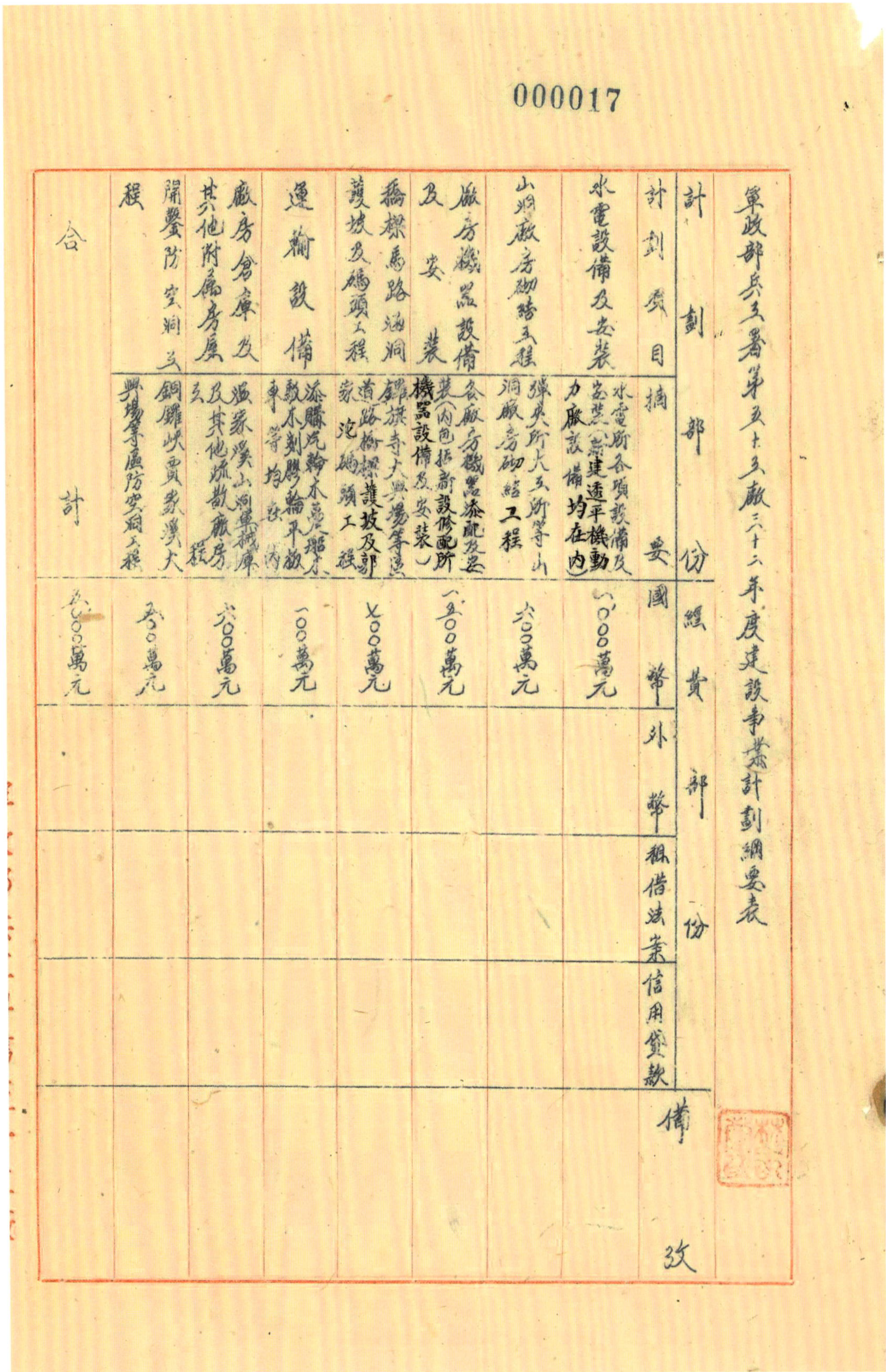

000017

軍政部兵工署第五十工廠三十二年度建設事業計劃綱要表

計劃部份		經費部份				備考
計劃項目	摘要	國幣	外幣	租借法案	信用貸款	
水電設備及安裝	水電所各項設備及安裝（[illegible]建透平機動力廠設備均在內）	1,000萬元				
山洞廠房砌結工程	彈藥所火工所等山洞廠房砌結工程	600萬元				
廠房機器設備及安裝	各廠房機器添配及安裝（內包括新設修配所機器設備及安裝）	1,500萬元				
橋樑馬路涵洞護坡及碼頭工程	鐵旗寺大興場等處道路橋樑護坡及郭家沱碼頭工程	700萬元				
運輸設備	添購汽輪木[illegible]船[illegible]數木划膠輪平板車等均在內	100萬元				
廠房倉庫及其他附屬房屋	猫家溪山洞軍械庫及其他疏散廠房工程	600萬元				
開鑿防空洞工程	銅鑼峽貫家溪大興場等處防空洞工程	500萬元				
合計		5,000萬元				

軍政部兵工署第五十工廠設施及工作情形報告書

本廠爲製砲及砲彈工廠，原設廣東港江，係廣東省府所創辦，民國二十五年，始由兵工署接收，機器設備，因原計畫多係採購半成品零件以供製造，故缺乏設備頗多，兵工署以本廠爲國內惟一製造火砲之工廠，曾詳擬擴充計畫，交德國合步樓公司承辦，嗣以抗戰軍興，機件大部，未能交貨，爲圖加强機力及精密出品計，旋將株州砲廠及首都百水橋樣板廠機器暨精確測驗儀器先後歸併本廠，二十七年春，本廠奉命遷川，初則忙於建築廠房，繼則忙於趕製砲彈及修配火砲，致中心工作計畫，一時未能確定，嗣以三七戰車防禦砲爲國軍所迫切需要之武器，乃整繪圖樣，訂購材料，籌製刀具夾頭等，俾便製造，三十年春第一門樣砲告成，試驗結果，堪稱合格，積極籌備大量製造，遂為本廠技術方面最主要之工作，同年七月一切計畫，始告完成，八月起三七砲陸續得有成品，初則每月可產二門，旋以工作制度改進，出品續有增加，目前每月產量，可達五門之譜，除三七砲外，本廠於上年夏季同時奉命積極籌製六公分迫擊砲，隨即參照法國布朗特迫砲設計繪製全套圖樣，並籌製樣板工具，以利製造，同年秋試造成功本年七月始有大量出品，目前月出一百門，可無問題，砲彈方面，本廠先後設計製造者，有各種七五砲彈計三八式野砲彈十年式及克式山砲彈及十五公分迫擊砲彈等，上年七月並經呈准部署，將本廠成都技工學校改為分廠，專造六公分迫擊砲彈，在多方研究積極籌製之下，該項砲彈，今亦已有大量出品，此本廠設施及工作之大概情形也，茲謹再就本廠各主要部份年來要部份本廠設施工作分別縷陳如次：

附件一 工務處工作報告

附件二 會計處工作報告

附件三 職工福利處工作報告

附件四 材物保管科工作報告

附件五 地產科工作報告

附件六 警衛稽查組工作報告

希望充實改善事項（本廠最重要者）

（一）修配所之成立，本廠機器設備，多係購自德國，精緻新穎，較諸歐美，無稍遜色，惟以普通機器過於缺乏，致所有修配工作，每感不克順利進行，此項

軍政部兵工署第五十工廠公文紙

8-1

缺憾，若不設法從速彌補，則廠內製造業務，亦難於盡量發揮，故普通機器之大批搜購，修配所之亟宜設立，實為發展本廠技能之重要因素，現本廠正在陸續購置機器，積極促成修配所之成立中，屢峯鑒於本廠之實際困難，如能撥以巨資，督飭指示，俾上述之缺憾，能於極短之時期內，得以彌補，本廠前途，實所利賴，

（二）成本會計之實施，一廠之管理，是否經濟及合理化，胥見之於廠內產品成本之高低，故成本會計之實施，可為改進管理之張本，本廠年來以待遇關係，所有會計人員，進退頻繁，致成本會計一項，未能切實施行，殊深遺憾，本年度擬竭力設法招補專門人才，使各項出品成本之計算，得以實施，希望高級機關對於人事方面，待遇問題，予以相當調整，使人安於位，事達於成，

(三)職工宿舍之添建，本廠前以限於經費，所建職工宿舍，為數甚少，迄今建成者，計職員宿舍携眷者五十五家，單身者壹百零四間，（每間四人至五人）工人宿舍携眷者四百十四家，單身者四十四間（二十八間每間住六十人，十六間每間住四十八人）按之本廠現有職工人數之多，以之分配不敷甚巨，後來員工，每以宿舍無着，到廠未久，輒率求去，為調整人事加強效力計，職工宿舍之大量添建，實屬刻不容緩，是項建築計畫，本廠業已擬定，尚期　層峯鑒於本廠之迫切需要，情形特殊，分別予以批准，俾得及早實施，安定員工，方克有濟，

(四)人事待遇之調整，按之目前物價之飛漲，員工兵伕每月收入，欲其維持極簡單之生活，每不可能，而政府其他機關，待遇又不一致，因之人心浮動，造成人事之過於變遷，而廠內一切工作之推進，亦感困難，此為實際生活問題，影響動

8-1

阻，公令限制，故致究覺低微，為提高工作效能計，各機關之待遇，甚希比較均衡，相互調整，似有必要。

（五）材料運輸之加强，本廠每月出品，需要大量材料為之接濟，目前國外運輸既屬困難，而國內各地充供材料為數尚多，如是項材料，能源源運來，則本廠之製造，短期內當不致中斷，但本廠自身運輸器材，祇能供應少數重要物品，大量接濟，非由當局統籌辦理，不克濟事，希望高級機關，對國防工業器材之運輸，予以最大便利，通飭遵行，使散在各處者，得以集中備用，藉救眉急，此外運輸管理人員之力求充實，厲行廉潔，以達到敏捷確實之目的，尤為迫切需要。

（六）各山洞之修整及增闢，本廠所有山洞，可分三項，（1）廠房山洞，（2）防空山洞，(3)倉庫山洞，現除廠房山洞，及防空山洞，同時均修有拱圈，預防墜石外，其倉庫山洞，以當時倉卒需要，或係利用舊洞，均無結砌拱圈之修造，年深日久，碎裂堪虞，本年洞庫失慎，或即以此，故對於未有拱圈各洞，擬予重加修整，酌量實際情形，或須架木材，或結砌条石，或用洋灰鐵筋，添修拱圈，務以洞壁完整，不致墜石滲水為要義，至防空山洞，仍感人多洞少，不敷應用，廠房山洞，倉庫山洞，亦均須增添，各危險品，擬予疏散，另闢小洞，各別分存，以免遇有意外，輒遭波及，尤為切要之圖，惟此項工程浩大，費款需時，在此人力物資俱感高昂缺乏之際，希望層峯多予便利，加添經費，俾得順利完成，總之本廠遷川以來，華路藍縷，諸在草創，一面急於出品，以供戰事需要，一面忙於建設，以敷內部應用，現距預計水準相差尚遠

10-1

惟事在人为，除督饬员工积极推进以尽人力外，尚冀層峯俯以物力助以财力，则本厰前途或亦未可限量也。

附件一

（一）工務處

處本部組織及執掌

工程師室

- 兵器設計股
- 工具設計股
- 設備設計股

就設計之性質分別設計製圖

- 規準股　編製設計上各種規格標準用表及規準考核圖樣
- 圖樣保管股　保管圖樣底冊及晒製收發藍圖
- 圖書館　保管設計上之參考圖書
- 製品登記股　填發承造通知單及辦理製修成品登記
- 文書股　文件擬辦保管及收發登記

11-1

工務處處本部

- 事務課
  - 工政股　工人工籍之登記及一切人事之綜理
  - 雜務股　整理內務并擔任一切外勤
- 工作準備課
  - 圖樣收發股　圖樣之發出收回與保管整理
  - 工序股　編列工具與工作設備之號碼及工作程序之釐定
  - 定料股　填寫定料表及編定工作單之順序號碼
- 工料預算課
  - 工時預算股　工時調查研究及規定并按工序表預算工時暨發工作時間預算表
  - 材料預算股　與採購科切取聯絡預算各種材料價值
- 工作分配課
  - 支配股　工作單裝配單檢修單及退修單等之填發
  - 監時股　緊催出品及圖樣工具工作設備材料毛胚零件附件應交期限之監督

12

製造程序與工作聯繫

甲、製造工作之來源：

1、署令飭造或修配—飭造令。

2、外方委託代造或修配—公函。

3、廠內各部份呈請添造或修配—呈請修造單。

乙、製造令，修配令。

1、來件經廠長核准後，由秘書室填令。

2、本廠範圍以外（直接收費者）填製造令，本廠範圍之內（增加廠產或消費者）填修造令。

3、每令填寫五紙，除存查外，并分送工務處、保管科、檢驗科、會計處。

丙、廠帳通知單，承造通知單。

軍政部兵工署第五十工廠公文紙

12-1

1、會計處簿記課根據製造令或修配令，開立廠帳戶號，填廠帳通知單送工務處。

2、工務處根據製造令或修配令及廠帳通知單，交事務課填承造通知單，送工作準備課及工作分配課。

3、如製修之件有關設計或繪圖，即由工程師室各該設計組分別辦理，并將交圖期限表送工作分配課之監時股，晒就後，即以圖樣送工作準備課之圖樣收發股。

丁、工序表、定料表等。

1、工作準備課之圖樣收發股將圖樣送工序股，按圖製定工序表，并連圖送工料預算課。

2、工作準備課之圖樣收發股將圖樣送定料股，填定料表正副各一份，定料分單一份，及工作分配表、工作登記表、材料成本表、監時表等七種，前三種送保管科查料發料，四、五、六、七種，依次分送工作分配課之支配股、製造所、成本計算課，及工作分配課之監時股。

戊、工作單、工時計算表、

1、工作分配課之支配股根據工作支配表填工作單，發交製造所。

2、工料預算課之工時預算股，根據圖樣及工序表，填工作時間計算表，發交製造所。

己、工作登記表、件工証、

1、製造所收到工作單及工作時間計算表，將其登記於工作登記表上，并按施工程序填件工証，發交製造。

2、製造所主管技術員向物料庫洽領材料。

3、每道工作完成，即將工件連同工作單送半成品檢驗室檢驗，并照件工証實施工時填入工時彙計表，送會計處核算工資。

庚、半成品檢驗單、成品檢驗單、

1、檢驗合格，填半成品檢驗單二份，一存查，一交送檢之製造所。

2、檢驗不合格，則填半成品檢驗單四份，一存查，一送製造所，餘分送工務處及保管科，俾工作分配課另填返修工作單發出工作，與工作準備課重新定料。廢品送廢品處理委員會處理，並召開會議，討論廢品責任問題處理辦法及改良辦法。

3、半成品裝配完成，轉送檢驗科之成品檢驗室作最後檢驗，填成品檢驗單三份，一存查，一送工務處，一送保管科。

辛、成品繳庫單、完工通報單、

1、成品檢驗室填成品繳庫單三份，一存查，一連同成品送保管科存庫，一送工作分配課之監時股，工作單則送會計處工薪計算課轉成本計算課，用以根據計算工資及成本。

2、工作分配課接到成品繳庫單，即填發完工通報單，分送秘書室、保管科、檢驗科、會計處，並通知工務處有關各室課所，交還或整理原發出之番樣工具，清結手續。

14

3、祕書室將完工週報單轉呈廠長，作為工務處對本廠成品完工之報告，用備解繳致交領。

軍政部兵工署第五十工廠公文紙

本廠各種製品之詳細說明

甲、三七平射砲製造經過

本廠製砲所之前身，原有琶江砲廠，該廠原定計劃，為製造七五野砲及十〇五榴彈砲，但大部半成品皆取給於德國萊茵砲廠，故普通之工具機數量極少，只可供作裝配之用。自歸兵工署接收後，德方取銷原訂合同，如是乃重定計劃，充實設備，并以原造之七五野砲及十〇五榴彈砲式樣太舊，重量過大，不合我國使用情形，因決改造三七平射砲。民國廿七年派員赴德訂購機器材料，未久歐戰發生，航運阻滯，所定機器多未運出，幸該材料之重要部份已過紅海，散經轉運，至廿九年五月始陸續運到廠中。本廠在此項材料未到以前，對三七平射砲各重要部份，如砲身、砲閂等件，即已開始先事準備，利用其他材料，暫訂試驗製造之工作方法，與設計製造應用之特種工具樣板，嗣所定重要材料到廠，隨即正式着手製造，惟以機器未能充實，製

15-1

造能力無法儘量發展，困難甚多，嗣經努力，第一門樣砲終於卅年三月完成，更番試驗，其精度皆能合乎規定，自此，乃纔成批製造，但又因技術員工不易羅致，兼之去年曾遭敵機投彈，工作進行頗受影響，至卅年底，計共製成三七砲十門，均經驗收及格。卅一年度額造數量為每月兩門，然最近本廠採用件工制，工作效率大增，預計自本月份起，目前每月可出砲五門，此數為最高產額。

乙、六公分迫擊砲及砲彈籌造經過

本廠擬造六公分迫擊砲，遠在廿八年秋間，當時曾從事設計繪圖，及覆試驗，迭因易構造，始獲成功：如砲筒先係以鑄鋼胥鍛製，繼因庫存三吋圓徑砲彈鋼適于車製砲筒，乃採用之；其含炭量雖嫌稍低，嘗調質改善，尚能合格；又如砲架先用木製，繼改鋁合金；再如座板，先用鉄板焊接，繼改鑄鋼。——惟以國內易得之材料，決定採造。并呈署向美國請購六千門之

軍政部兵工署第五十工廠公文紙

材料，俾利大量製造，無如本廠正值趕造三七平射砲與修理十五公分迫擊砲，致不能全力以赴，以圖出品。三十年七月，奉令積極籌製八公分迫擊砲，乃參照法國布朗特迫砲重行設計繪製全套圖樣，并趕製樣板工具，其所需材料，則就市面搜購或覓用適宜之代替品，計自本年四月份起，月可完成一百門。最近向美訂購之砲筒鋼管運到，製造更見簡易，技工亦已熟練，將來生產進程，當更能迅速。再本廠成都技工學校，將其改作分廠，利用備有之機器及訓練成熟之藝徒，籌製六公分迫擊砲彈，去年下半年開始籌備，至本年一月份起正式出品，現每月已能製交壹萬顆發矣。

丙、克式山砲彈籌造經過

本廠過去主要砲彈成品，向為十年式山砲彈，及三八式野砲彈，因適應需要，奉令改製克式山砲彈，為期迅速出品計，於短期內即趕將一切準備工作完成，茲詳細分述如次：

16-1

1、限期完成銅壳彈體等各項工具樣板應用之备樣，準備應用之正副材料及提速鑄製彈體，先將壓具每種完成壹套，試壓毛胚，并車製合用，然後即大量製造，以免虛耗工料，此項籌備工作，於本年一月中的業經告竣，二月份即有出品，截至五月底止，銅壳彈體半成品完成約各兩萬餘發。

2、過去砲彈引信，係採用廿四式碰炸引信，因無延期瞬發作用，於使用上功效較差，本廠設計一種新式引信，結果於廿九年春始告成功，即定名為廿九年式引信，此種引信，具有延期瞬發作用，其優點為製造簡單，製造時省工節料，并使用時極為簡便靈敏，現已奉令大量製造，本廠出品之克式山砲，即完全裝配此種引信。

3、因本廠火工作業設備，不甚充實，所有需用之雷管火帽傳爆管等裝藥工作，皆須仰賴友廠供給，中間因火工製品偶有瑕疵，致於砲彈出品，不無延頓，現正着手從事充實此項工作，計結至五月底止，克式山砲彈業完全裝成，約近萬顆。

丁、修改舊有十五公分迫擊砲及籌製其砲彈之經過

職廠奉 令籌製克式二十九倍野砲彈，當正在積極進行中。

查十五公分迫擊砲，吾國製造已久，前鞏縣及華陰兵工廠均曾大批出品，良以此項火器威力大，成本輕，對於工事破壞及殺傷活動目標，均易發揮絕大功效，惟以上兩廠出品，口徑不能統一，彈藥配備殊為困難，自經本廠加以修改後，效能大見增強，爰將修改主要優點詳述如後：

1.將砲筒口徑劃一，便利彈藥補充。

2.裝置緩衝簧，便利鬆土發射，及避免支柱變形。

3.裝配瞄準設備，增高命中效率。

4.砲身可以自由裝拆，便利山地作戰時人工運輸。

同時，設計配製其砲彈，決定將彈體外部精車，彈尾翼加厚，裝藥改善，使彈道穩定，射

軍政部兵工署第五十工廠公文紙

擊精度增高，爆炸威力加強，以及壓力試驗增高，使膛炸危險減低。當砲彈籌製時，因無適當機器，煞費苦心，最後利用製十五榴彈車床二部，多方研討，始將機器改造，利用模型導板使金剛車刀三具同時割削，使工作效能加大，始能大量出品。前後計修成十五公分迫擊砲五十八門，均已解繳備發；砲彈體業已完成五萬之譜。因彈尾翼缺乏二公厘厚之鋼材料，暫時停造。

18 1181

希望充實改善事項

本廠原有機料，不敷遠甚，第際今以國際戰爭關係，外購之件無法入口，只得就國內可能範圍，亟謀補充，是以本年度機器之添置，除僅向友廠撥到少數外，并曾在各商廠訂購六十餘部，刻正陸續運裝及交貨中。

本廠既以製造能力缺乏，遂致依賴友廠協助之處甚多，固費周折，復感呼應不靈，為改善此項欠缺，增加出品計，自應就原有機器設備，加以充實，達到自給自足之標準，謹將觀察所及，分陳如次：

甲、修配所　本廠原無修配所之設，關於各部份修配問題，每苦於無法解決，為應事實需要，故特最近設立該所，籌添各項工作母機五十餘部，刻在陸續裝設，俟裝設完竣，嗣後進行，當較順利。

軍政部兵工署第五十工廠公文紙

乙、木工所　該所因設備不全，所用木料，均賴友廠代為剖鋸鉋成，必須添置排鋸及鉋木等機器設備各若干，以期充實。

丙、鑄工所　該所以原有設備簡陋，鑄品已有不敷供給之虞，為使與其他部門配合供求平衡，并計劃日後鑄製工作母機起見，現亟從事添置三噸半化鐵爐兩具，將來配鑄輕屬合金製品，尚須充實理化檢驗設備。又刻因材料及設備所限，對砲彈體係暫以生鐵鑄製，俾應目前急需，將來求威力與效果合理，仍應改鋼製彈體，是以水壓機之添設，實為勢在必行之事。

丁、鍛工所　該所缺少小型空氣鎚，現今一切製品，皆賴人力鍛成，費時費工，且效率遲滯，未能與其他部門配合適應，必須酌量充實，俾資改進。

戊、引信所　該所機力不甚敷用，必須添置相當機器，以謀擴充。

己、製砲所　該所現有機器，配合不均，關於小中型之車床銑床等，缺乏尤多，必須添置相當數量，方能成為一完全製造火砲工廠。

庚、工具所　該所現在機力，已不足供給本廠製配工具之用，如各部門予以合理的擴充後，該所機器缺欠尤多，故必須儘量添置，始能敷用；又如淬火設備，並須同時加強。

辛、彈夾所　該所需用銅板，皆賴友廠壓製，必須添置鎔銅軋銅等設備，力謀自給，方能成為一完全製造砲彈工廠。

壬、火工所　該所原僅有裝藥及縫製藥包等部門，於製造雷汞及壓製雷管火帽及傳爆管等設備，均付缺如，現須分別籌辦，如無重大阻滯，不久當可[illegible]

軍政部兵工署第五十工廠公文紙

實現。

癸、水電所　本廠現在電力，係由兩部445匹馬力柴油發電機供給，每日油量耗費不貲。當與重慶電力公司洽妥，敷設一萬四千伏高壓輸電線電路，并在積極進行中。新建電廠之山洞廠房，大部完成，刻正着手進行安裝工作，嗣後發電除自給外，并可利用上項高壓輸電線路，將多餘電力，供給友廠及其他機關之用，因是關於輸電設備，亟應進行。至給水工程，重要廠房及一部份員工宿舍，已勉可供給，其餘各處，尚待積極籌設。

軍政部兵工署第五十工廠三十年出品數量報告表

品名　數量	三十年預定出品數量	三十年實在出品數量	三十一年預定出品數量	備考
75公分山砲彈	三一〇〇〇顆	二九七一〇顆	一五〇〇〇顆	
75公分野砲彈	七五〇〇顆	六〇〇〇顆	一五〇〇〇顆	
15公分迫擊砲彈	一二〇〇〇顆	一一〇〇〇顆	六〇〇〇顆	
六公分迫擊砲彈			一八〇〇〇顆	
六公分迫擊砲			一二〇〇門	
37公分平射砲	一〇門	一〇門	二四門	
修改15公分迫擊砲		六四門		
琴弦		一〇五七〇公斤		

軍政部兵工署第五十工廠公文紙

修理各式火砲		一一六門	
配製各式火砲零件		二八六件	
代製各式樣板及工具		一〇〇一件	
修改各式砲彈		二八一八個	
備製大砲空包彈及填沙彈		七九〇個	
配製15公分迫擊砲彈尾火		一〇〇〇個	

21

軍政部兵工署第五十工廠三十一年一至五月出品明細表

月份	飭造令號	成品名稱	單位	飭造數量	已造數量	欠造數量	附記
一月	額字第688號	五十倍三七平射砲	門	10	10	—	
	額字第685號	克式七五山砲彈	顆	5000	5000	—	
	額字第688號	六年式七五山砲彈	〃	10000	10000	—	
	〃 〃	十五公分迫擊砲彈	〃	4000	4000	—	
二月	額字第710號	克式七五山砲彈	〃	2000	2000	—	
	〃 〃	十五公分迫擊砲彈	〃	1000	1000	—	
三月	額字第734號	克式七五山砲彈	〃	2000	2000	—	
	〃 〃	六年式七五山砲彈	〃	1000	1000	—	
	〃 〃	三八式七五野砲彈	〃	1000	1000	—	
	〃 〃	十五公分迫擊砲彈	〃	1000	1000	—	
四月	額字第781號	五十倍三七平射砲	門	2	—	2	正在裝配中日內即可完成
	〃 〃	六年式七五山砲彈	顆	4000	4000	—	
	〃 〃	十五公分迫擊砲彈	〃	1000	1000	—	
	〃 〃	六公分迫擊砲彈	〃	30000	30000	—	
五月		五十倍三七平射砲	門	5	—	5	正在裝配中日內即可完成
		六公分迫擊砲彈	顆	15000	15000	—	
		四七公分迫擊砲彈	〃	10000	10000	—	
	合計	五十倍三七平射砲 克式七五山砲彈 六年式七五山砲彈 三八式七五野砲彈 十五公分迫擊砲彈 六公分迫擊砲彈 四七公分迫擊砲彈	門 顆 〃 〃 〃 〃 〃	17 9000 15000 1000 7000 45000 10000	10 9000 15000 1000 7000 45000 10000	7	

22

附件二

軍政部兵工署第五十工廠公文紙

(二)會計處

一、設施及工作情形

本廠會計制度悉照兵工會計規程辦理會計處內設簿記審核工薪計算及成本計算四課分別負責茲將本年內之工作情形概述如下

1. 簿記課　本年除日常工作均係按照規定進行外尤注意於有關部份之密切聯繫如分廠福利處運輸科保管科採購科等部份有關賬項之處理與聯絡特加注重至各部份有因業務上之需要自行收支款項者並經訂定統一收支暫行規則（見附件）由該課作統馭之記載藉使綱舉目張便於稽核

2. 審核課　近年來物價飛漲生活增高法令規章時有變易不僅複雜難行且有未能盡將事實之處故審核工作除書面審核外又須斟酌情形隨時實地攷查以期嚴實該課人

221

員有限同時處理審核與調查兩方面工作本年內實感緊張

3. 工薪計算課 本年內各製造所大部實行件工制度關於計算工資方法及其所需各種表格（見附件）均經從新改訂其計算內容有純計件者有純計時者有計件計時同時具備者故工作較前繁複經已添設員額以應需要

4. 成本計算課 本廠成本會計原已具有規模但因待遇不豐舊有人員大部離去新進人材又復不易羅致故本年內工作推進特感困難實有積極調整之必要

二、工作之心得及改善意見

本處之工作情形大致有如上述關於各部份帳目之聯絡自統一收支暫行規則實施後簿記課對於各部份之帳目已收統馭之效又實地調查物價力資辦法採用以來對於審核工作便利甚多更如本廠施行件工制後每一產品之製成其工資計算數目

有須乘除至七八位之多者而過去尚無計算機之設備手續異常繁複經將各種計算基數編製表式若干種以為準據一面將各所工資集中計算使得計算之方法統一轉遞手續簡單而工作之閒忙得以互相調劑工作之效率因亦逐漸提高

至尚待改善事項其最重要者為成本計算課工作推進問題蓋成本計算偏重專材而識驗豐富之人員每感待遇微薄不足養廉望而卻步亟應設法調整俾可羅致大材健全機構次如審核部份事務過去多偏重事後審核今後對於事前審核亦應極力推進又如簿記課每感原始記賬憑證未能按時集中致日常工作時有濡緩現象此殆各部份之聯絡工作尚未運用靈活亦應努力改進務期以日計功

綜上以觀本處之會計事務雖以非常時期種種事實困難仍有未盡達

23-1

到目的之處但大部份工作尚能黽勉從事粗具規模此後當就已具基礎

繼續努力益求精進以完成兵工會計制度

24

軍政部兵工署第五十工廠
三十年度經費概況表

建設費之部　　30年12月31日

科目	收入	支出	比數：不足	比數：剩餘	備考
廿九年度結存	44,376.16			44,376.16	
建設費	10,451,500.27	8,940,624.48		1,510,875.79	包括在造工程技工學校作業廠開辦費及經常費等項在內
技工訓練班開辦費	431,666.67	303,533.84		128,132.83	奉國防工業委員會命令開辦
技工訓練班經常費	105,500.00	60,279.29		45,220.71	
李王二員赴歐旅費	11,898.30			11,898.30	本列收入數係向署領入該員等赴歐旅費之一部因該技術員遠豐尚未回國是以尚未正式列報
空襲損失修理費	500,000.00			500,000.00	本帳核發俟工程完竣後即正式列報
建築材料售價	337,582.77			337,582.77	依合約償讓各承包商之水泥火藥等材料
存入保證金	38,260.00			38,260.00	依合約收存各承包商之工程保證金
墊付製造費		2,616,346.56	2,616,346.56		製造費一時不敷周轉故暫由建設費挪用
合計	11,920,784.17	11,920,784.17	2,616,346.56	2,616,346.56	

25

軍政部兵工署第五十工廠
三十年度經費概況表
製造費之部

30年12月31日

收方 摘要	收方 金額		付方 摘要	付方 金額	
二十九年度結存	122,521	32	材料	7,699,606	24
額造品收入	8,671,631	03	工資	1,261,421	29
加造品收入	989,977	47	製造費用	2,264,384	66
代修造品收入	418,048	42	藝校製造費	759,751	67
製造琴弦收入	1,689,500	00	糧食	1,362,877	54
利息收入	20,901	60	預付貨款	1,285,244	70
租金收入	9,862	36	嵩藝校往來	2,723,083	76
變價收入	90,401	47	合作社往來	32,778	37
暫收款	84,480	65	暫付款	1,931,278	25
應付帳款	3,843	39	公積金(撥過數)	16,184	20
應付薪工	70,292	69	存出保證金	151	00
應付費用	322,966	83	備用金	90,364	01
兵工署往來	4,123,868	35	中信局存款	5,055	90
第一廠往來	325,001	63	收入之退轉	3,675	26
支出之收回	108,892	80	1.餘管款 2,667.15		
1.應收帳款 43,098.10			2.罰款收入 16.53		
2.預付費用 135.00			3.賠償收入 585.41		
3.員工借支 65,659.70			4.雜項收入 406.17		
借移建設費	2,616,346	56	本年度結存	632,679	72
合計	19,968,536	57	合計	19,968,536	57

附件三

（三）職工福利處

甲、組織與職掌

自本廠編制成立後，即有福利處之設置，處下設有事業、訓育兩課，並附有農林場及醫院，事業課專司職工所需日用品之供應、食堂宿舍等之管理，訓育課專司職工子弟之教育，職工以及兵伕自身之訓導暨身心之鍛練，農林場專事菜蔬樹木之種植、花卉之培養、各種加工物品之製造、豬牛等之牧畜，及廠房偽裝等之設置，至醫院除擔任診治醫療之業務外，兼理全廠之衛生事宜。

乙、工作情形

一、事業課——年來物價高漲，職工之生活日感困難，其日常必需品、

軍政部兵工署第五十工廠公文紙

如米、煤、油、鹽、布疋等之大量購進及廉價供應，成為各廠之主要業務，本處為圖適應是項艱巨之工作起見，於事業課內，除合作社外，分有供應分配及運送等組，以收分工合作之效，過去一年之中，除米煤油鹽能予按時供應外，至其他日用物品，以限於人事及經濟，尚未能達到預定之目的，現正加強工作，以適需要，在物品種類不求其多而使分配能得均勻之宗旨下，積極籌畫努力進行，不久將來當能應付裕如。

本廠為適合防空條件計，工作場所頗為疏散，故廠內就食員工為數計有二千之譜，本處所辦食堂，因之亦有五處之多，廠區既寬，管理自較繁雜，其食堂菜蔬，大部取給於農林場，不足之數，則須購自市場，目前按月三十元之伙食費，仍在竭力設法維持中。

軍政部兵工署第五十工廠公文紙

本廠員工宿舍，分單身及有眷兩種，分佈於大興場、鐮旗寺及銅鑼峽三個地區，年來以製造工作加多，職工人數為之激增，致原建宿舍不敷甚夥，本年春季又奉命接收香港退出技工一百六十餘名，擬建草屋十棟為之安置，惟將來大批宿舍之添造，似屬事實上所必需，宿舍之分區編號以及支配遷讓等工作，由本廠事業課掌管，為加強管理及防止宵小計，擬仿保甲制度，每區設區長一人，每舍設舍長一人，負全區及全舍一切責任，如此分別推行，員工起居必感便利多多。

一、訓育課——本廠員工宿舍既有一江之隔，職工子弟學校，因亦有分區設立必要，目前成立者，計有大興場子弟學校及廠區分校二所，入學兒童共有二百六十餘人，教育方針，悉照教育部之小學規程辦理，俾畢業子弟，能考入各廠中學繼續深造。關於職工自身之訓導，除由訓育課兼理本黨區分部之業務中進行一切外，體育方面，有籃球、排球等等之競賽，國術之教授，娛樂方面，有書報室之設置，平劇之教導，抬球之練習，象圍棋之比賽等，夏季並設有淋浴室，專備職工淋浴洗澡，要之對於職工身心之訓導，在可能範圍內，務使齊備毋缺。

三、農林場——以本廠食堂之多，就食人員之衆，各種菜蔬之不斷供給，誠屬要事，本廠農林場共有農工六十餘名，除日常種植各類菜蔬以圖供應外，加工方面，並製豆腐、豆芽及鹹菜，以資補充，畜牧方面，此後擬飼餵大批猪牛，以備不時之需，各地花卉業已開始栽植，日後當有可觀，此外各區廠房之偽裝，亦爲農林場工作之一。

28

四、醫院——本廠正式醫院房屋，因限於經費，迄今未能建立，爰暫借用單身職員宿舍權予應用，其中一切設備，亦以補充困難，未臻完善，茲擬檢其重要者，設法自製，以圖充實，藥料方面，應有購備，目前尚足應付，以西藥之補充不易，現聘有國醫一員協助治療。

丙、各項表單

為使工作聯繫及手續清楚計，本處製有各項表單：

一、屬於軍糧及廉價米價發及報銷者，計有五種。

二、屬於各公共食堂伙食扣款、搭伙、退伙、結算者，計有九種。

三、屬於物品採購、驗收、領用及收發者，計有六種。（均如附表）

軍政部兵工署第五十工廠公文紙

附件四

(四) 材物保管科

甲 属於保管方面者 保管科之设置

為統一及集中辦理全廠物料成品機器等項物資之保管驗收核發及補充起見本廠有材物保管科之設置視其業務需要保管科下設有材料軍械雜物零件半成品等五庫除零件及半成品兩庫因本廠遷川後廠房頗散距離較遠如必須經過繳庫手續則運輸極為困難故暫由各製造所自行管理以節省時間及人力外其他如材料、軍械雜物等三庫均先後設置執行業務

乙 材物之保管

本廠遷川後最先建築廠房以便安裝機器迅速開工故關於庫房條

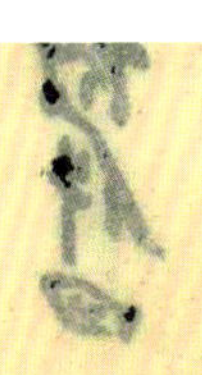

暂建竹棚後因廠房均須移装山洞爲節省財力計擬俟原有之廠房空出時改作庫房不再另建除一部份已遷入騰空之廠房外大部份尚存原有之竹棚内至成品及有爆炸性或易燃之物料均已另有山洞庫房存放極爲安全即其他物料亦力求疏散存放爲原則。

丙 材物之收發及登記

一、直接材料凡各製造所需用之直接材料(即正料)須由工務處根據廠長須發之製造令及修造令并參照工程師室設計之圖樣詳確計算所需各項材料之尺寸規格數量填造定料表送交保管科預先定料各製造所接到工務處工作單後按照所定材料填具正料單送交保管科經與定料表核對相符後轉送庫房依照單列各項材料配齊裁切由庫

30

房派工運送至工作廠房點收按照上列辦法雖剩餘之料頭或邊料均可有適當之用途不致廢棄在各製造所亦不致存有大批不用之材料。

二、間接材料及各製造所需用各種副料如油煤等均須使用部份隨時填具領單呈請主管員核准蓋章後再由保管科核對其上一次領用日期及数量是否應領然後方可向庫房領取

三、辦公用品各部份領用之辦公用品分為消耗品及非消耗品兩種。消耗品（如筆墨紙張等）由各部份造列預算按月具單領用 非消耗品（如墨盒、筆架、儀器等）由領用人具領經主管員及保管科核准發給并由保管科專立賬冊登記如離廠或不需用時均須逐項退還如有損壞必須申述理由方能核銷若因保管不良以致損壞或遺失須

由領用人負責賠償因各項公物領用人均有保管之責故不致有散失之弊。

四、成品解繳　本廠製成之械彈均須經技術司派員檢驗合格後方能呈請解繳。附三十一年一至五月份製造成品明細表

丁　廢品廢料之利用

一、廢品：本廠接收各處交來廢砲彈數量甚多現正積極拆卸分别利用中

二、廢工具：凡工具樣板等退還之廢車刀、銼刀、鑽頭等均妥為保存充作材料用

三、廢料：各廠房車下之銅末邊料仍交鑄工所溶鑄引信

31

體及其他另件之用鐵屑亦設計壓成餅狀後熔化利用已正試驗中。

戊 物料收發登記程序

材料收發均根據各項原始單表詳為登記其程序如附表及圖。

[illegible]編造之表粘存保管科物料股發出記錄序周之[illegible]

軍政部兵工署第五十工廠公文紙

32

軍政部兵工署第五十工廠三十一年五月底庫存成品數量表

品名	説明	單位	數量	附記
五十倍三七平射砲		門	10	暫存製砲所
克式十四倍山砲彈		顆	8084	
六年式七五山砲彈		〃	4454	
三八式七五野砲彈		〃	1008	
十五公分迫擊砲彈		〃	3512	
十五公分迫擊砲練習彈		〃	760	
六公分迫擊砲彈	備本廠試砲用	〃	223	
六公分迫擊砲練習彈	〃〃〃	〃	424	

附件五

(五)地產科

本科之職掌原為營繕與造林乃自去年造林與農藝合併成立農林場後求產消便利計造林工作改由福利處接辦故本書之內容僅及於營繕方面而已

本廠係於二十七年三月奉命遷川即選定今地為廠址併於江北郭家沱沿溪溝一帶建築各製造所之廠房而職工住宅則建於江南大興場一帶其間交通則專設汽輪維持但遇洪水暴漲或濃霧時則汽輪不便行駛員工即不能按時到廠工作往往影響製造甚大又本廠於遷建之初以復工期限短速而經費又不充裕故所有建築除動力廠外均以簡單迅速為原則又求減少空襲損害起見因採用疏散與偽裝之佈置蓋以時間與經費所限

33-1

不得不如此也嗣因

委座命令須將重要機器遷移洞內以保安全乃擇定銅鑼峽適宜開洞之處

建築山洞廠房以便容納全廠之新貴機器因此本廠分佈於郭家沱銅鑼峽

大興場三地但經年來之觀察深感三地間之交通不易維持其通暢無阻因將全

廠之佈置從新調整如下(一)總辦公廳仍舊利用現有之懋居房屋而在附近添

建職員住宅數十家使在江北郭家沱銅鑼峽一帶之職員每日無須渡江之苦

(二)水電所之柴油機及透平機動力廠因其已係山洞廠房建築仍在廠東路原

址不動(三)鑄工所因其鑄鐵鎔炉不便安設洞內及木工所之機器不甚重要無須

入洞仍在廠東路原址不動併在其附近之鑼旗寺除將現有之工人宿舍改

為住宅外添建若干工人住宅及將現有之一部份廠房其機器業已遷進山

山洞者改為工人宿舍使水雷所鑄工所之工人得以就近居住而免其每日長途往返之苦（四）製炮所引信所工具所等則遷往銅鑼峽之山洞廠房與樣板所及精確測驗室等同在一處工務處亦隨之遷往辦公俾資便利併在附近添建若干工人住宅宿舍使上述各所之工人得以就近居住而免其每日長途往返之苦（五）彈夾所火工所則遷往江南大興場併建築山洞廠房以容納之其全部員工則可就近居於現有之住宅俾資往返便利因此本廠遂成三個半獨立之廠區而其附屬之福利建築物亦當分別視其需要而加以添建或調整故去年所辦理之建築工程均係按照上述計劃繼續進行惟因年來人工物價均極動盪招商極感困難復以生活日高科內員工往往藉故求去更於五月至九月之間警報頻傳本廠曾先後遭受二次轟炸故工程進行不無若干影

34-1

均然大致尚能依照既定計劃推進茲查本年除將廿九年度在造未完工程而繼續辦理完工者計有大興場機械士住宅三十座合二百二十六家鑼旗寺區洪水池四座抽水機房加礬間殺菌間房屋三座鑼旗寺區製炮所區彈夫所區防空洞內部結砌工程三座等項外尚有三十年度及三十一年度各項工程其已完工者計有引信所山洞廠房六座另進口洞二座工具所及精密測驗室山洞廠房五座另進口洞一座山洞器材庫二座及製炮所山洞廠房十三座另進口洞二座之第一期等開鑿工程鑄工所第二普通廠房一座水電所正式配電間房屋六座鍛工所增建廠房一座電話總機山洞廠房一座大興場增鑿防空山洞一座銅鑼峽第一批機械士住宅八座合四十八家大興場職工子弟學校教室禮堂教職員辦公室宿舍廚房廁所等房屋共十座大興場合作分社及庫房房屋各一座

大與場住宅區行人石板路共二仟四百公尺廠西路行車馬路煤屑路面共一仟四百零四公尺石砌涵洞八座彈夹所臨時庫房工具所臨時廠房第四稽查所臨時辦公室工程樣板所臨時廚房及警衛隊臨時禁閉室工程第二食堂下水道工程製炮所工具所等廠房及第三食堂之盥洗室等改建職工住宅等項工程其尚在建造而未完工之工程計有透平機動力廠山洞廠房第一期工程製炮所山洞十三座另進口洞二座第二期開鑿工程鑄工所第二廠房馬路路面及護坡護土墻石板路工程改善製炮所彈夹所等普通廠房排水工程第三批職員住宅十一座合六十四家另附廚房七座石板路石涵洞石護坡等工程透平機動力廠水庫之虹吸溢道護灘及土堤工程第三批住宅區防空山洞及山洞器材庫工程鐵旗寺區增建防空山洞工程等項其即擬舉辦之工程計有製炮

軍政部兵工署第五十工廠公文紙

25-1

所山洞廠房結砌工程遠平機動力廠山洞廠房第二期工程精確測驗室及山洞庫房結砌工程工具所增建山洞廠房工程改建鑄工所第一廠房及熔銅房工程銅鑼峽第四機械士食堂及分診所工程銅鑼峽工務處及檢驗科辦公室工程銅鑼峽機械士宿舍工程郭家沱保管科庫房工程鍛工所山洞廠房工程彈夾所山洞廠房開鑿工程木工所增建庫房工程火工所增建臨時廠房及山洞工程水電所增建大興場及鑼旗寺配電間工程第三批住宅區供水池及抽水機房工程大溪溝洪水行人橋工程全廠高射兵器陣地及消防水池工程大興场警衛隊營房及公共廁所工程等項，至於待款建築之工程計有彈夾所山洞廠房結砌工程火工所山洞廠房工程大興場住宅區供水工程鑼旗寺防水堤路工程大興場住宅區行車路面下水道及黃亭住宅石護坡工程大興場汽車房重建

36

工程铜罐峡机械士第二批住宅工程铜罐峡工人住宅区防空山洞工程铜罐峡住宅区供水工程厂西路延长至詹家沱马路工程各区码头工程中码头运输科汽车房工程郭家沱医院及大罗场分诊所工程郭家沱子弟分校工程罗旗寺工人宿舍改建住宅工程罗旗寺职员宿舍区路面及下水道工程厂东路延长至贾家溪工程防空山洞工程等项兹求便于查阅起见特检同本厂截至二十九年底止建筑工程统计表三十年度建筑工程进行计划表三十年度建筑工程进度表三十一年度建筑进行计划表三十一年度建筑工程进度表及三十一年度待造工程名称表各一份附呈

签阅

军政部兵工署第五十工厂公文纸

附件六

3758

六 警衛稽查組

屬於警衛稽查方面者：

甲 沿革

本廠於二十六年六月在粵漖江成立時即倣德國工廠制度首創稽查室直隸廠長辦公廳其編制設上校主任一，稽查員六，文書二，其任務為登記員工之考勤，檢查物料之進出，維持廠區之安全。當時因廠房集中建築，管理較為便利，以事實之需要，工作中心着重於員工之考勤，數年來此種傳統精神依然如故也。

二十七年春日寇侵犯華南，日急，當局爲未雨綢繆計，乃於是年夏將本廠全部遷川，爲避免空襲，廠房分建於山窩與石洞中，以廠區遼濶，任務繁重

軍政部兵工署第五十工廠公文紙

37-1

至二十九年冬稽查人員又增至二十七人日常工作分內勤外勤內勤分報工統計職工到離調查對保司法收發管卷等外勤則依廠房環境分設稽查所七處分辦員工考勤維持治安保護物資調查偵察逮捕等工作較之在粵時期組織更加擴大工作亦日益進展矣

自本廠首創稽查制度以來因成績卓著其他各兵工廠亦先後傚設稽查室兵工署為統一工作起見特於署內設置警衛稽查處統籌全局將各廠警衛隊之指揮權統一於稽查處設副處長一人兼任警衛隊總隊長職其各廠稽查室則改組為警衛稽查組各警衛隊則隸屬於各警衛稽查組各組之人事與工作概由稽查處統制在行政系統上仍秉承各廠廠長之意旨辦理廠內警衛與稽查工作

本廠稽查室奉命於本年五月十五日正式改組為警衛稽查組新編制規定設上校組長一中校副組長一（兼警衛隊長）少校組員二上尉組員十中尉組員二十少尉司書四士兵六伕役十二（甲等編制）新編制除統一警衛隊指揮外其任務與過去稽查室時期別無二致惟特別着重於清除奸偽工作本組以歷史關係登記員工考勤仍為日常工作之中心此即本廠稽查制度之沿革也

乙 工作概要

本組工作範圍即為本廠所屬之各部門凡各處科之工作均與本組有密切關聯如工務處之員工考勤係以本組之報工統計表為根據會計處之員工薪金係憑本組之報工表與到工單為標準福利處之員工住宅分

38-1

配與糧食日用品之發給亦憑本組查報而確定他如採購保管運輸各科之物資點驗與報銷等須經本組審核手續方能生效至本組具體工作可歸納為下列八項：（一）員工考勤（二）保護物資（三）清除奸偽（四）偵查及處理案件（五）防空警戒（六）保管証件（七）協辦福利（八）其他臨時事件茲將各項內容分述如次

（一）員工考勤　本廠創設稽查室其主要任務即為管理員工按時工作藉憑考核其實施之程序如次：（一）將全廠廠房編為四個稽查所（其他三稽查所為住宅區與總辦公廳）在各所門前一邊設置考勤鐘一架一邊設置工人工牌箱數隻並按工人數目發給到工單（附到工單甲乙兩種）（二）工人每早上工時將自己到工單放入考勤鐘內

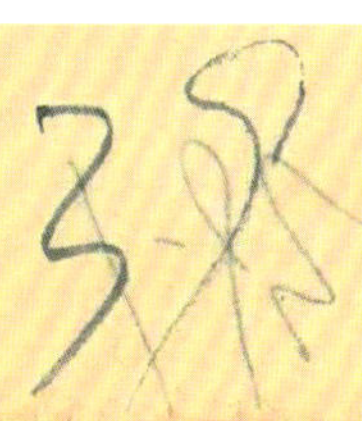

登記退工時刻（三）各所稽查人員在開工後即憑工牌箱上名號登記到工與曠工作報告表（附表兩種）送稽查組辦公處（四）稽查組辦處之報工股逐日彙集各所送來之登記表作一總登記分事假病假曠工各項分欄註明作統計表三份（附表四種）呈組長廠長蓋章後除存根外送會計處工務處各一份（五）職員考核則分簽到簽退遲到未到（四種）登記表（附表）亦由各所隨同工人登記表送報工股作總登記（附表一種）其手續與工人登記同（六）會計處即憑上項各表核發薪金工務處亦憑此表以資考勤此種科學管理方法在本廠實行以來成效甚宏在兵工管理上可謂創一新紀元

（二）保護物資　本廠物資多係兵工器材不僅價格昂貴

且來源困難稍有損失影响抗戰前途甚巨本組負保護物資之責對物料之攜出均須嚴加檢查防止不肖之徒企圖偷竊盗賣及舞弊等情

（三）清除奸偽　本廠為國防生產機關敵諜奸偽勢必乘隙活動希圖破壞本組警衛条例規定凡非佩帶本廠証章或通行証者及偽裝乞丐難民小販在本廠區逗留均應嚴密防範或驅逐或逮捕之凡員工言行跡近奸偽或接受奸偽命令煽惑罷工破壞生產者均以漢奸論罪

（四）偵查及處理案件　凡發生盗竊貪污反動及其他案件時本組即秉承廠長意旨作秘密之偵察或公開之調查調查之結果作

詳細之報告呈請廠長核閱如須執法時本組即擬就懲罰意見呈、
請廠長核准執行之

（五）防空警戒　本廠廠房星散人員複雜一遇警報難免不有奸徒乘機活動破壞廠區安全在警報時凡員工及閒雜人等跡近可疑者即嚴密提防如發現奸徒立即追拿至廠區財物之防衛交通防空洞之分配與公安清潔等亦在本組職責範圍之內

（六）保管證件　凡員工到離均應向本組登記是以職員證章出入證離廠保證書工人符號保結出入證離廠保證書等皆由本組核發並保管之

（七）協辦福利　福利事業之優劣直接影響員工健康間接則、

40-1

影响生產效率本組對福利事業除協同調查購米購物及維持秩
序外其對福利事業之改善本組可與福利處主管商同辦理或擬
就意見呈請廠長核閱
（八）其他臨時交辦事件：本組職責除以上七条外凡廠長批交之
臨時事件如押運驗收對保員工請假之調查廠區户口清查包商工人
之處理等俱由本組負責辦理
丙 今後計劃
報工考勤工作在本組任務中已臻科學程度惟警衛治安方面尚距理
想甚遠為完成此種任務起見今後改進工作之計劃約有四端：
（一）稽查人員輪流受訓 為統一與加強稽查人員之思想與能力計

所有組員應按其工作情況分別派送警衛稽查處輪流受訓其人員分派與受訓辦法由處統籌

（二）警衛隊實行兵工政策　現有警衛隊官兵對其應有之任務大多無力完成為根本改造警衛隊計惟有實行總理之兵工政策凡各廠警衛隊之編制應請部另定專章規定服役期為四年其中二年為服役勤務二年為入廠學習工藝確定每月抽調隊兵半數輪流入廠學習四年後每兵已有二年之工藝技術訓練服役期滿即補為本廠正式工人此種效果有四（一）士兵依廠為生活根基平時不願潛逃（二）曾受軍訓之工人易於管理（三）工人在廠甚久思想行動已明瞭不易為奸偽利用（四）遇廠中有緊急事變時可將工人武裝起來（平時廠中配備各種

41-1

武器之保衛本廠[illegible]
已打成一片
（三）動員職工清除奸偽　除奸工作專賴少數警衛稽查人員力量、
實屬不敷分配，因奸偽詭計多端，潛藏廠方内外，不易發覺，必須動員
全廠職員工人共同努力，方易收效
（四）嚴密檢查來往人員　本廠地區遼闊，水陸各口岸均易為外
人進入，為維護廠方安全，在與羅旗寺應設碼頭，檢查哨嚴密檢查來
往行人，在入廠之重要路口應設栅門，以便警衛稽查人員易於管制也

11

軍政部兵工署第五十工廠三十二年度工作成績報告

（一）出品

A 火砲

三〇式三七戰车防禦砲　四十門

三一式六公分迫擊砲　一十一百門

修改二九式十五公分迫擊砲　一十九門

B 彈藥

六公分迫擊砲彈　一十七萬發

十五公分迫擊砲彈　一萬三千發

十年式七五山砲彈　一萬一千〇六十發

11-1

克式七五山砲彈　二萬發

三八式七五野砲彈　五千發

士乃德七五山砲彈　五千發

附註：上列各項出品，係經驗收已解繳之成品，其他未驗收之成品，及半成品未列入。

(二) 遷建

A 建設汽輪發電廠

一、設備——廠房係山洞式，內襯水泥鋼骨，房頂有防炸層之設備，內置——1250KW及2000KW之汽輪發電機各一部，鍋爐四座。

二、成績——本年六月機器安裝完成，七月開始供電，其供電情形，約可分為三個時期：

第一期（本年七月間）專供本廠應用，共約300KW，每日銷電約三千度。

第二期（本年八月至十月）供應本廠及第二工廠，共約600KW，每日銷電約五千度。

第三期（本年十至十二月）供應本廠第二廠及重慶南岸區，最高負荷達1350KW，每日銷電約一萬五千度。

此外現正計劃加供重慶南岸水泥廠區用電，預計最高負荷達1750KW，每日銷電約二萬五千度。

B.成立修配所

一、設備——本廠各製造所各有其中心工作之特殊配備，因而工作母機轉感缺乏，故增設此修配所，設置普通機器及車床刨床等，以補特殊配備之不足。

121

二、成績｜本年度製成

三七砲零件螺帽螺釘等　四十餘種

六公分迫擊砲砲底砲管座等　一百餘種

十五公分迫擊砲護蓋橫形手柄等　六十餘種

一、噸半熔爐　二座

C、擴充火工所

一、設備｜本廠火工所，火工作業，從前僅能裝配，所有作業工所需傳爆管、火帽雷管等均賴友廠製供，頗感不能適時配合，因而擴充火工設備，經一年之努力，頗能達到預期目的。

二、成績｜本年度製成

七五傳爆管　四萬枚

八二引信火帽　八千枚

底火黑藥餅　一萬枚

傳爆藥柱　一萬五千枚

裝成七五彈　二萬七千九百八十一發

十五公分迫砲彈　一萬九千八百九十九發

C、其他興建工程—本年度計有汽輪發電廠、下水道工程、裝造所山洞廠房內襯工程、筆械庫山洞庫房內襯工程、及地面廠房、山洞廠房暨交通道路工程等種是。

（三）出品之研究及改良

13-1

一、卜福司山砲——本年度奉令以籌製卜福司山砲為中心工作，經一年之努力，關於設計部份，原圖之雜亂者已予整理就緒，殘缺者已予修正添補繪計。本年繪成圖樣一千七百四十餘張，及必需之工具圖樣五十餘張，此外並派員赴都匀砲兵學校蒐取戰場實地經驗，以為改進之基。關於製造方面，已就國產砲管作調質處理，並將材料試桿等送材料試驗處試驗，現因試驗結果，未接到報告，尚未能作進一步之施工。

二、底火黑藥餅——過去均係採用德製，本年德品用罄，即自行試製，經檢驗傳爆及傳火性能均極良好，現已製成一萬枚。

三、砲彈油漆——過去採用市售油漆，塗堊後需四日始乾，現經配合烏煙鋁粉、僞僧、桐油等自行製煉，塗上後一日即乾，而成本較由市上購入者為廉。

14

四、其他改良

工作採用件工制—就工件之工作順序，用理論及實驗方法測計每道工作之時間，再以工人日資增加某百分率平均於每分鐘所得之工資，是為件工工資率。然後將其實做工作件數與前者相乘，即為件工工資。此項件工工資之給予所得結果為：

一、工作效率增加，出品數量激增。

二、工資多寡視工作件數多寡而定，待遇公平。

三、工人因努力結果而增加收入，日常生活易趨安定，工作情緒易見緊張，積是元故，本廠本年出品數量為往年之三倍至四倍。

（四）舊案之整理結束

16-1

一、建築工程案件—

本廠自遷川建廠，築路、蓋樓、鳩工庀材，興建甚多，歷年工程已於本年次第呈報，惟須俟奉到指復，方可完全結束。

二、會計案件—

(A) 製造費—三十一年度以前製造帳務業已整理就緒，懸帳亦已次第清理結束，及轉正、俟資產盤存數核算完竣，即可結帳，預計於三十二年六月以前專案呈請查核帳務。

(B) 建設費—大致已整理就緒，惟建築工程尚未完全報出，故尚在趕辦呈報中，俟工程款項一經核定，即可呈請查核帳務，預計可與製造費案內同時辦理。

15

（C）成本計算——三十一年度以前材料帳存數，經會計保管兩部核對無訛，前委托柏林商專處代購材器帳目，亦經核結清楚，現正辦理分户帳記諸帳，以爲進一步計算製造成本奠其始基。

（六）材料之供應

本廠在粵時期，尚未正式開工，即遭歐戰爆發，材料來源備受影響，繼而抗戰軍興，即展轉播遷，故材料缺乏，庫儲空虛，歷年蒐購製造材料，又以交通梗阻，經費困難，幾皆現購現用，隨購隨盡，故本廠實無儲備材料可言，本年度材料之供應約可分述如左：

（1）三七砲料：本廠三七砲料係向德訂購之一百門，惟内中砲架鑄鋼件及一部分之鋼料因歐戰爆發致未運到，即改由鋼鐵遷建會第二十四廠及渝鑫煉鋼廠製供，

軍政部兵工署第五十工廠公文紙

15-1

俟上項一百門料行將告罄，而在美訂購者早日運到，以便繼續供應。

(2)三一式六公分迫擊砲：砲管係用美國鋼管，其餘部分之材料均係由 署庫撥用，及各兵廠製供，并在渝市蒐購，惟砲管必須用美國鋼料，所存已用罄，急待補充。

(3)砲彈材料：主要材料大部係向 署庫領用，及在渝市收購。

(4)工具鋼：原用百祿出品之工具鋼及鋒鋼為最多，後因該項鋼料來源斷絕，即改用第二十八廠煉製之甲乙兩種風鋼，成績甚佳，解決本廠工具材料之困難不少。

军政部兵工署第五十工厂为报告一九四四年度中心工作分月进度实施报告表致兵工署的代电

（一九四四年二月二十三日）

附：军政部兵工署第五十工厂年度中心工作月份进度实施报告表三份

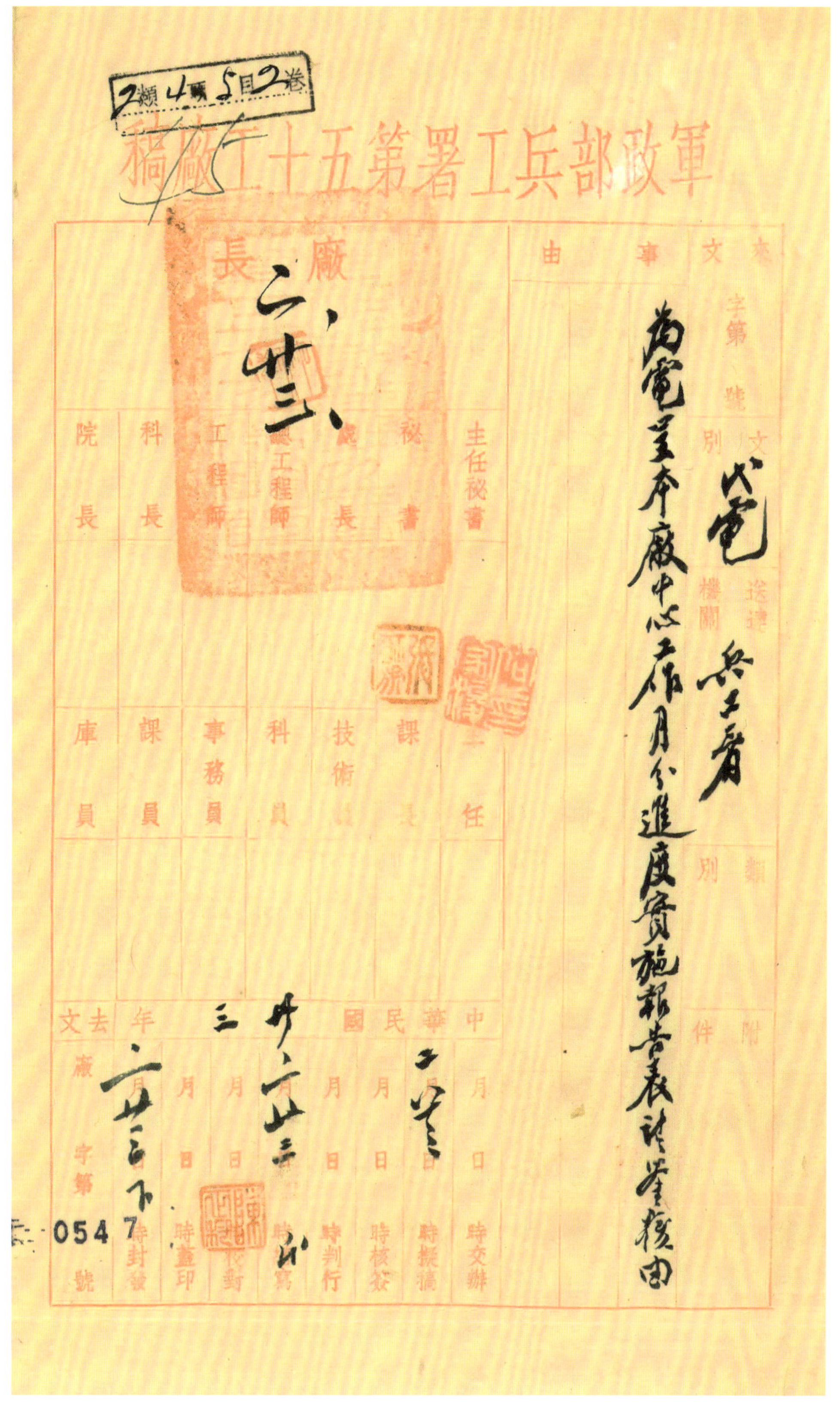

軍政部兵工署第五十工廠稿

來文字第　號

文別：代電

送達機關：兵工署

事由：為電呈本廠中心工作月份進度實施報告表請鑒核由

附件

廠長：二、廿三

主任秘書　秘書　處長　總工程師　工程師　科長　院長

主任　課長　技術員　科員　事務員　課員　庫員

中華民國　年　月　日

時交辦　時擬稿　二、廿二　時核發　時判行　時繕寫　廿六、山、三　時校對　三月　時蓋印　時封發

去文廠字第 0547 號　二、廿三、下

45-1

代電

兵工署署長俞鈞鑒：案奉鈞署渝造（33）丙字第00846號迴製考代電，為飭填報年度中心工作月分進度實施報告表等因，茲謹遵照表式填具本廠三項中心工作進度表各一份，隨合電呈鑒核。兵工署第五十工廠廠長丁〇〇叩。附呈表三份

50

軍政部兵工署五十工廠卅三年度中心工作月份進度實施報告表　主管長官丁天雄呈　卅三年二月八日

事由	計劃提要	原定進度	實施情形	檢討實施之困難與缺點	主管長官初核意見	備考
籌造六公分迫擊砲彈	本廠成都分廠原已出品六公分迫彈，但為求大量需要起見，總廠爰亦有此項砲彈之籌造，並列為三十三年度中心工作之一。 預計出品本砲彈五万枚，因是廠房及机器均需添設，所需經費以三十三年度建設費一再奉減，故未列入。	原定籌造彈体及引信，現彈体毛胚已翻鑄完畢，正待發所車製，所少夾具亦正趕造中。彈尾翼片自發料後前冲壓工作已經完畢，即將施行焊合，同時試驗砲彈用之假引信亦已車就，約于二月初旬試造三砲彈，可以決定其彈体及尾翼。至所採用之英式引信自發料後，現正待工具中，工具二具齊備即可着手車製。關于添製之廠房，現已覓定地点，由地產科及本工所建築，並預期于五月底完成。		應添机器除各式压机已發交作单自造外，其他各法製造之夾具已開单分別呈署及拟自行添購，其中尤以電焊机四部及台鑽十五部最為重要，拟先行設法購置。	卅三年度製造費不敷，可記該項計畫有先行之必要，即預期出品數量需請以此例削減	

附記：一、各處須對照年度中心工作每月進度預定之情形及各月實施之狀況，按每月月底呈報之。
二、檢討實施情形須將困難缺點及改進意見詳實說明。
三、初核意見須由各主管長官針對工作情形儘量加註切實之意見，俾為核獎懲決之依據，但須絕對避免使用「尚佳」「尚可」「經核屬實」「正辦理中」等籠統抽象之考語意見。

軍政部兵工署五十工廠卅三年度中心工作月份進度實施報告表

主管長官 丁天雄 呈 卅三年 二月 日

案由	籌造七五十福斯山砲
計劃提要	本廠奉令籌造卜福斯山砲，卅二年僅完成全部設計繪圖及一部份試造另件，故於繼續籌造該砲仍列為三十三年度中心工作之一。上年決定試造樣砲兩門，因外購材料尚無着落，已能選用本廠材料代替試造，俟將來樣砲試造成功，始可正式出品。至正式出品時所需添機器，前于卅三年度建設計劃預算中經予列入，惟以未奉批准，一時尚難補充。
原定進度 實施情形	原定完成試造樣砲兩門全部工作百分之五，現本砲砲身、砲門、後砲架、平衡機、剎車方向器、高低機、防盾、車輪、輸桿、彈藥箱等部分已試驗步，已試廠存材料試行付造，正準備施工。砲管之鍛造因鋼性太硬不能車割，已于最近送交第二廠重予調質，繪圖工作正校核描準具及砲件鉄驗二部，其餘普通隨砲工具則已就實物大部繪成，正在描中。
檢討實施之困難與缺點	本砲之困難原為缺少材料，目前定料諸件多係以廠存破甲彈鋼代替，剖割鍛製，費時費工，其尚未定料諸件材料均須向國外購買。
主管長官初核意見	如材料供應順利，當能如期[illegible]
備考	

附記：一、本表須對照年度中心工作分月進度預定之情形及本月實施之狀況按每月月底呈報之。
二、檢討實施情形須特別困難缺點，改進意見詳實說明。
三、初核意見須由各主管官針對工作情形負責加註切實之意見，俾為復核審決之依據，但須絕對避免使用「尚佳」「尚可」「經核屬實」「正辦理中」等籠統抽象之考語意見。

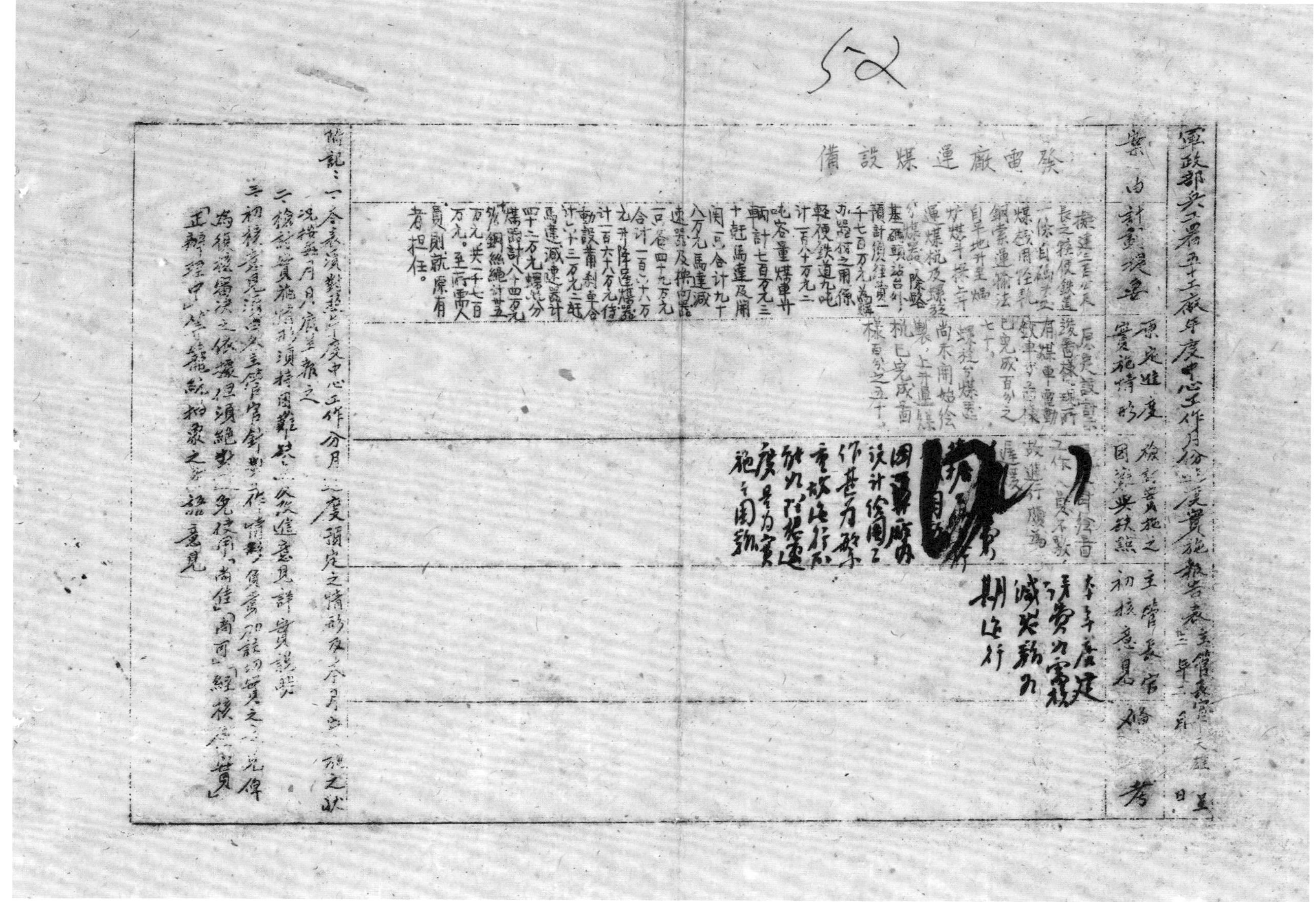

軍政部兵工署第二十工廠　年度中心工作　月份進度實施報告表　主管長官[illegible]　[illegible]二年　月　日呈

業由	計劃摘要	原定進度	實施情形	困難與缺點	初核意見	主管長官核示	備考
發電廠運煤設備	擬建二百公尺長之輕便鐵道一條，自碼头至煤棧，用鋼索運輸法自旱地升至煤斗。煤斗擬設運煤機及螺旋分煤器，除碼頭站台外，預計須經費一千七百万元，為購办器材之用，係輕便鐵道九吨計一百八十万元，二吨容量煤車廿輛計七百万元，三十匹馬達及開關一只合計九十八万元，馬達減速器及傳動器一只卷四十九万元，合計一百六十六万元，并降壓器計一百六十八万元，傳動設備剎車合計六十三万元，二匹馬達減速器計四十二万元，螺旋分煤器計八十四万元，鋼絲繩計廿五万元，共一千七百万元。至所需人員則就原有者担任。		原定[illegible]設計[illegible]，現有煤車一部、電動[illegible]等樣，已完成百分之七十。螺旋分煤器尚未開始，絞運煤機已完成，上升運煤樣百分之五十。	[illegible]不敷，故進行頗為遲緩。	因鋼廠方設計繪圖工作甚為繁重，故進行不能如期完成，是為實施之困難。	本年底[illegible]建，[illegible]費力需[illegible]，減少[illegible]，努力期以行。	

附記：一、本表須對照本年度中心工作分月之度預定之情形及本月[illegible]況之狀況按每月月底呈報之。
二、檢討實施情形，須特困難與[illegible]，以及改進意見詳實記載。
三、初核意見須由主管長官針對[illegible]情形，負責加註切實之意見，俾為複核審決之依據，但須絕對避免使用「尚佳」、「尚可」、「經核無異」、「正辦理中」等籠統抽象之字語意見。

军政部兵工署第五十工厂为报送一九四五年度作业计划及所需材料表致兵工署的呈（一九四四年七月十三日）

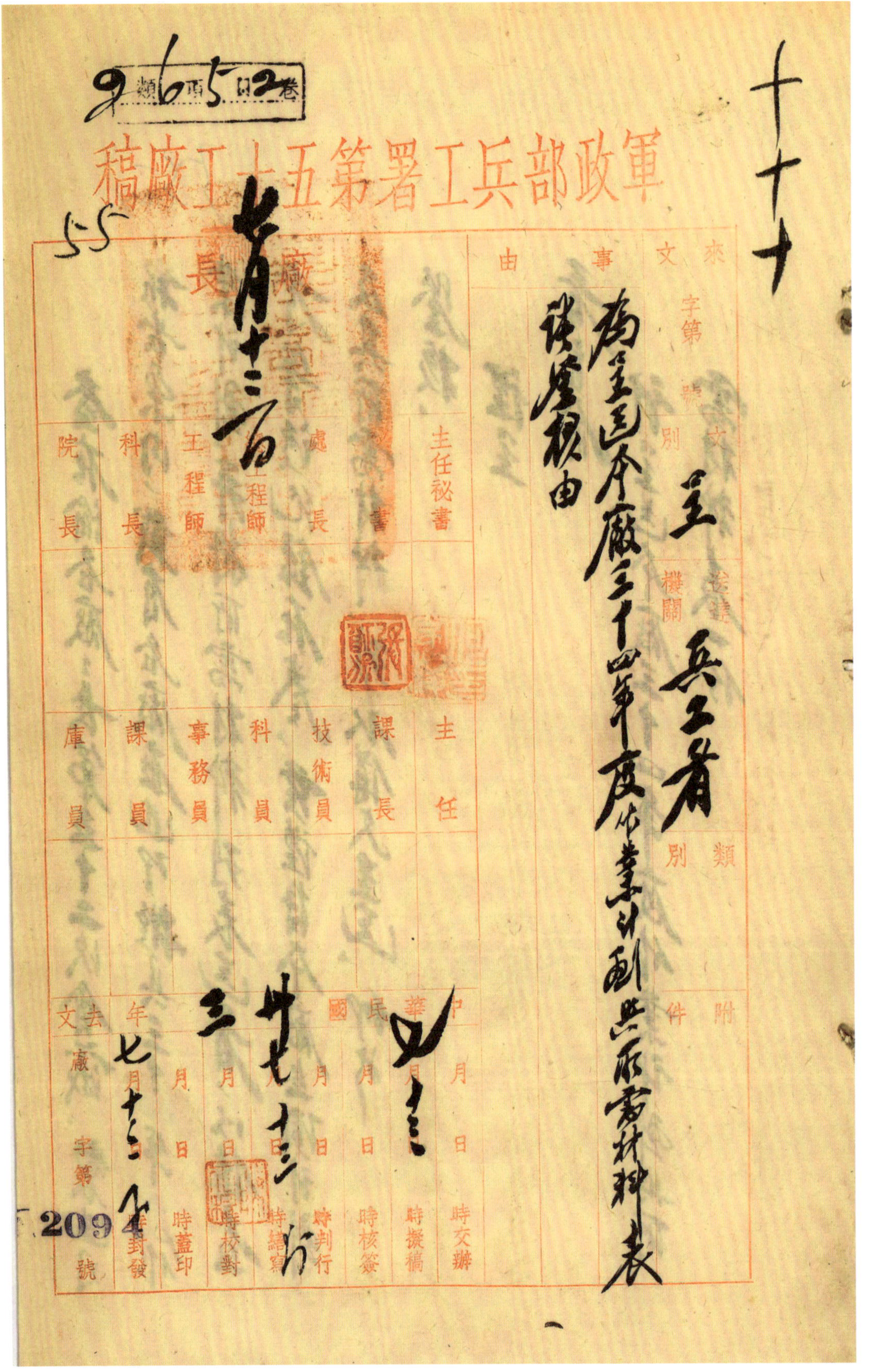

軍政部兵工署第五十工廠稿

來文字號別：

事由：為呈送本廠三十四年度作業計劃并所需材料表請鑒核由

發送機關別：呈 兵工署

廠長

主任秘書

處長

工程師

院長

科長

七月十三日

查本渝各廠廠長第五十二次會議，製造司報告案內，載有各廠應即擬具三十四年度作業計劃，并將所需材料列表送署，以備查考等語紀錄在卷，兹謹將本廠上項計劃及其所需材料，列表備文呈送，仰祈

鑒核。

謹呈

署長俞

附呈送本廠三十四年度作業計劃與所需材料表一份

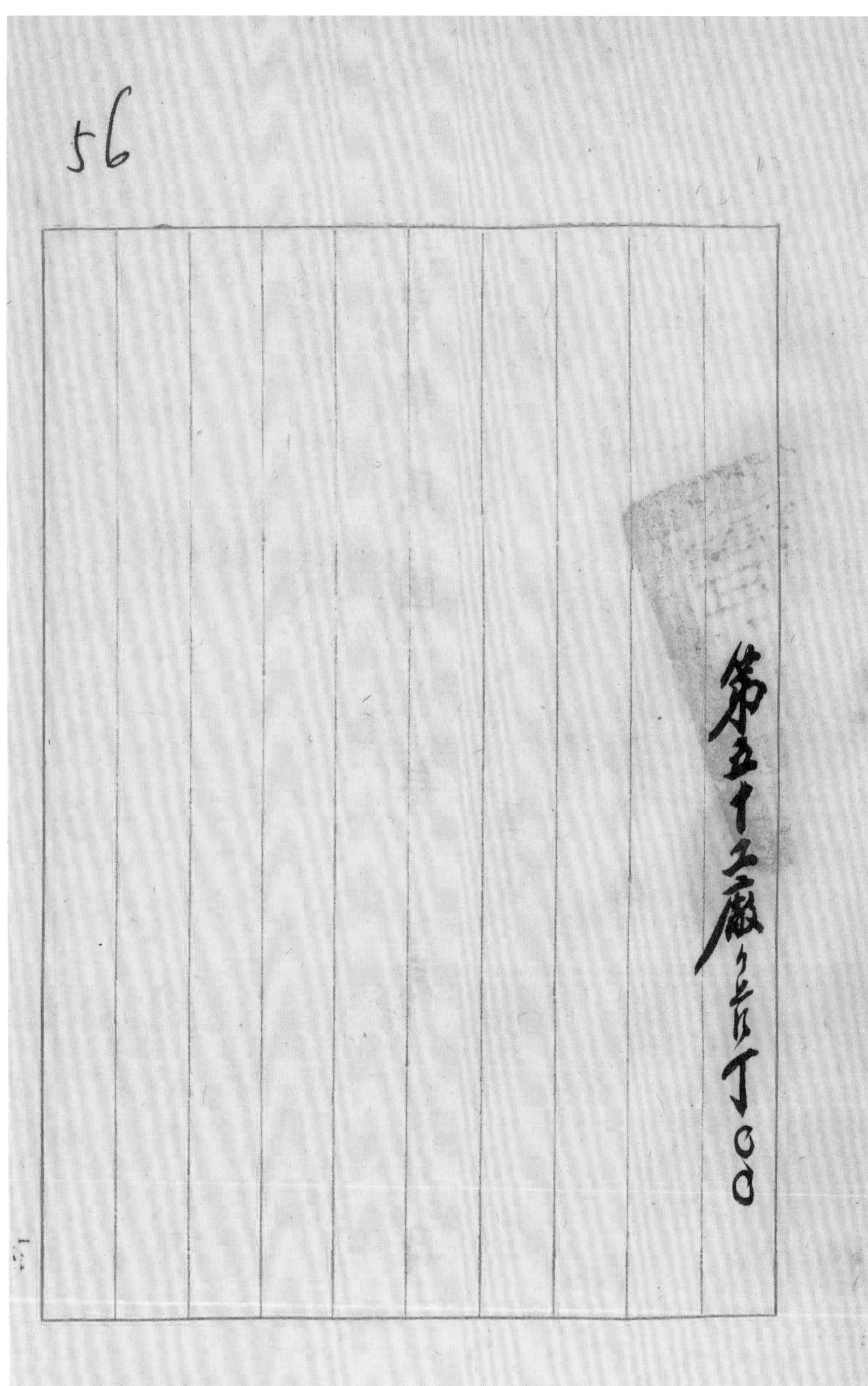

56

第五十工廠分部丁〇〇

	概　　說	本說明書共　頁

61

本廠三十四年度出品依照作業計劃所需各料以外購料不易到達僅能就製剩者湊合友廠代製料勉爭應付謹逐項分述於后:

1. 三七戰車防禦砲——原有百門之料截至三十三年度底止已製就大部存料無多又三十四年度產量計僅足應付半數故續向美訂購之百門材料須趕速內運.

2. 六公分迫砲——本砲三十四年度所需材料最缺乏者厥為砲管故應請　署續撥其他配料尚可敷用.

3. 十五公分迫彈.山野砲彈.六公分迫彈——該項材料中有請友廠協助代製者有請　署撥發者均係按本廠出品數量核發隨領隨用亦無剩餘.

表1	三十四年度第五十工廠全年械彈作業計劃表	1 本表共1頁

62　　92

順號	械彈名称	單位	每月額造數量	全年製造數量	備攷
1	六公分迫砲	門	100	1200	
2	三七平射砲	"	2	24	
3	十五公分迫砲彈	顆	2000	24000	
4	山野砲弾	"	3000	36000	
5	六公分迫彈	"	30000	360000	内中二十四萬枚由成都分廠承製

军政部兵工署第五十工厂为造具一九四五年度增产计划书致兵工署的代电（一九四四年十二月二十六日）

附：第五十工厂一九四五年度增产计划书

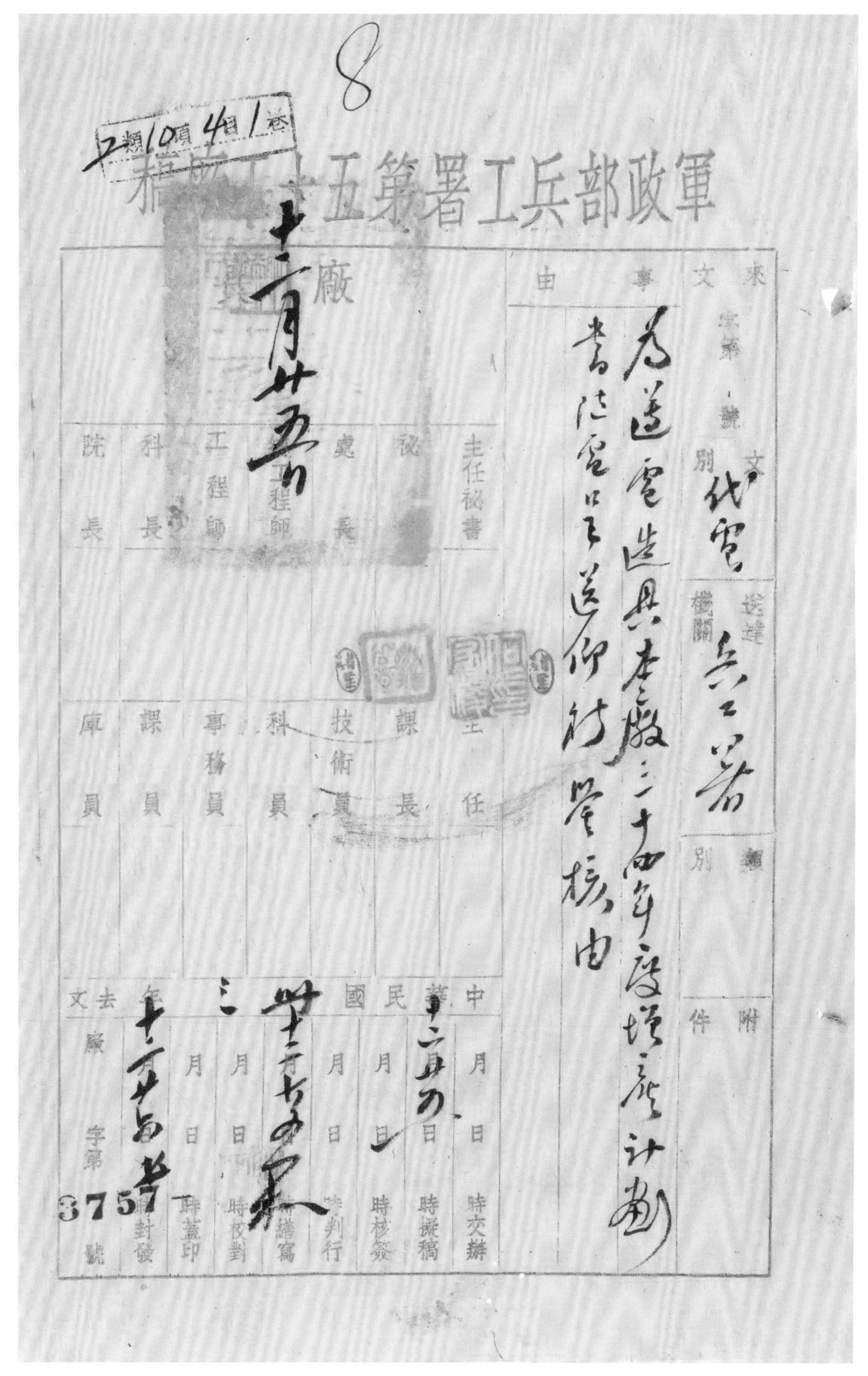

8

工類10項4目1卷

軍政部兵工署第五十工廠稿

來文 字第 號

文別 代電

送達機關 兵工署

事由 為遵電造具本廠三十四年度增產計劃書送呈仰祈鑒核由

主任秘書 處長 工程師 工程師 科長 院長

主任 課長 技術員 科員 事務員 課員 庫員

附件

中華民國三十三年 去文

十二月廿五日

十二月廿六日

廠 字第 3757 號

代电

兵工署俞署长钧鉴：三十三年十月廿八日渝造丙字第13967号代电为增产应添置房屋机器等项仰填报等因附第五十二厂增加生产计划书表一份奉此兹谨遵照指示分题造具本厂三十四年度增产计划书一份随电呈祈鉴核。代第五十二厂厂长丁〇〇叩亥寝印附第五十二厂三十四年度增产计划书一份

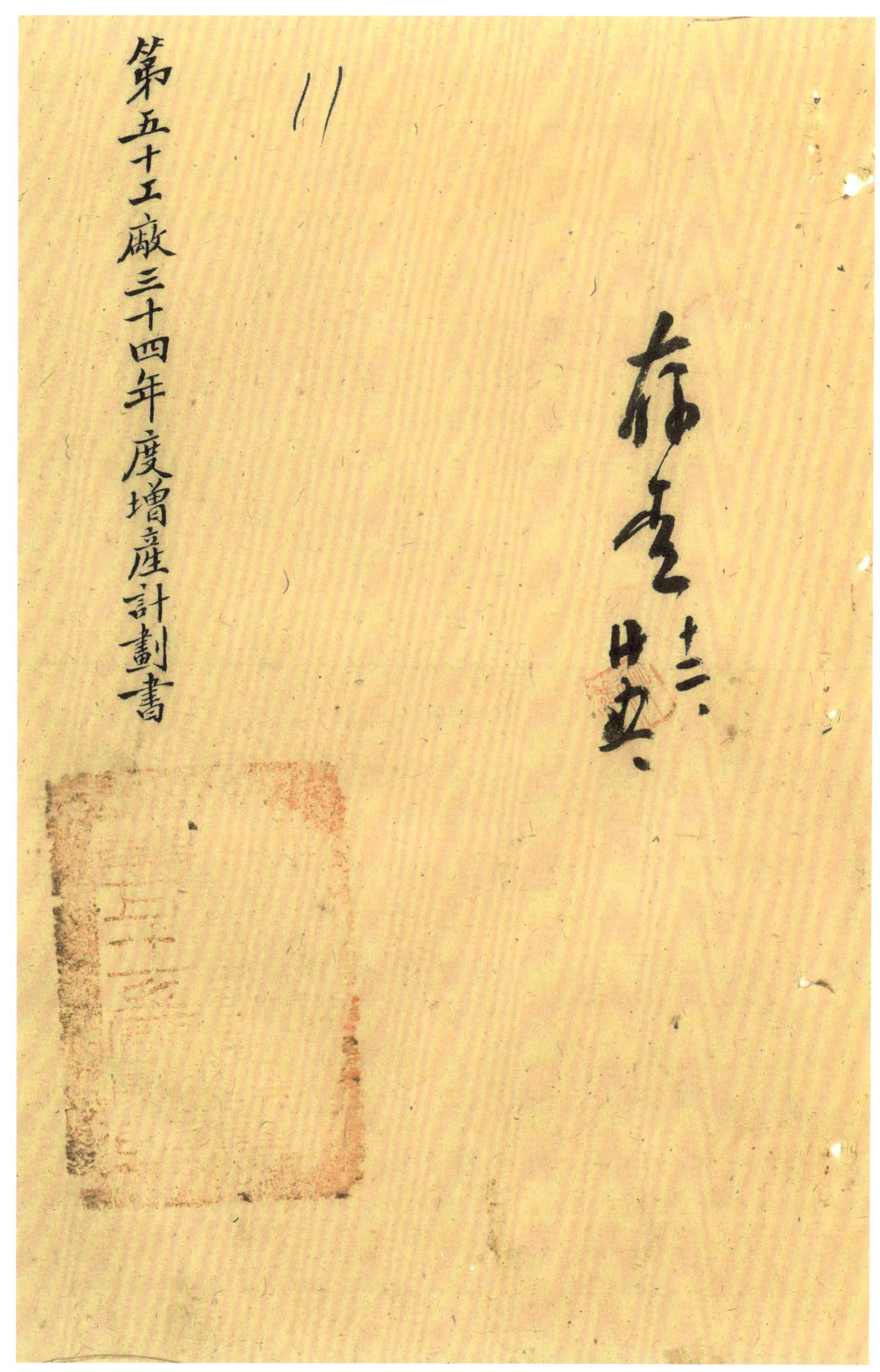
第五十工廠三十四年度增產計劃書

存查

12

第五十工厰三十四年度增産計劃書

(甲)以現有機器分日夜兩班製造

A查本厰現有之設備及人力(以工半計算)其可能製造之出品如下:

一、三·七公分战防砲二門

二、六公分迫擊砲一〇〇門

三、七五公分山野砲彈三、〇〇〇顆

四、十五公分迫𫠠砲彈二〇〇〇顆

五、六公分迫𫠠砲彈二〇、〇〇〇顆(但其中一萬引信須由友厰供給)

倘以本厰現有之設備另加人力分日夜兩班加工製造則每月可能增加之出品如下:

軍政部兵工署第五十工廠

一、三七公分戰防砲一門（惟所需之外購材料現僅有十一門應急需補充）

二、六公分迫擊砲一〇〇門

三、七五公分山野砲彈二,〇〇〇顆

四、十五公分迫擊砲彈二,〇〇〇顆

五、六公分迫擊砲彈一五,〇〇〇顆

應需增加房屋及人工如下：

(一)增建員工宿舍住宅道路等計共房舍三一六一〇平方公尺，及道路一〇〇〇公尺預計約需七七六〇二萬元

(二)添增職員計共一百二十名（依工務處各部份現有職員增加二分之一其他各部份增加三十八名計算）

13

（三）添增技工計共一千另一十二名（包括領工領首在内依工務處各部份現有技工增加一倍計算）

（四）添增小工計共六百五十名（依工務處現有各部份之小工六百八十五名增加四分之三其他各部份增加一百二十五名計算）

若各項先决條件如經費之撥發工料之供應可全無問題則預計約需十個月後可以增產

（乙）照署代電附表所列數字計劃不開雙班製造

品名	署頒附表規定			本廠實際情形			備註
	每月現在產量	每月尚須補充數量	合計	每月現有可達產量	每月應予增加產量	合計	
六公分迫擊砲	一〇〇門	一〇〇門	二〇〇門	一〇〇門	一〇〇門	二〇〇門	本表規定以外其他未奉令增產之各種出品仍保持原有產量
十五公分迫擊砲彈	二〇〇〇顆	二〇〇〇顆	四〇〇〇顆	二〇〇〇顆	二〇〇〇顆	四〇〇〇顆	

軍政部兵工署第五十工廠

13-1

六公分迫擊砲彈	三0000顆	三0000顆	六0000顆	二0000顆	四0000顆	六0000顆

則需添設下列機器設備

一、添增機器計共五百八十五部，預計約需四八、三七0萬元（詳附表二）

二、增建廠房計共八千七百四十平方公尺，預計約需一七、四八0萬元（詳附表三）

三、增建員工住宅宿舍等計共二四、二六0平方公尺及道路一、000公尺，預計約需五九0、九五萬元

四、添增職員計共四十五名

五、添增技工計共八百二十七名

六、添增小工八百名

以上共需增加設備費約計為一二四、九四五萬元至所需籌備時間如經

軍政部兵工署第五十工廠

14

費及工料能及時解決至少需十個月方能完成

（丙）本廠之增產要求

查六公分迫擊砲彈需要日多，現除本廠成都分廠仍在繼續製造外，本廠渝廠亦擬設法增製，但因原無製造此項出品之設備，非予設法補充不可。如暫以每月二萬發為目的，則需要添設之設備及人力如下：

一、添增機器計共三百一十五部，預計約需一〇、九七〇萬元（詳附表三）

二、增建廠房計共二七三六平方公尺，預計約需五、四七二萬元（詳附表四）

三、增建工人住宅宿舍及道路等計共房舍九三七五平方公尺及道路三〇〇公尺，預計約需二、九八〇萬元

四、添增技工三百七十名，小工二百二十名

軍政部兵工署第五十工廠

14-1

以上合計約需經費三九四、二二萬元所需籌備時間如經費及工料能及時解

决預計約需八個月方可完成

附註

丙項增產之要求已包括在乙項之内合併陳明

軍政部兵工署第五十工廠

15

附表一 乙種增產計劃需增機器表

號次	機器名稱	需要數量											單位	單價	總價
		製砲所	工具所	彈夾所	引信所	修配所	樣板所	鍛工所	火工所	木工所	水電所	合計			
1	八呎車床	32	8	36							1	77	部	600,000	46,200,000
2	十呎車床		2	3		1						6	〃	1,200,000	7,200,000
3	六呎車床	44	24	50	1	15	2					136	〃	500,000	68,000,000
4	六角車床	9		2			1					12	〃	2,000,000	24,000,000
5	四呎車床	26	14				2					42	〃	300,000	12,600,000
6	落地車床					1						1	〃	2,500,000	2,500,000
7	高速精細車床						5					5	〃	600,000	3,000,000
8	高速車床						5					5	〃	600,000	3,000,000

軍政部兵工署第五十工廠

軍政部兵工署第五十工廠

15-1

9	自動車床			3	28							31	〃	5,000,000	155,000,000
10	轉架車床				20							20	〃	2,000,000	40,000,000
11	抬車床				3							3	〃	300,000	900,000
12	鑽　床	8	4	15			2					29	〃	200,000	5,800,000
13	双桿鑽床						1					1	〃	300,000	300,000
14	台鑽床			3	8							11	〃	100,000	1,100,000
15	立式銑床	12		1			3					16	〃	500,000	8,000,000
16	卧式銑床	7		1			2					10	〃	500,000	5,000,000
17	萬能銑床	1	4	1			2					8	〃	500,000	4,000,000
18	萬能立銑床		2									2	〃	500,000	1,000,000

16

19 靠模銑床						1					1	部	1,000,000	1,000,000
20 刨　床						2					2	〃	300,000	600,000
21 牛頭刨床	5	1								1	7	〃	300,000	2,100,000
22 小龍門刨床										1	1	〃	1,500,000	1,500,000
23 高速精細刨床						2					2	〃	1,000,000	2,000,000
24 鏜　床					1						1	〃	2,000,000	2,000,000
25 鍘　床	2	3									5	〃	1,000,000	5,000,000
26 工具磨床	2										2	〃	500,000	1,000,000
27 萬能工具磨床			2								2	〃	500,000	1,000,000
28 圓磨床						2					2	〃	2,500,000	5,000,000

軍政部兵工署第五十工廠

16-1

29螺絲磨床						2					2	〃	5,000,000	10,000,000
30双頭鉄絲機			20								20	〃	1,000,000	20,000,000
31平面磨床						2					2	〃	500,000	1,000,000
32自動冲床				2							2	〃	500,000	1,000,000
33小冲床			4	4							8	〃	250,000	2,000,000
34砂輪機	1		6	3							9	〃	100,000	900,000
35大手扳機			2					10			12	〃	200,000	2,400,000
36小手扳機			3					4			7	〃	100,000	700,000
37点焊機			13								13	〃	1,000,000	13,000,000
38刻字機						2					2	〃	1,000,000	2,000,000

17

9 鋸床			1								1	部	100,000	100,000
40 收口機								4			4	〃	50,000	200,000
41 縫級機								3			3	〃	300,000	900,000
42 壓碎機								1			1	〃	100,000	100,000
43 篩藥機								2			2	〃	100,000	200,000
44 混合機								1			1	〃	100,000	100,000
45 噴漆機								1			1	〃	100,000	100,000
46 鼓風機					1						1	〃	300,000	300,000
47 一噸起重機					1						1	〃	100,000	100,000
48 虎鉗			25					4			29	〃	100,000	2,900,000

軍政部兵工署第五十工廠

17-1

49 龍鋸									1		1	〃	2,000,000	2,000,000
50 自動刨床									1		1	〃	500,000	500,000
51 木銑床									1		1	〃	500,000	500,000
52 立式排鋸									1		1	〃	500,000	500,000
53 圓鋸									1		1	〃	500,000	500,000
54 空氣錘		2					1				3	〃	2,500,000	7,500,000
55 低压噴油烘炉							2				2	〃	1,000,000	2,000,000
56 螺桿磨擦压机							1				1	〃	2,000,000	2,000,000
57 天秤								11			11	〃	100,000	1,100,000
58 鑄工所碾砂机											1	〃	150,000	150,000

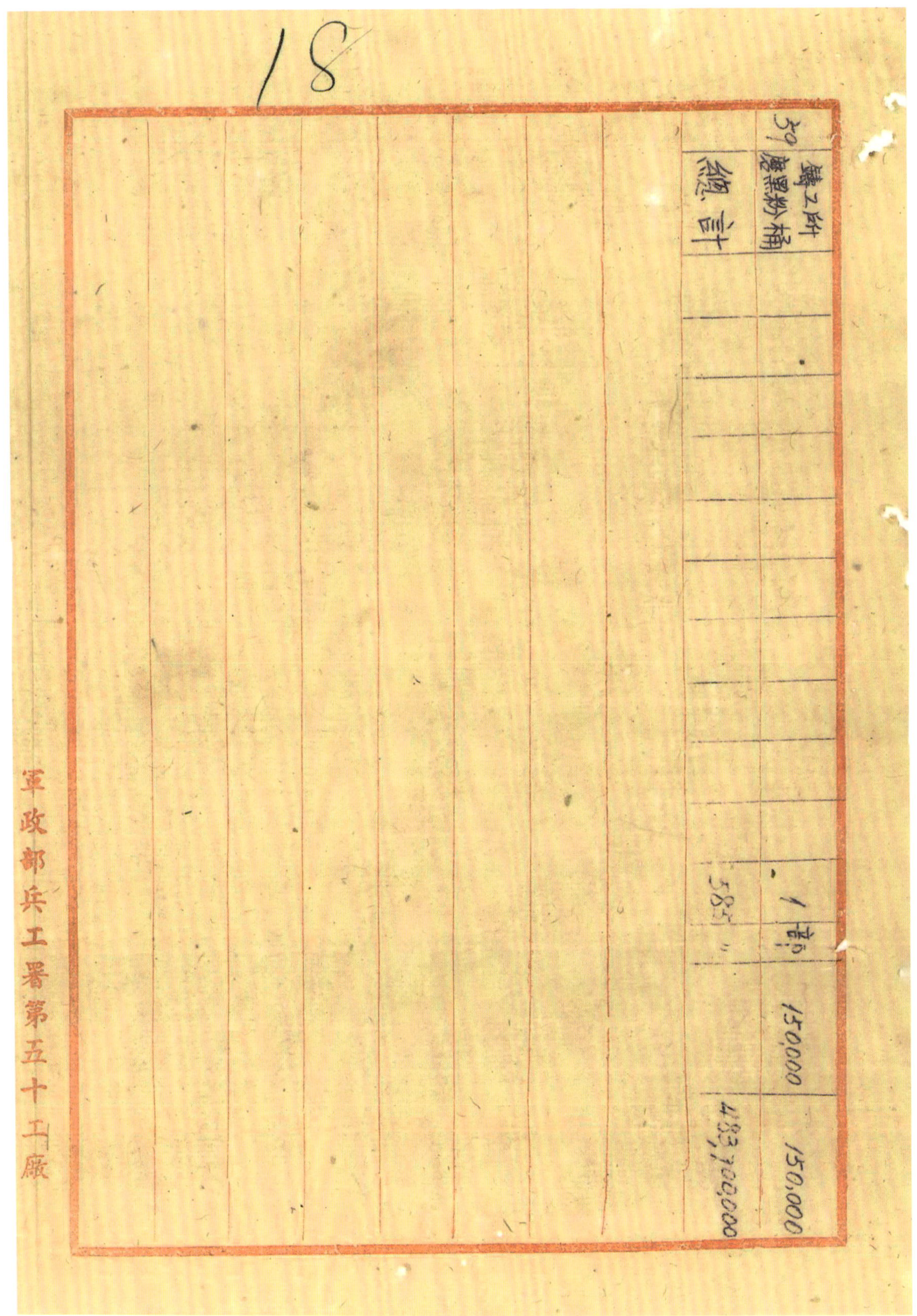

18

鑄工所		
39	磨黑粉桶	1 部	150,000	150,000
總計		585 〃		483,700,000

軍政部兵工署第五十工廠

19

附表二　乙種增產計劃需添廠房表

所別	面積	間數	共計面積	備註
製砲所	350 m^2	4	1400 m^2	
工具所	200 m^2	2	400 m^2	
引信所	200 m^2	4	800 m^2	
樣板所	200 m^2	2	400 m^2	
鍛工所	300 m^2	1	300 m^2	
〃	180 m^2	1	180 m^2	
木工所	16 m^2	1	16 m^2	
〃	50 m^2	5	250 m^2	

軍政部兵工署第五十工廠

18-1

軍政部兵工署第五十工廠

〃	180 m^2	3	540 m^2	
木工所	180 m^2	3	540 m^2	
水電所	48 m^2	3	144 m^2	
鑄工所	600 m^2	1	600 m^2	
鑄工所烘房	30 m^2	1	30 m^2	
彈夾所	600 m^2	5	3000 m^2	
〃	140 m^2	1	140 m^2	
共計		37	8740 m^2	

附表三

丙種增產計劃新造六公分迫擊砲彈須添加各種機器清表

順號	機器名稱	需要數量								單位	單價	總價
		彈夾所	火工所	引信所	工具所	檢驗科	木工所	鑄工所	共計			
1	12'車床				2				2	部	1,200,000	2,400,000
2	8'車床				8				8	〃	600,000	4,800,000
3	6'車床	8		44	12				64	〃	500,000	32,000,000
4	4'車床				8				8	〃	300,000	2,400,000
5	臥式銑床	4		2					6	〃	500,000	3,000,000
6	立式銑床			2	1				3	〃	500,000	1,500,000
7	刨床				2				2	〃	1,000,000	2,000,000
8	萬能銑床			2	4				6	〃	500,000	3,000,000

軍政部兵工署第五十工廠

20-1

軍政部兵工署第五十工廠

9	白鑽床	2			2				4	"	100,000	400,000
10	牛頭鉋床			2	1				3	"	300,000	900,000
11	砂輪機	4		2					6	"	100,000	600,000
12	鋸料機			2					2	"	100,000	200,000
13	點焊機	8							8	"	1,000,000	8,000,000
14	手板壓機	2	20						22	"	200,000	4,400,000
15	小手板壓機		8						8	"	100,000	800,000
16	螺絲手板壓機		6						6	"	2,000,000	12,000,000
17	收口機		4						4	"	50,000	200,000
18	壓碎機		2						2	"	100,000	200,000

21

19	鑽　床			28					28	部	200,000	5,600,000
20	篩藥機		2						2	〃	100,000	200,000
21	混藥機		2						2	〃	300,000	600,000
22	縫紉機		4						4	〃	300,000	1,200,000
23	鋸料機			2					2	〃	300,000	600000
24	虎　鉗	28		40					68	〃	100,000	6,800,000
25	天　秤		16						16	〃	100,000	1,600,000
26	小型重心秤					2			2	〃	100,000	200,000
27	轉動慣量機					2			2	〃	100,000	200,000
28	100C溫度計					4			4	只	10,000	40,000

軍政部兵工署第五十工廠

21-1

軍政部兵工署第五十工廠

品名											
29 風速儀					2			2	〃	10,000	20,000
30 鋼皮尺					2			2	〃	10,000	20,000
31 水壓機					8			8	部	200,000	1,600,000
32 温度計					2			2	只	10,000	20,000
33 電馬達								200	馬力	50,000	10,000,000
34 擺⁻鋸						1		1	部	100,000	100,000
35 自動刨床(刨厚薄)						1		1	〃	300,000	300,000
36 木銑床						1		1	〃	500,000	500,000
37 立式排鋸						1		1	〃	500,000	500,000
38 圓鋸						1		1	〃	500,000	500,000

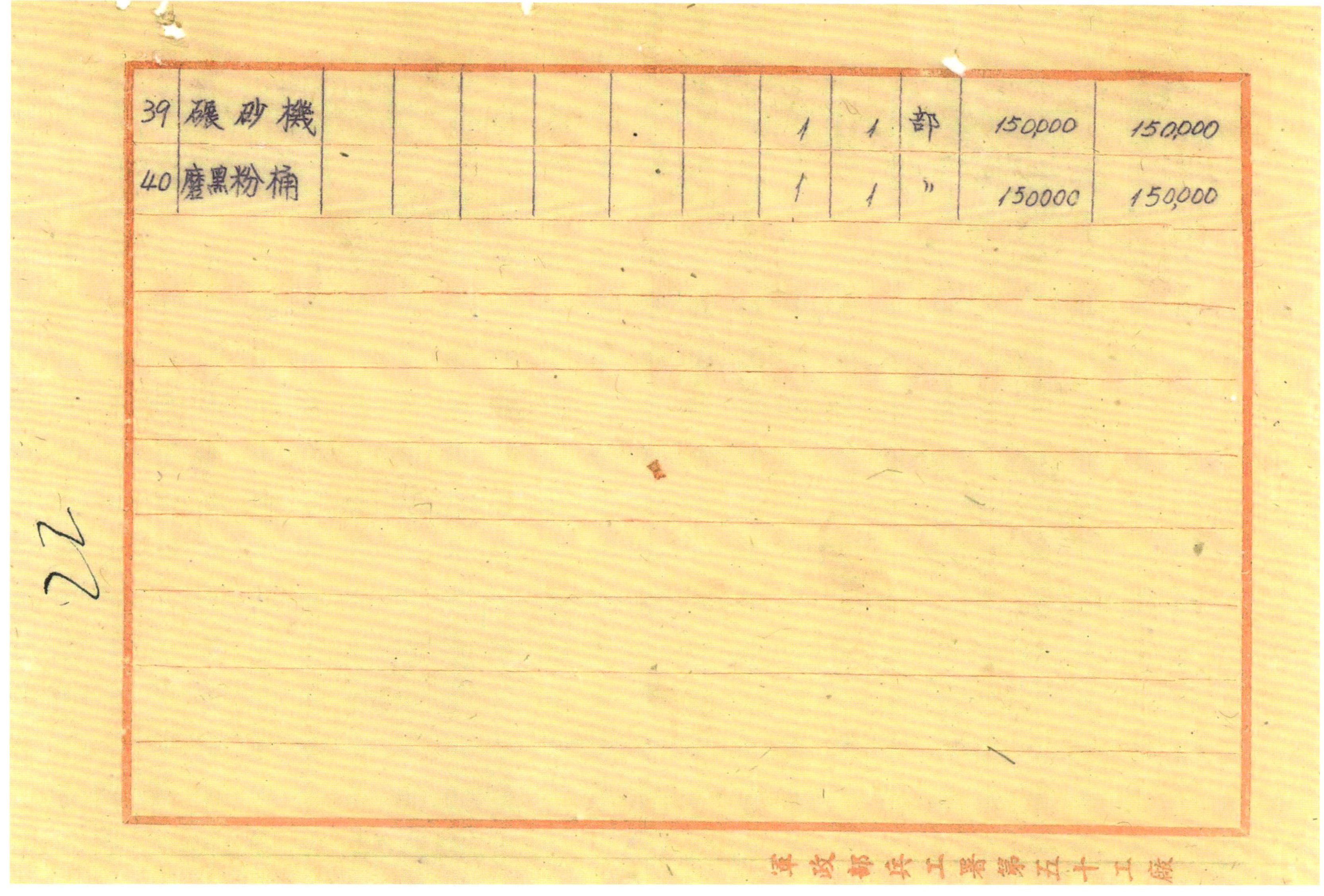

39	碾砂機							1	1	部	150,000	150,000
40	磨黑粉桶							1	1	〃	150000	150,000

22

軍政部兵工署第五十工廠

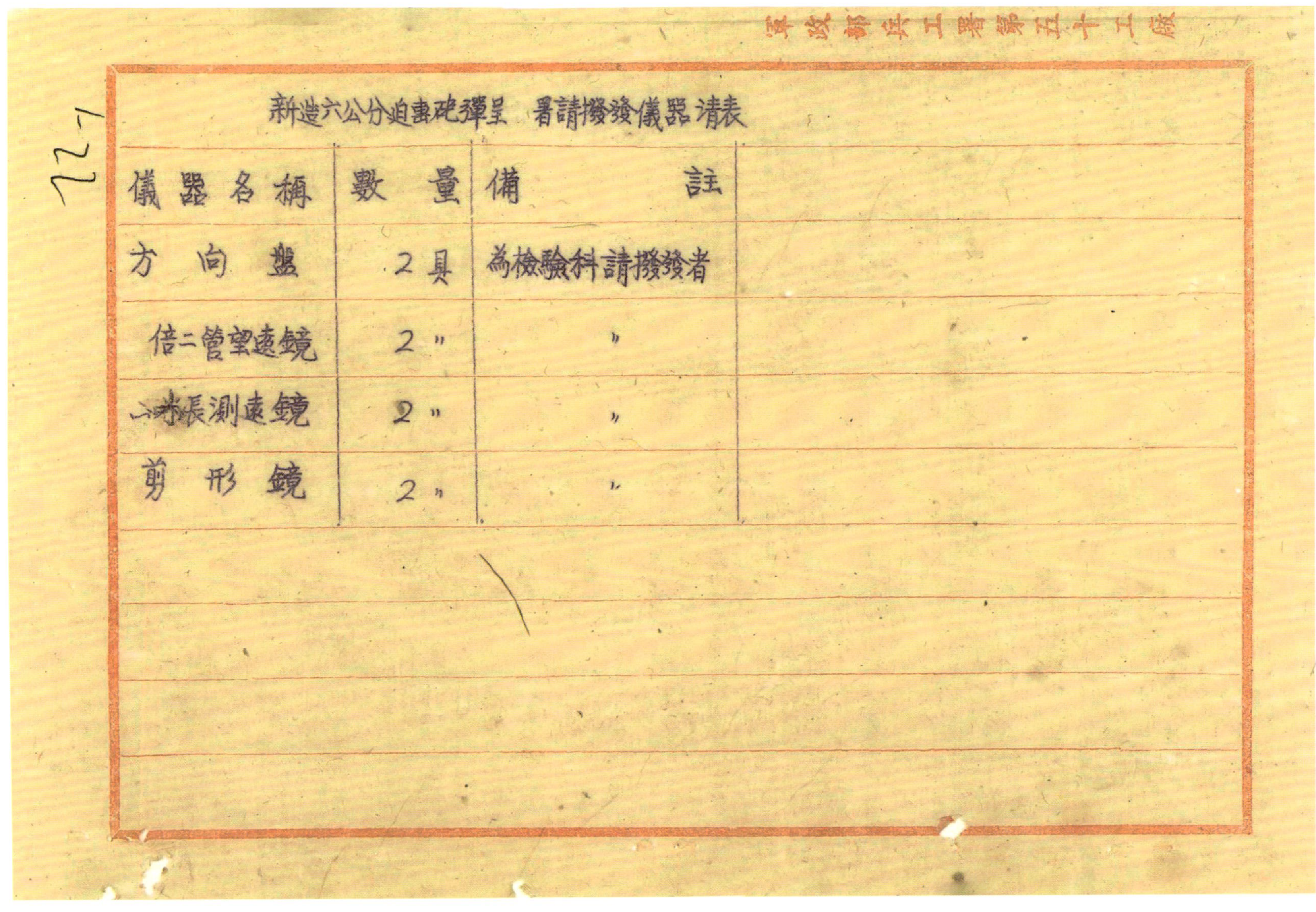

22-1

军政部兵工署第五十工厂

新造六公分迫擊砲彈呈 署請撥發儀器清表

儀器名稱	數量	備註
方向盤	2具	為檢驗科請撥發者
倍二管望遠鏡	2〃	〃
一米長測遠鏡	2〃	〃
剪形鏡	2〃	〃

23

附表四　丙種增產計劃新造六公分迫砲彈需添加廠房清表

所別	面積	間數	合計面積	備註
工具所	160 m^2	3	1480 m^2	
火工所	16 m^2	1	16 m^2	
〃	50 m^2	5	250 m^2	
〃	180 m^2	3	540 m^2	
木工所	270 m^2	1	270 m^2	
鑄工所	600 m^2	1	600 m^2	
鑄工所烘房	30 m^2	1	30 m^2	
半成品檢驗室	75 m^2	2	150 m^2	

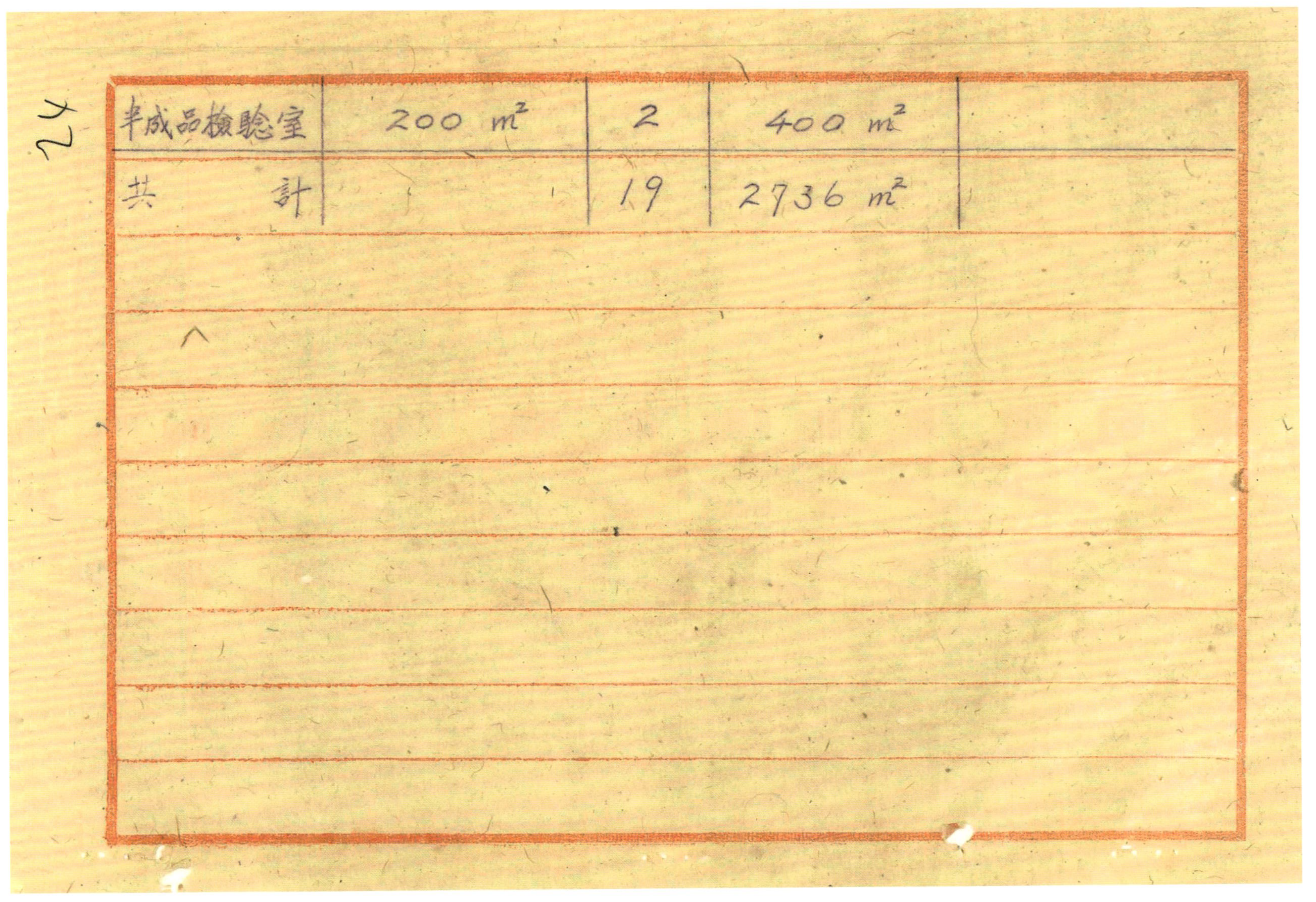

24

半成品檢驗室	200 m^2	2	400 m^2	
共計		19	2736 m^2	

军政部兵工署第五十工厂为遵令拟具一九四五年增产计划表致兵工署的代电（一九四五年二月十九日）

附：第五十工厂增产数量计划表

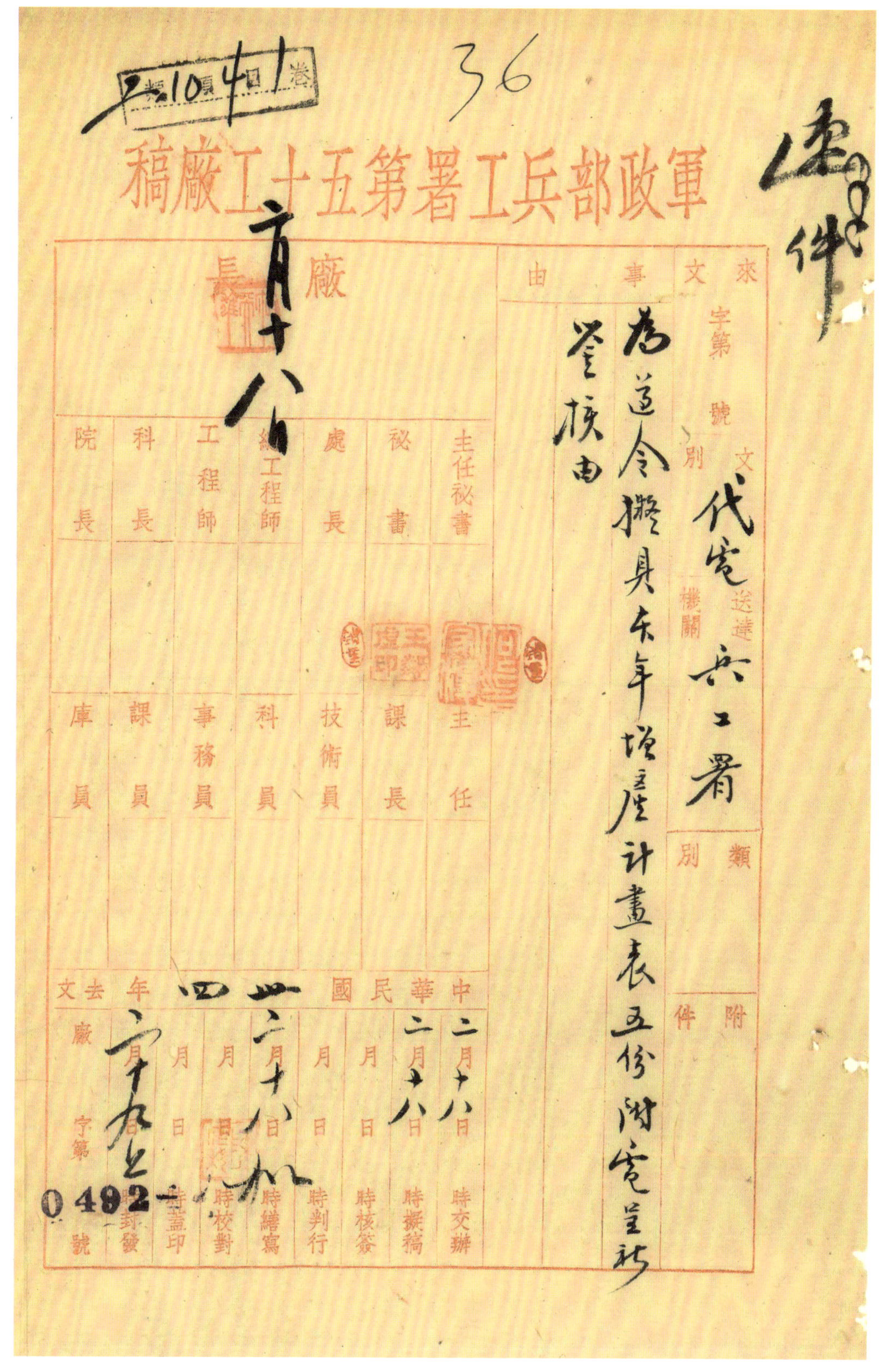
軍政部兵工署第五十工廠稿

來文：代電
送達機關：兵工署
事由：為遵令擬具本年增產計畫表五份附電呈祈鑒核由
中華民國卅四年二月十八日

77

代電

兵工署署長俞鈞鑒：業奉渝造(34)丙字第01812號丑魚電改代電飭按照指示再將詳細另呈增產計畫等因附表式貳紙奉此遵經依照指示各點詳加研討另擬本年增產計畫表繕填同式五份各六頁理合附電呈送仰祈鑒核示遵第五十工廠廠長丁〇〇叩丑陷

附呈增產計畫表伍份各六頁

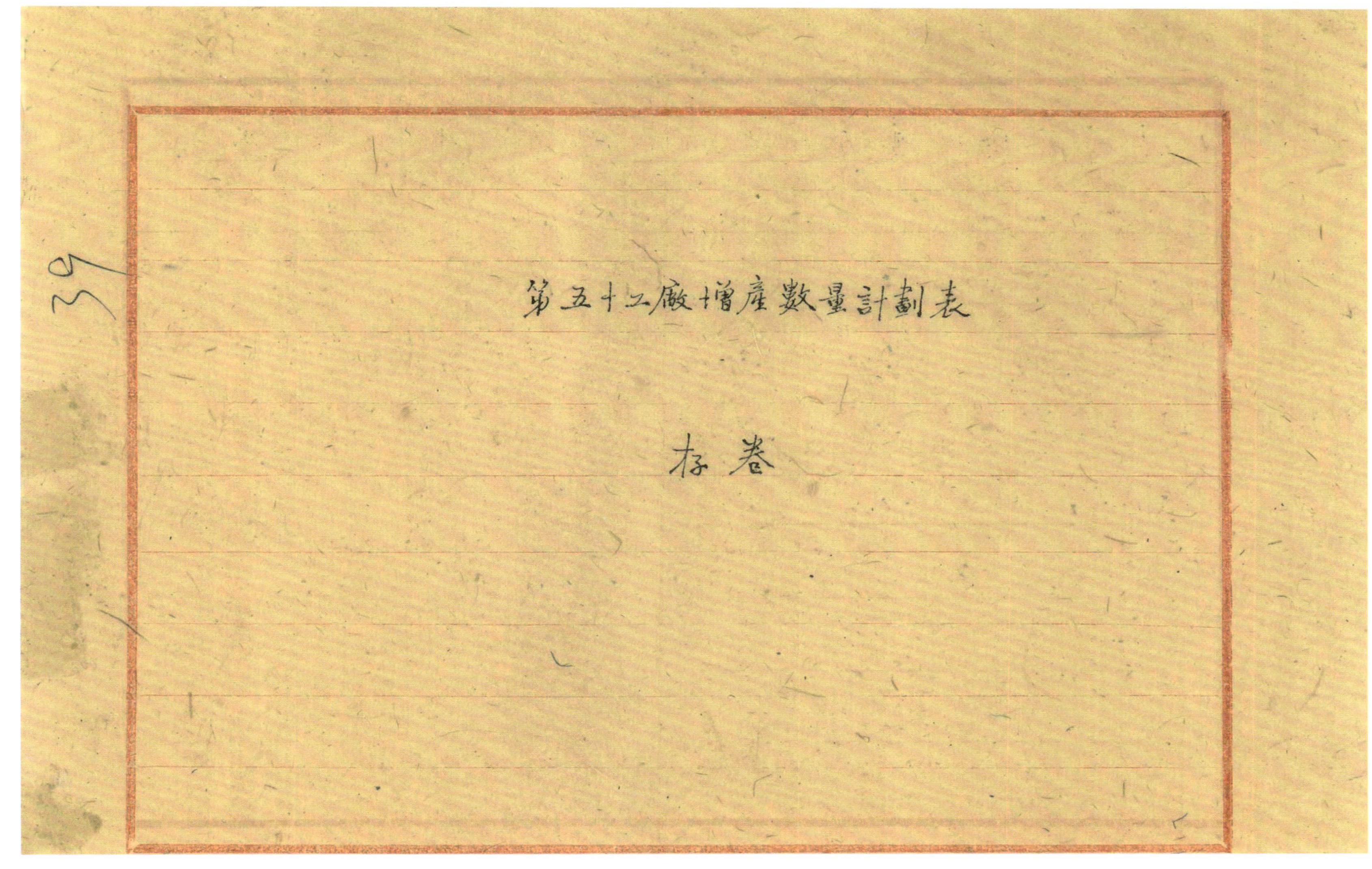

39

第五十工廠增產數量計劃表

存卷

40

廠别：第五十工廠
頁次：第1頁

增產數量計劃表

（依照渝造33丙字第13967號儉製3代電甲項及渝造34丙字第01812號代電擬定）

械彈名稱	單位	增產數量							備攷
		一月至二月（每月）	三月至四月（每月）	五月至六月（每月）	七月至八月（每月）	九月至十月（每月）	十一月至十二月（每月）	全年	
六公分迫擊砲	門	150	150	150	200	200	200	2,100	
十五公分迫砲彈	顆	3,000	3,000	4,000	4,000	4,000	4,000	44,000	
六公分迫擊砲彈	顆	20,000	20,000	40,000	40,000	40,000	40,000	400,000	一至四月由第一、廿一廠每月供給引信一萬枚，五至十二月由第一、廿一廠供給引信二萬，一萬枚本廠自製一萬枚

附註 1. 添僱技工328名小工240名共計568名見附表一。

2. 添建廠房宿舍及住宅計9920平方公尺共需國幣228,160,000圓正見附表二。

3. 添置机器設備計281部共需國幣67,300,000圓正見附表三。

4. 本計劃總需建設費計國幣295,460,000圓正。

5. 如友廠代造物品能以準期製交材料供應不缺技工招僱順利則預計自經費撥到約四個

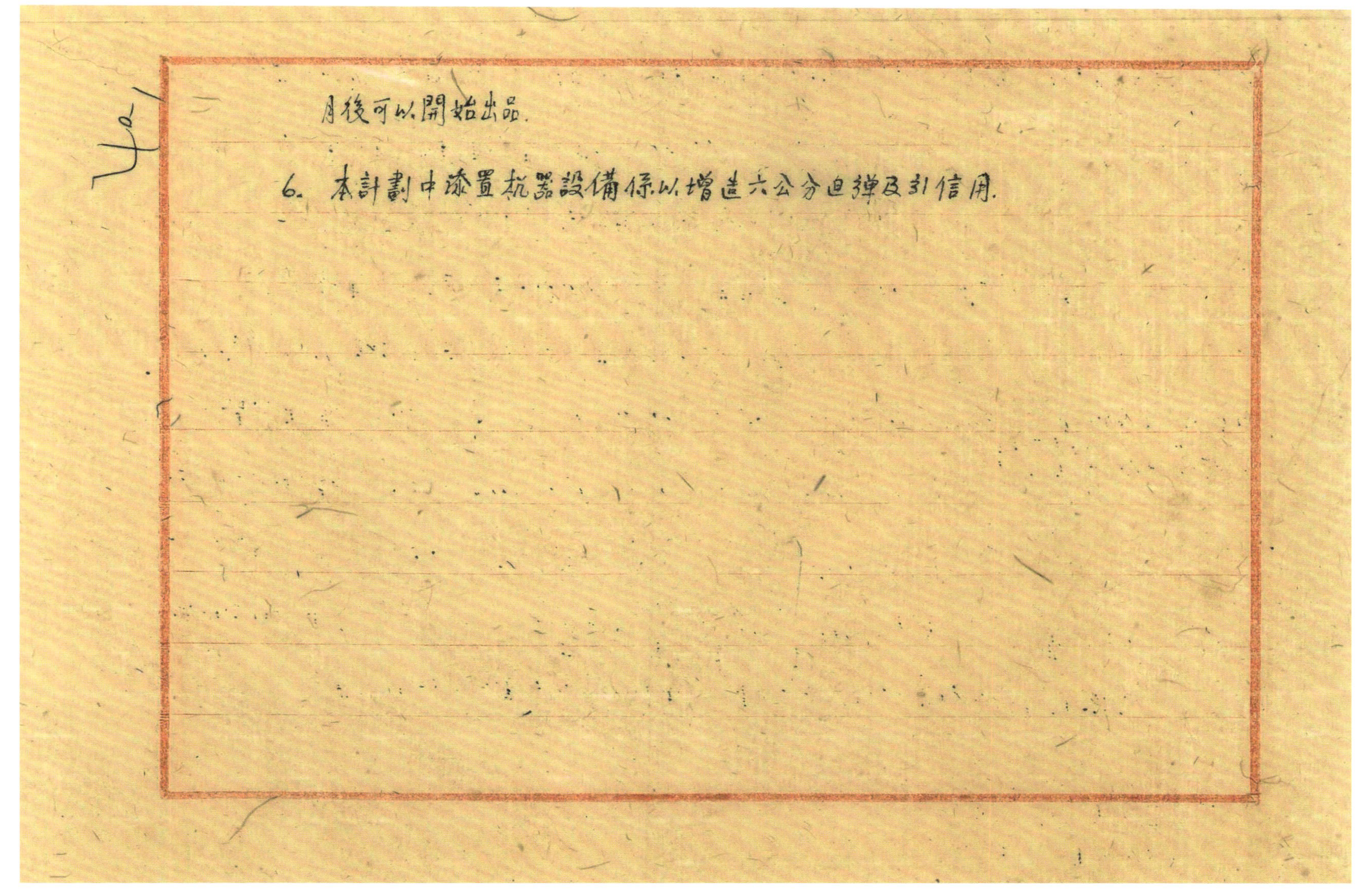

401

月後可以開始出品.

6. 本計劃中添置機器設備係以增造六公分迫彈及引信用.

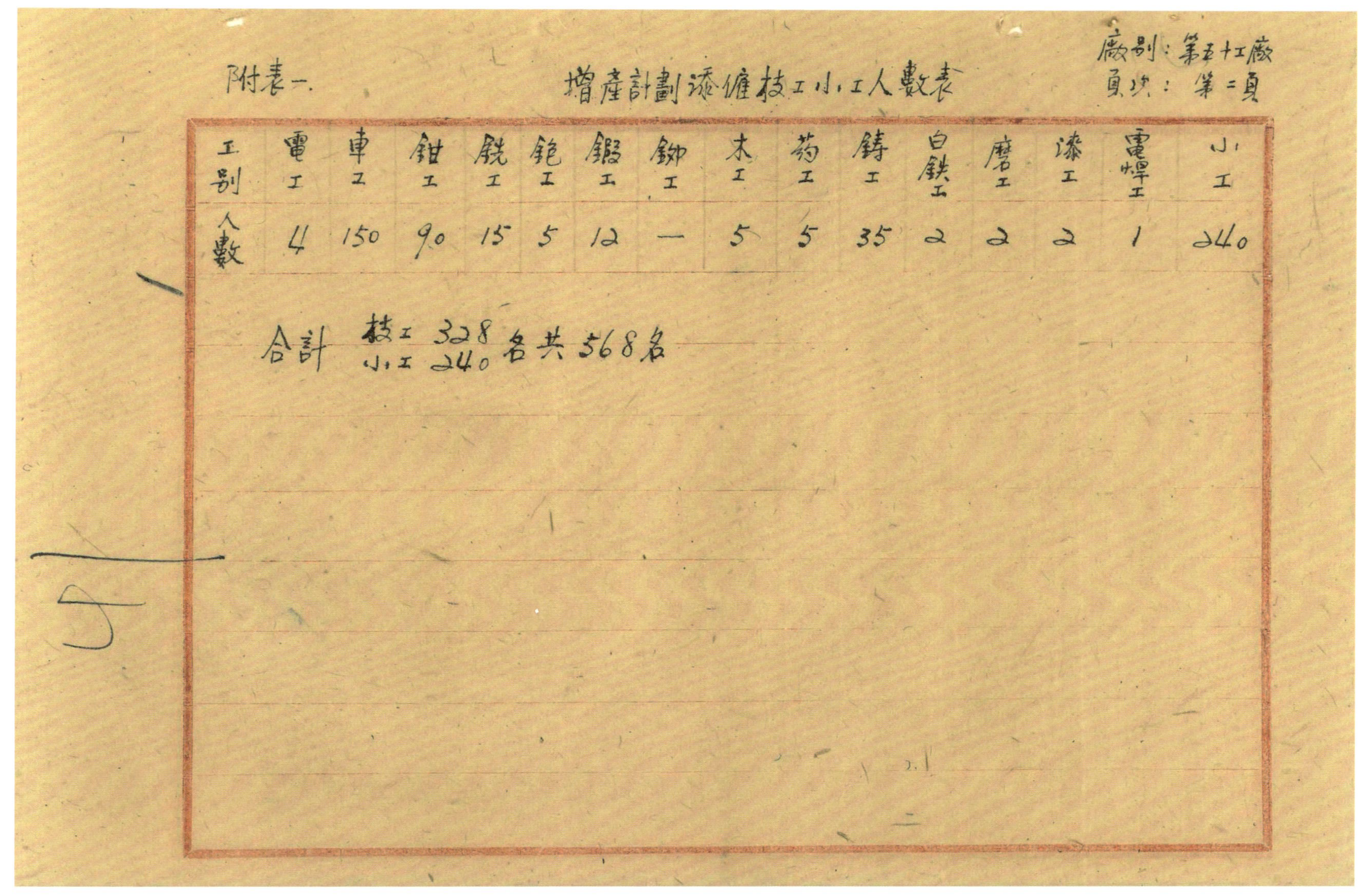

附表一.

增産計劃添僱技工小工人數表

廠别：第五十工廠
頁次：第二頁

工别	電工	車工	鉗工	銑工	鉋工	鍛工	鉚工	木工	葯工	鑄工	白鐵工	磨工	漆工	電焊工	小工
人數	4	150	90	15	5	12	—	5	5	35	2	2	2	1	240

合計 技工328
小工240 名共568名

廠別：第五十工廠

頁次：第三頁

附表二

增產計劃需要建築表

建築名稱	數量(平公尺)	單價(元)	總價(元)	說明(需要原因)	備攷
火工所廠房	480	23,000	11,040,000	裝配六公分迫彈及引信用	
工具所廠房	300	23,000	6,900,000	添裝製造工具机器	
鑄工所廠房	400	23,000	9,200,000	鑄工部份不能加開夜班故需添建廠房	
半成品檢驗室廠房	350	23,000	* 8,050,000	半成品增加故需添建檢驗廠房及半成品庫	
二百四十家工人住宅	7,560	23,000	173,880,000	增僱工人住宿用	
三百三十床位工人宿舍	830	23,000	19,090,000	（同上）	
共計	9920		228,160,000		

廠別：第五十工廠
頁次：第四頁

附表三.

增產計劃需要机器表

机器名稱	主要尺寸（規格）	數量（部）	單價（元）	總價（元）	來源（自製或購買）	備考
12′車床	中心高 12″	2	1,200,000	2,400,000	購買	
8′車床	中心高 10″	8	600,000	4,800,000	〃	
6′車床	中心高 8″	60	500,000	30,000,000	〃	
枱車床	中心距300中心高80	8	300,000	2,400,000	〃	
臥銑床	床面 1200×400 600×200	2 6	500,000 400,000	1,000,000 2,400,000	〃	
立銑床	床面 1200×400 600×200	3	500,000	1,500,000	〃	
萬能銑床	床面 1200×400	3	800,000	2,400,000	〃	
鉋床	伸長 8″	1	1,000,000	1,000,000	〃	
鑽床	鑽孔徑[illegible]″Φ	2	200,000	400,000	〃	

43-1

萬能工具磨床	砂輪徑×中心高 200φ×170	2	500,000	1,000,000	〃	
枱鑽床	鑽徑×鑽深 10φ×100	4	100,000	400,000	〃	
牛頭鉋床	伸縮 18"	1	300,000	300,000	〃	
砂輪机	輪徑 500 300	2	100,000	200,000	〃	
點焊机	電压 380-300 電流 31.6-40	4	1,000,000	4,000,000	〃	
手板壓机	压程 100 m/m	10	150,000	1,500,000	自製	
螺絲手板压机	压程 100 m/m	6	200,000	1,200,000	〃	
收口机		2	50,000	100,000	〃	
壓碎机		1	100,000	100,000	〃	
篩药机		2	100,000	200,000	〃	

44

厂别：第五十工厂
页次：第五页

附表三

增產計劃需要机器表

机器名稱	主要尺寸(規格)	數量(部)	單價(元)	總價(元)	來源(自製或購買)	備考
混药机		1	300,000	300,000	自製	
縫紉机		3	300,000	900,000	購買	
天秤		8	100,000	800,000	〃	
虎鉗		20	100,000	2,000,000	自製	
電馬達		120	50,000	6,000,000	購買	
總計		281		67,300,000		

军政部兵工署第五十工厂一九四五年度增产计划建设计划概要及预算书表（一九四五年四月）

64

此件請存備查 四、十三

軍政部兵工署第五十工廠卅四年度增產建設計劃概要及預算書表

65

軍政部兵工署第五十工廠三十四年度增建設計劃概要

(一)廠房建築工程

本廠現有廠房雖可勉强敷用但在增產時期機件器材與工作人員等項皆須增加原有廠房實感不敷故必須添建火工所廠房四百平公方及半成品檢驗室廠房五十平公方以應需要。

(二)工人住宅及宿舍工程

本廠現有工人住宅及宿舍已不敷分配一旦添招技工數百人住宅及宿舍之需要自必隨之增加故必須添建工人住宅二百四十家約六千一百平公方及單身宿舍八百三十五平公方可容床位三百三十個。

以上二項如遂行增產所必需其餘附屬工程如食堂浴室

65

65-1

厨房等非不急需，祇以限於經費不得不因陋就簡耳。

（三）本廠現有材料設備，平時勉可敷用，但一經增產，勢非添置不足以應需要。茲就機作業所需，擬購備各式車床九十八部，鑽床六部，鉋床三部，以及馬達等項數種，俾增產計劃得以如期實現。

66

增廠計劃需要建築概算表

建築名稱	數（平公方）量	單（萬元）價	總（萬元）價	說明
火工所廠房	400	1.70	680	
半成品檢驗廠房	50	1.70	85	
240家工人住宅	6.100	1.00	6.100	
330床位工人宿舍	835	1.00	835	
共計	7.385		7700	

67

增産計劃需要機器概算表

廠別：第五十工廠
頁次：第　頁

機器名稱	主要尺寸(規格)	數量(部)	單價(元)	總價(元)	來源	備改
12.車床	中心高12"	1	750,000	750,000	購買	
10.車床	中心高12"	6	600,000	3,600,000	〃	
8.車床	中心高10"	9	550,000	4,950,000	〃	
6.車床	中心高8"	70	400,000	28,000,000	〃	
4.車床	中心高6"	12	150,000	1,800,000	〃	
鑽床	鑽孔徑1¼"	6	390,000	2,340,000	〃	
牛頭鉋床	伸縮18"	3	320,000	960,000	〃	
點焊機	電壓380–300 電流316–40	2	850,000	1,700,000	〃	
縫紉機		9	100,000	900,000	〃	
電馬達		50	100,000	5,000,000	〃	
總計		168		50,003,000	〃	

68

軍政部兵工署第五十工廠民國三十四年度增產建設經費支付預算書

建設經費支出總計國幣壹萬貳仟柒佰萬元正

科目	金額	備攷
第一款 建設費	一二七、〇〇〇、〇〇〇.〇〇	
第一項 建築工程	七七、〇〇〇、〇〇〇.〇〇	本項建築工程係增建火工所半成品檢驗室廠房、工人住宅二四〇棟、單人工友宿舍三三〇床位
第一目 廠房建築	七、六五〇、〇〇〇.〇〇	增建火工所廠房四〇〇平公方、半成品檢驗室廠房五十平公方
第二目 住宅建築	六八、〇〇〇、〇〇〇.〇〇	增建二四〇棟工人住宅
第三目 宿舍建築	八、三五〇、〇〇〇.〇〇	增建單身工人三三〇床位宿舍
第二項 機器設備	五〇、〇〇〇、〇〇〇.〇〇	本項所添設備車床各形尺寸者計九十八部、鑽床六部、鉋床二部、點焊機二部、縫紉機九部、馬達五十部
第一目 機器設備	五〇、〇〇〇、〇〇〇.〇〇	如右

軍政部兵工署第五十工廠

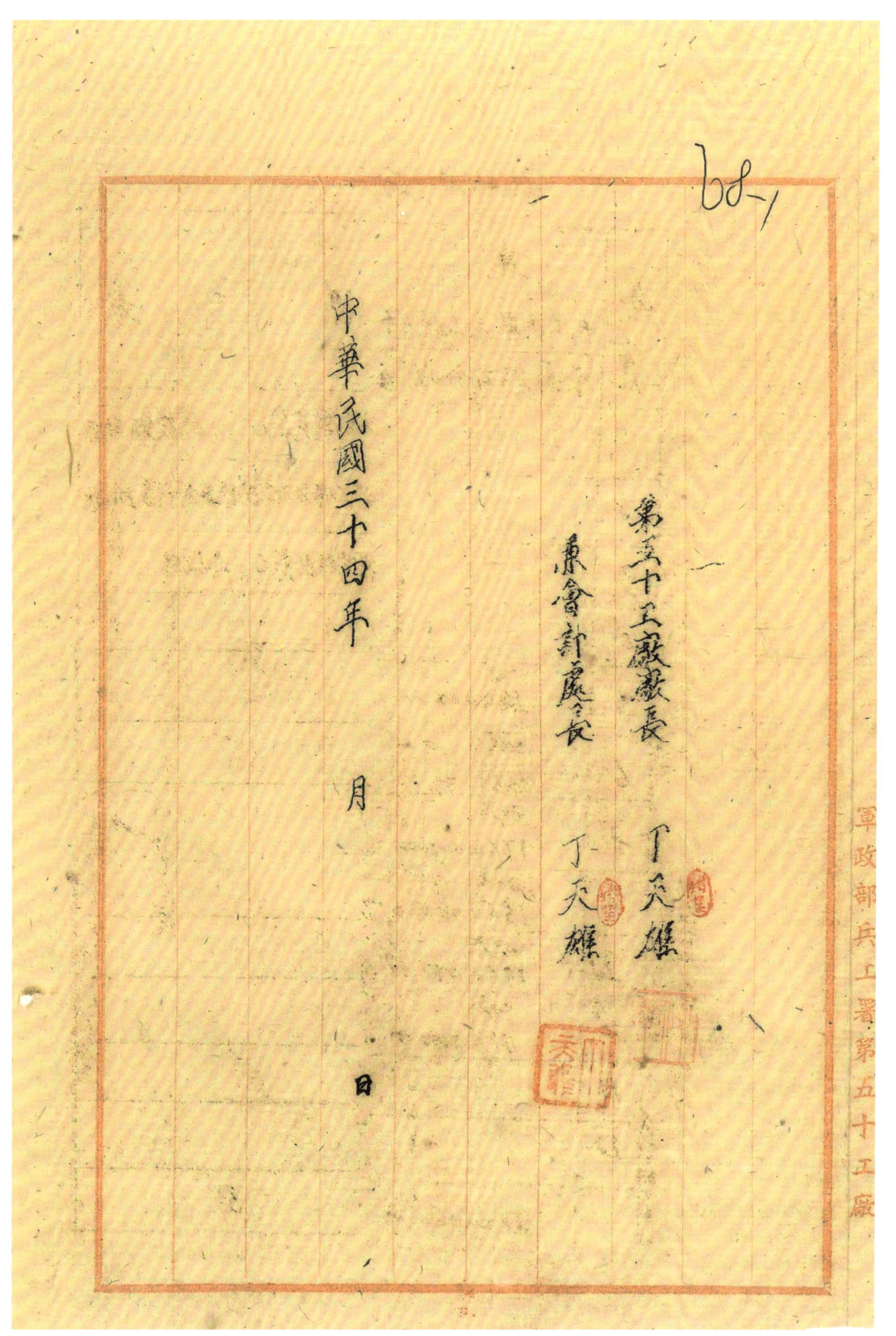

68-1

第五十工廠廠長　丁天雄

兼會計處處長　丁天雄

中華民國三十四年　月　日

軍政部兵工署第五十工廠

軍政部兵工署第五十工廠　三十四年度增產建設計劃費用按月分配預算表

年月	建築工程				添置設備	合計	備考
	火工所廠房工程	半成品檢驗室工程	工人住宅200家工程	工人宿舍330個床位工程	機器設備		
	金額與百分比	金額與百分比	金額與百分比	金額與百分比	金額與百分比		
1							本分配預算表內之分配數額均係
2							按照工作分月進度暨總計劃表所擬
3					40% 20,000,000.00	20,000,000.00	工作進行計劃百分比核列
4				20% 1,670,000.00	30% 15,000,000.00	16,670,000.00	
5	10% 680,000.00	15% 127,500.00	10% 6,100,000.00	20% 1,670,000.00	20% 10,000,000.00	18,577,500.00	
6	20% 1360,000.00	25% 212,500.00	15% 9,150,000.00	20% 1,670,000.00	10% 5,000,000.00	17,392,500.00	
7	20% 1360,000.00	25% 212,500.00	15% 9,150,000.00	20% 1,670,000.00		12,392,500.00	
8	20% 1360,000.00	25% 212,500.00	20% 12,200,000.00	20% 1,670,000.00		15,442,500.00	
9	20% 1360,000.00	10% 85,000.00	20% 12,200,000.00			13,645,000.00	
10	10% 680,000.00		20% 12,200,000.00			12,880,000.00	
11							
12							
	6,800,000.00	850,000.00	61,000,000.00	8,350,000.00	50,000,000.00	¥127,000,000.00	

廠長　　會計處長　　審核課長　　簿記課長　　製表員

70

軍政部兵工署第五十工廠計劃三十四年度擴充建工作計劃簡明表

計劃名稱	全計劃限度	完成限度	完成目的數字	本年計劃限度	本年目的數字	上年所備條件 經費	上年所備條件 人員	本年應備條件 經費	本年應備條件 人員	增減 經費	增減 人員	審查意見
火工所廠房	面積約400M²	400M²		400M²		無	二	680萬元	三	無	增一	
半成品檢驗室廠房	面積約50M²	50M²		50M²		無	一	85萬元	一	無	無	
二百四十家工人住宅	面積約6.100M²	6.100M²		6.100M²		無	三	6100萬元	五	無	增二	
三百三十床住工人宿舍	面積約835M²	835M²		835M²		無	一	835萬元	三	無	增二	

71

軍政部兵工署第五十工廠三十四年度擴充建設工作分月進度計劃表

案由	計劃提要	一月	二月	三月	四月	五月	六月	七月	八月	九月	十月	十一月	十二月	備考
火工所廠房	瓦頂木架磚壁及土牆水泥木地板地坪				設計	購料招工	10%	20%	20%	20%	20%	10%		
半成品檢驗室廠房	瓦頂木架竹編灰壁及土牆水泥地坪				設計	購料招工	15%	25%	25%	25%	10%			
工人住宅二百四十家	瓦頂木架竹編灰壁灰土地坪及木板樓地面				設計	購料招工	10%	15%	15%	20%	20%	20%		
工人宿舍三百三十個床位	瓦頂木架竹編灰壁灰土地坪			設計	購料招工	20%	20%	20%	20%	20%				
添購機器設備				40%	30%	20%	10%							

孙承梁关于理化室日常工作概况及计划大纲的报告（一九四五年五月九日）

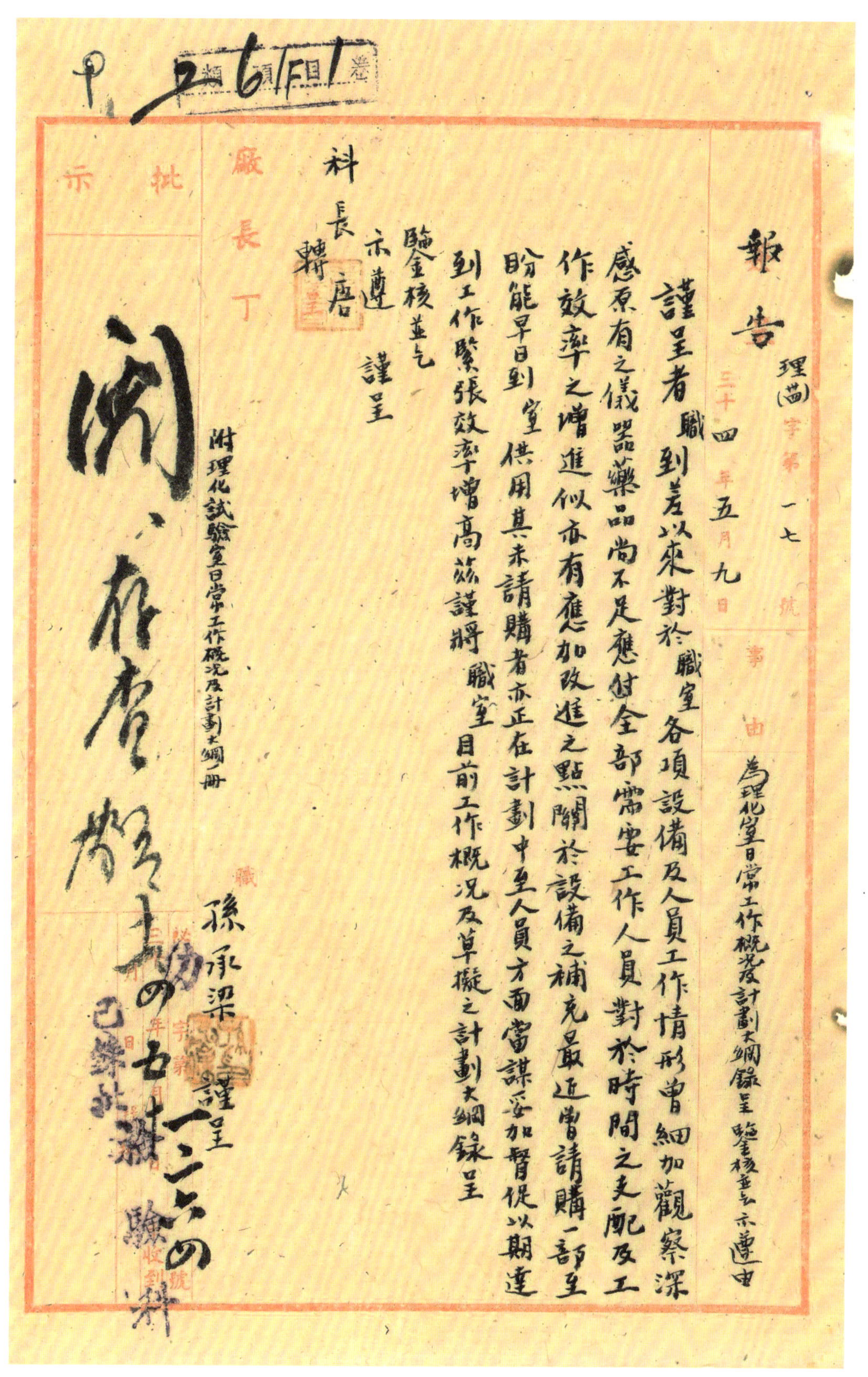

報告

理(凷)字第一七號

三十四年五月九日

事由　為理化室日常工作概況及計劃大綱錄呈　鑒核並乞　示遵由

謹呈者　職到差以來對於　職室各項設備及人員工作情形曾細加觀察深感原有之儀器藥品尚不足應付全部需要工作人員對於時間之支配及工作效率之增進似亦有應加改進之點關於設備之補充最近曾請購一部至盼能早日到　室供用其未請購者亦正在計劃中至人員方面當謀妥加督促以期達到工作緊張效率增高茲謹將　職室目前工作概況及草擬之計劃大綱錄呈

鑒核並乞

示遵

謹呈

科長　唐　轉

廠長　丁

附理化試驗室日常工作概況及計劃大綱一冊

職　孫承梁　謹呈

批示

閱　存查

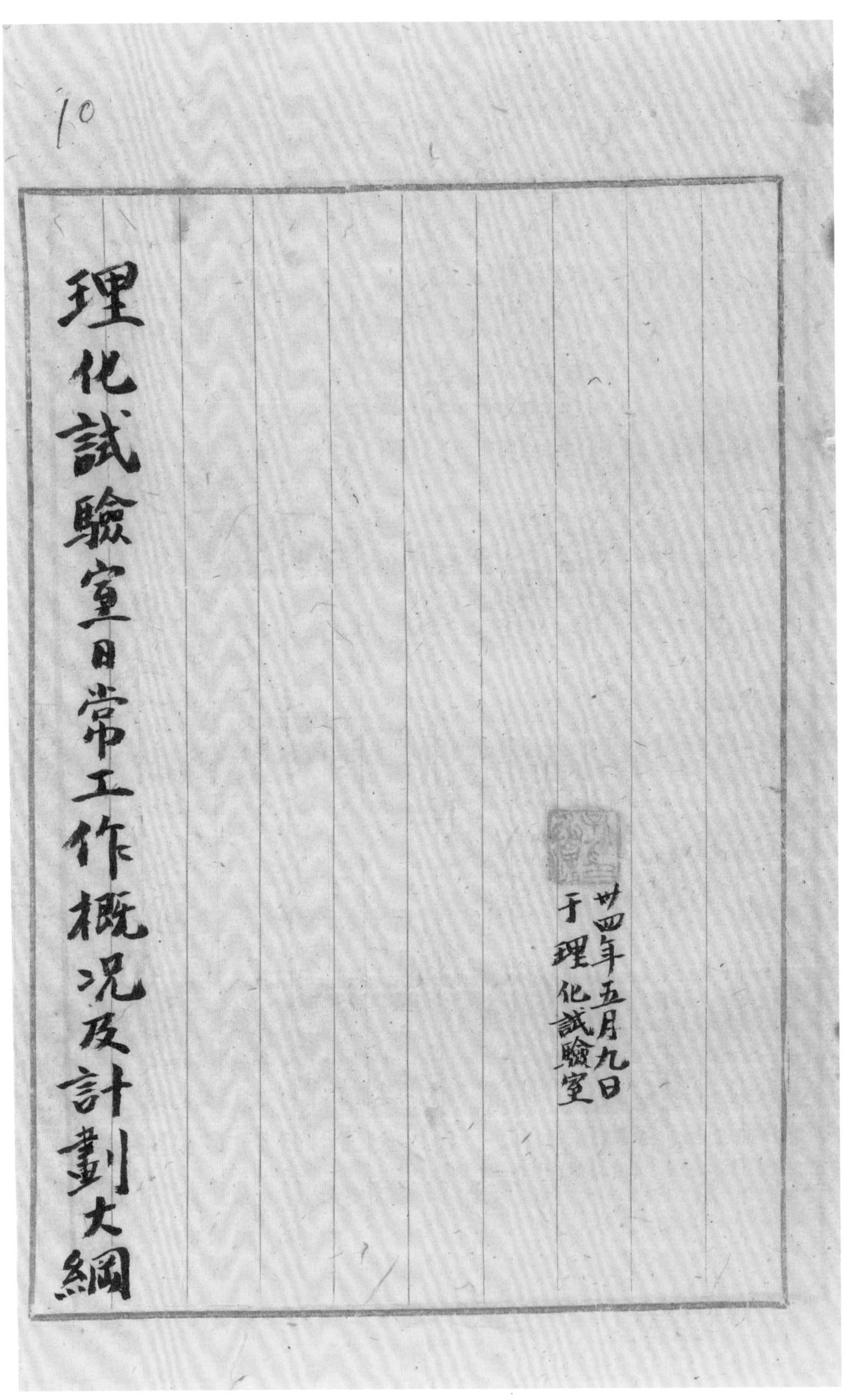

10

理化試驗室日常工作概況及計劃大綱

卅四年五月九日
于理化試驗室

11

理化試驗室日常工作概況及計劃大綱

甲 日常工作

一、金屬材料試驗　目前本室試驗之金屬材料，其來源可分為二大類，其一為材料庫貯藏及新購之鋼鐵，其二為各廠房隨時送檢之材料。關於前者，因材料庫所藏鋼鐵，時久已多混亂，其名稱及分類每不能確定，致或發生誤發情事，其新進之貨亦因裝運時未特別注意分格貯放，以致混雜，此種情形對於本廠出品之取材不無影響。近月以來，本室即開始進行是項檢別工作，藏庫材料由本室派員往取試樣，分別作記，試其硬度時並及其強度，再藉淬火分別其為炭素鋼或合金鋼，如為後者，並由化學分析定其主要成分，

熱量計附件齊全前已試用其所得結果較計算者略低

然後定名送庫歸類，其為新購之貨，則於每次進貨時由材料庫通知本室派員會同取樣，並作與上相同之試驗。關於後者，如彈尾翼鐵皮、銅、鋁、鎂合金等，隨時由各廠房送室，按其需要予以試驗。惟金屬材料試驗，現因檢驗科工場初在裝置，試桿尚不能儘速車成，分析設備亦不充分，致試驗多不能於短期內完成。而炭分分析更因定炭爐所需之變壓器及吸收氣體之玻璃儀器尚未購到，迄不能開始工作。

二、煤焦分析　本廠所用煤焦於進貨時由本室派員會同取樣，予以分析，其結果報告均能如限送出。惟目前分析僅及水分、揮發物、固定炭及灰分等，而發熱量則由分析結果計算而得，因本室所有之熱量計附件不全，迄不能直接測定。又研煤所需之鐵研缽、銅篩及底

惟每次試驗需燒坩堝一只，太不經濟，故暫停止

硫酸亞鐵鋇粉請採購，并已分採購

12

鍋，曾於三十二年十月三日及二十三日分別呈請修造，迄今已歷一年有餘，尚未見製好交室應用，致工作極感不便。

三、火藥之檢驗　大工所所用之雷汞及無煙火藥經常由本室分別檢定其純度及水分與安定性，每星期約有數十批。軍械庫所存之彈藥每隔相當時期即送樣由本室予以檢驗，藉策安全。

四、油水分析　各廠房所用之油類，本室因設備關係，僅檢定其比重、粘度、酸值、碱化值、閃點等。發電廠鍋爐用水，每月送樣由本室分析三次，即每月一日送沙濾水試樣，十一日送鍋爐進水試樣，廿一日送鍋爐出水試樣。惟鍋爐進水與出水鐵質之比較試驗，過去因無硫酸亞鐵銨之故，未能進行。此項藥品最近已請採購，亟盼能早日購到，以利工作。

碳酸銅製造費時，妨礙經常工作，擬請廠務處注意

121

五、酒精及硝酸之檢驗　酒精為製造雷汞之原料，由本室定其純度、雜質及蒸餾殘渣；硝酸亦為製造雷汞之原料，由本室定其純度、氯化物及硫酸化物，以便火工所決定其是否合用。是二項藥品之檢定，每週約有四五批。

六、其他　除經常檢驗工作而外，本室人員時以可能利用之時間及足用之設備，為各廠房製造市上一時不易購得之原料，如製砲所所需之碳酸銅，惟是項製造與經常之檢驗工作不同，苟非原料無處購買或成本相差過巨，當以逕向市上定購成品為宜，勿使本室或因工作忙碌無暇兼顧，時誤及廠房之出品。

乙、工作困難

13

本室工作最感困難者為人員及設備均未臻完善充分之境，致各種試驗或不能依應有之項目全部進行，或不能依理想於最短時間內完成，且或有無法着手進行者。例如金屬試驗，本應有淬火及組織研究等項，但因淬火設備不全，其他廠房之有是項設備者又未能隨時供本室利用，而顯微鏡等設備又付缺如，故目前進行之金屬材料分類，其結果殊未合要求。又如金屬分析之藥品或有未能及時補充，各項試驗人員之工作時間及所用之儀器間有未妥善支配利用者，遂致工作有因而遷延完成。又如火工所最近曾擬將其每日所用之T.N.T.及傳爆藥柱送本室檢定水分，但以本室之分析天平、電烘箱及乾燥器等僅足供原有日常工作之用，而該所是項炸藥每日所用之

13-1

量甚多，若源源送檢，則本室儀器、人員均不足分配，茍以現有設備勉強應付，勢難逐日送出報告，是則對該所之工作定必延誤，且是類炸藥之試樣本室尚無可妥善保存之處，偶或失慎，安全堪虞，以此種種原因，目前對該所之十六、十七等炸藥僅能偶加檢定，藉供參考。至於儀器藥品之添購不易，自亦影響本室之工作頗巨。現有儀器，當望本室工作人員善為使用，妥加保護，一切藥品均勿稍有浪費，庶幾人力物力均可節省，工作效率不稍減退。

丙、工作計劃

一、金相試驗　本室對於金屬材料之試驗，向未及於金相研究，是以試驗之結果未可認為圓滿。現擬添購放大倍數500—1500之顯微鏡一架，

14

顯微鏡當要者句擬請修繕斜徵購

或再添置相片冲洗設備及照相底片若干，俾各種金屬除經硬度、強度等試驗外，再由其組織方面確定其種類。至於金屬之熱處理，亦為重要工作，惟其設備本室除電爐一具、貯油筒及貯水筒各一個外，別無所有，且電爐上之高溫計已壞，亟須新配。鋼鐵炭分分析之設備最近正在極力設法補充，變壓器等亦已定購，甚望能於短期內將各必需品配齊，俾可早日開始此一久待未成且屬重要之工作。惟此項工作本室人員均乏經驗，而儀器又係拼湊而成，深恐開始之時，或有困難，擬於短期內至有此項設備之他廠（如大渡口第三廠）參觀一次，以資借鏡。

二、仿造調水油　本廠所用之調水油，係自市上購來，前廿一廠曾試造成功，並有報告送供本廠參考，當時本室即擬着手仿造，並於三十三年

調作油製造設備擬請工務處提先修造

141

六月十五日呈請修造應用器具，惟至今為止，僅收到支持物一件，其餘列衣解鍋及蓋迄未見造好交室，深望此二物能即日製就，以便着手試驗！苟獲成功，其所費成本必較市購所費為低，對本廠節省開支方面當不無補益。

三、電鍍試驗　銅鐵直接鍍鎳，前本室沈技術員洪涛曾作試驗，惟未有結果。查此種工作，國外早已成功，國內亦有研究獲得結果者，茲擬利用空餘時間，依一九四〇年William Blum & P.W.C. Strausser發表之報告試驗，成功後可用以為樣板等防銹之用。此外如其他金屬之鍍銅、鍍鉻等，亦可依該報告試驗。至樣板鍍鎳重要之點為鍍層厚度之均匀，此亦可設法控制，並予測量。

四、冶金試驗　本室擬着手小規模之冶金試驗，惟所需設備全部

擬准
准照辦

擬准
准鑄工所借修鑄件

15

鉄如，最好先置一坩堝冶金爐，及一小型熔鐵爐，並建面積約八百五十平方英尺之房屋一間，同時並充合金研究試驗之用，是項試驗，擬用新近A.S.A.之S.A.E.協會紀錄，先進行鉛銅及鋁鎂等合金。所建之房屋中，並擬附一翻砂設備。

五、本廠鑄鐵及翻鑄之銅等取樣試驗　本廠鑄工所鑄鐵及翻鑄之銅等，擬每爐取樣試驗其硬度、強度等，並予以分析，其結果將按爐作有系統之紀錄，苟某爐出貨之製成品發生問題，即可按紀錄尋求其原因，以謀改進。惟本室現有設備，尚不足予每日各爐出品均作試驗，工作人員，亦不够分配，故擬先每週抽試銅鐵各一二爐，以後視情形而逐漸增加，待設備與人員均充實後，再行全部試驗。

15-1

六、其他　本室儀器、藥品、圖書、器具，最近均經點查整理，並已填造清册呈　閲。現奉　科長諭示：為使各項器材書籍易於檢查並便補充計，此後凡書籍出借，除借者出具單據外，並須另加登記，以備查考。化學儀器及藥品二項，前者領用人除具領單外，每月並須自行點查一次，其有報毀者，應於每月底報告管理員，以便彙集登記；藥品之消耗量，亦須於月底予以統計，凡此報毀報銷之量，每月均造册呈科備查。至於試驗材料之儀器及工具，現亦擬由各有關工作人員分別負責保管，並隨時飭工清潔修整，藉重愛護。

军政部兵工署第五十工厂成都分厂一九四五年度制造事业工作报告书（一九四七年五月）

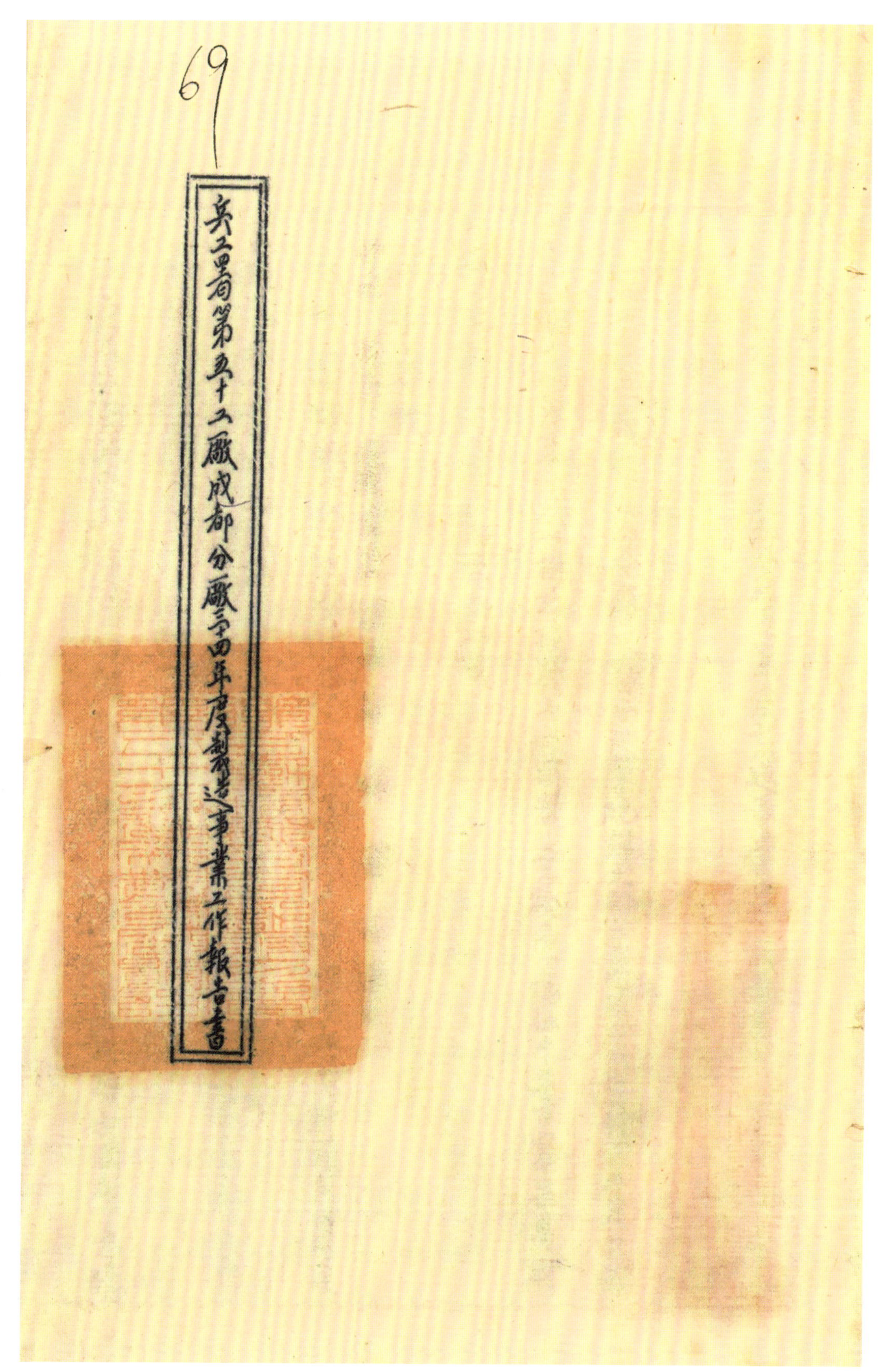
69

兵工署第五十工厂成都分厂三十四年度製造事業工作報告書

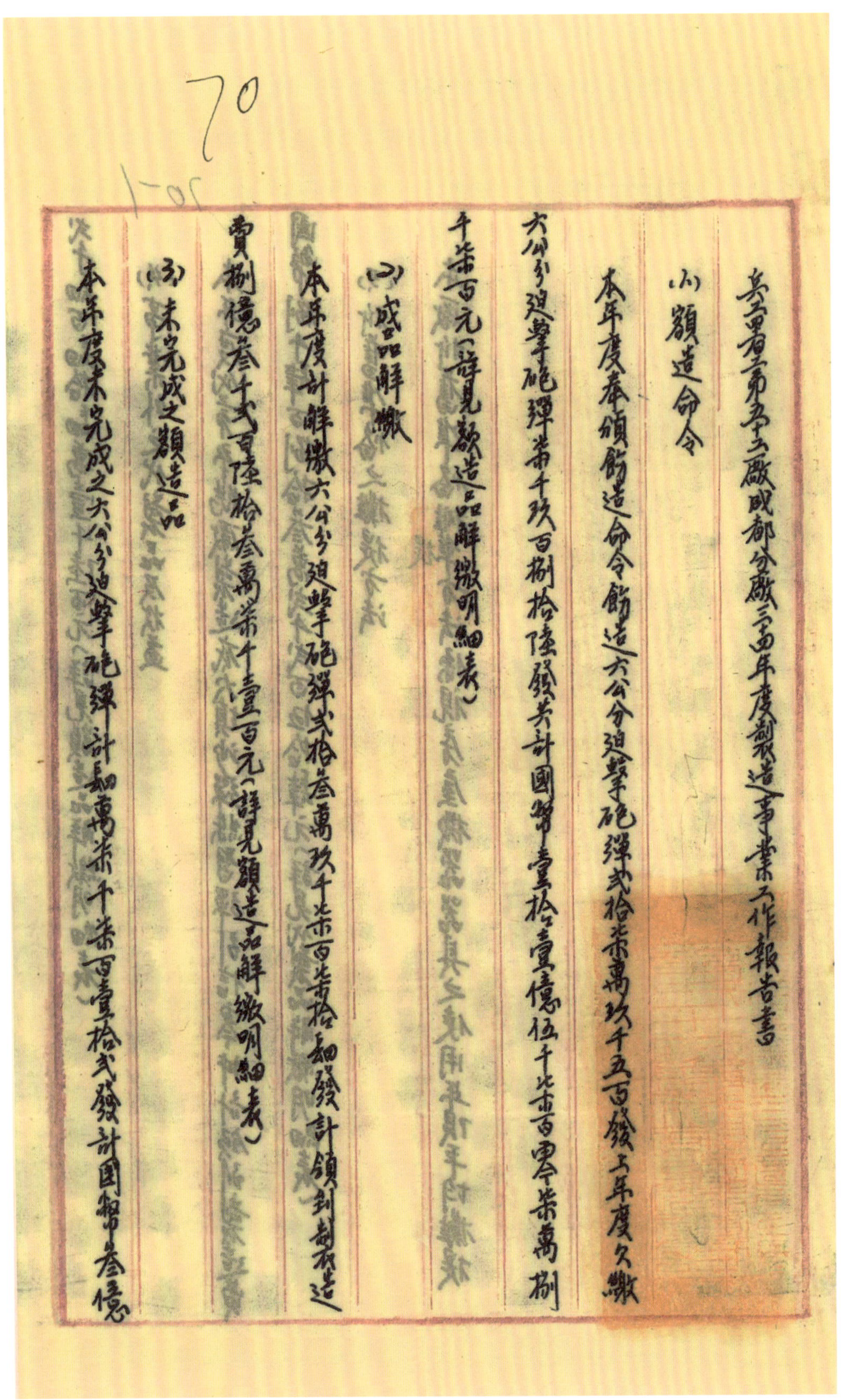

兵工署第五十工廠成都分廠三十四年度製造事業工作報告書

(一)額造命令

本年度奉頒飭造命令飭造六公分迫擊砲彈貳拾柒萬玖千五百發,上年度欠繳六公分迫擊砲彈柒千玖百捌拾陸發,共計國幣壹百拾壹億伍千柒百零柒萬捌千柒百元(詳見額造品解繳明細表)

(二)成品解繳

本年度計解繳六公分迫擊砲彈貳拾叁萬玖千柒百柒拾肆發,計領到製造費捌億叁千貳百陸拾叁萬柒千壹百元(詳見額造品解繳明細表)

(三)未完成之額造品

本年度未完成之六公分迫擊砲彈計肆萬柒千柒百壹拾貳發,計國幣叁億

貳千捌百捌拾捌萬壹千陸百元（詳見類造品解繳明細表）

（六）事業外之代製品及收益

本年度代第五十總廠製造底火填沙彈練習彈引信零件計領到製造費國幣捌千肆百捌拾叁萬貳千貳百伍拾肆元（詳見代製品解繳明細表）

（七）折舊準備之攤提方法

本廠折舊準備攤提方法係視房屋機器器具之使用年限平均攤提

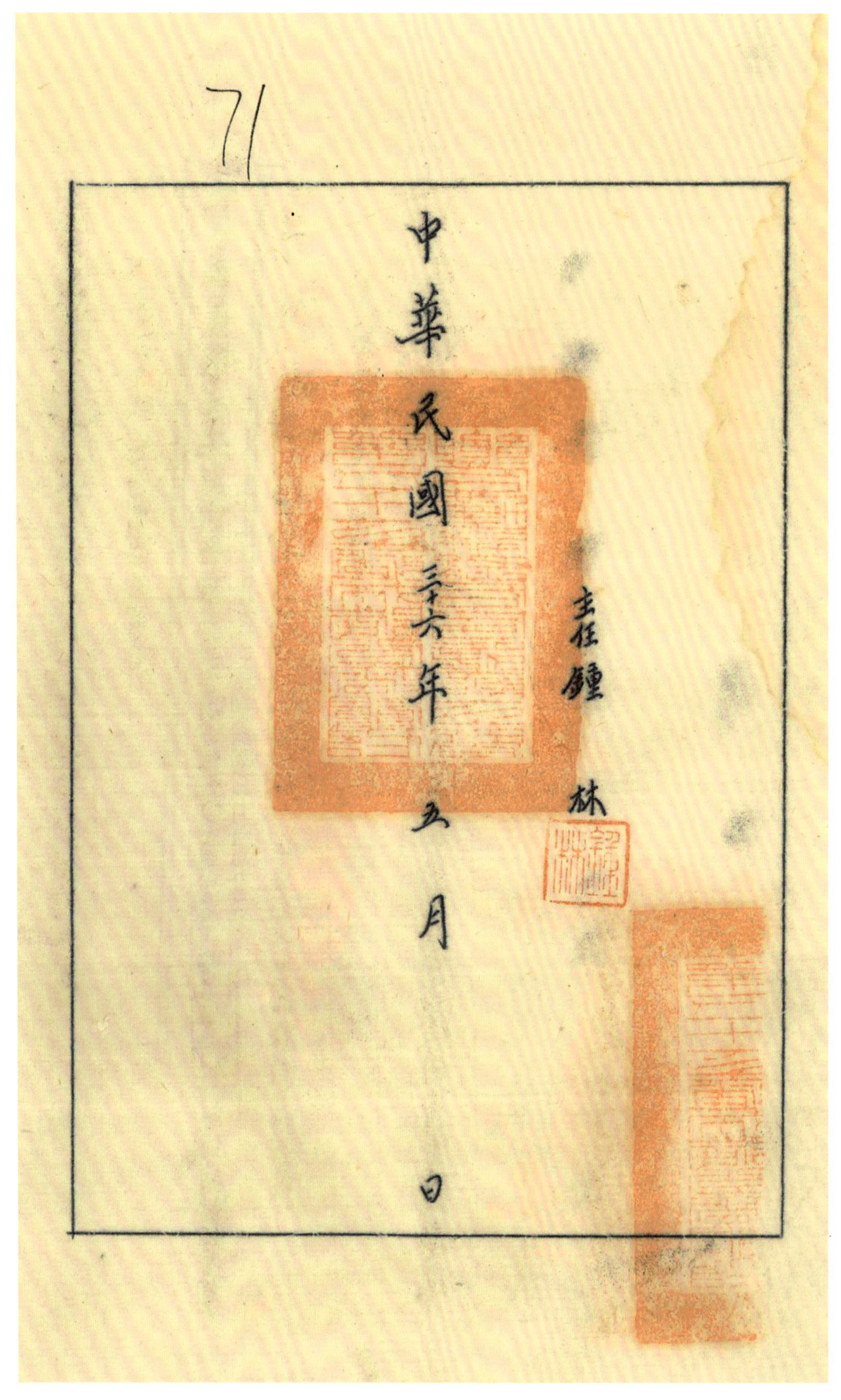

71

主任 鍾林

中華民國二十六年五月　日

（六） 基建

周君实关于国民革命军第一集团军总司令部筹建工厂办事处工作情况的报告（一九三四年三月二十四日）

報告 二十三年三月二十四日於籌建工廠辦事處

謹將職處最近工作進行情形分別報告如下

（一）地基 查填築企湖塘地基工程由十月六日起興工以三個月為完成應計至一月五日止查在此三個月內共補雨水期四十四天半及增加填挖土方奉准展期二十五天共延六十九天半則可展至四月十四日止綜計其填築成績除完成BCDEFGHIK九廠廠址於上月間經點交與格蘭公司接收外其餘廠址外空地亦經完成有九成所未成者乃A廠廠址耳奈該廠廠址全部係石質故為阻延現正使用魚炮日夜從事爆炸大約一月後或可竣工全部地盤所開挖石量截至現在止已爆炸者約有五千餘井以後尚有若干須俟開挖後方能詳悉

（二）路基 源潖間鐵路支線由十一月六日興工限三個月完成截止二月五日止即行期

19-1

滿自興工以來共補雨水期三十五天及築停車站並加長鐵橋灣度及潤度奉准展限期兩個月即截至五月十日始行期滿核其全路工程成績約佔八成左右其工作情形似較遲緩實因坭口與應填之地較遠路線所佔之面積非廣坭斗不能多用祇得兼用小工以人力運輸欲速無術事實使然職仍嚴促努力工作並擬該路線如於何段蒇工時即函請粵漢路局安設路軌俾易蒇工則於限内或可完成

（三）建築工廠　查建築各廠工程經由格蘭公司交永隆華益兩公司分承建築查企湖塘地基工程因發現石質未能整個完成就其已可興工建築之地盤計有BCDEFGHIK等九廠業經於二月十一日點交與格蘭公司代理人雷哲堯君接收（A廠廠址現仍從事爆石未能即行蒇工）即可興工建築惟查至今日止經四十餘日

20

其建築成績除蓋搭棚廠十數座及運輸小數杉木磚沙等物外現祇開始剷挖B廠一廠地脚其他接收之八廠仍未動工若以已過之時間支配現在之成績則將來延期爲意中事矣（格蘭公司與永隆華益兩公司訂立合約係定於本年五月底完成）

（四）鑿井　查鑿井工程業經呈奉核准交民生公司開鑿後以德籍工程師雷哲堯面稱兩井之水源仍不足供給全廠水利之用請多開一井以繼其乏亦經呈奉核准交湧泉鑿井公司開鑿以期其速成不料該地鑿至深入四十餘尺即遇石質雖日夕開工其成績每日平均不足一寸若再以人工開鑿曷勝胡底之悲現經由湧泉公司改用機器該機日間可以安置妥當便可興工據該公司人稱改用機器每日可鑿深入四五尺觀此則於最短期間或可完成

20-1

(五)木橋　查建築木橋爲粤漢路局計劃承築其成績約佔全部六成左右

(六)民田　查發給民田款項共銀七萬零六百四十餘元現經祇領得一萬五千元觀此七萬元之數不知何日始能領足故職現擬分三期發給地價即如領得二萬元時即開始給領以安人心

綜計全廠工作情形鑿井以遇石質頗形棘手須改用機器地盤及鐵路路基尚可依時竣工惟建築工廠之工程似難依期完成除嚴督各公司努力工作以期從速完成外合行將職處最近工作情形呈報

鈞核謹呈

參謀長繆

總司令陳

籌建工廠副主任周君寔

周君实关于国民革命军第一集团军总司令部筹建工厂办事处工作情况的报告（一九三四年四月三十日）

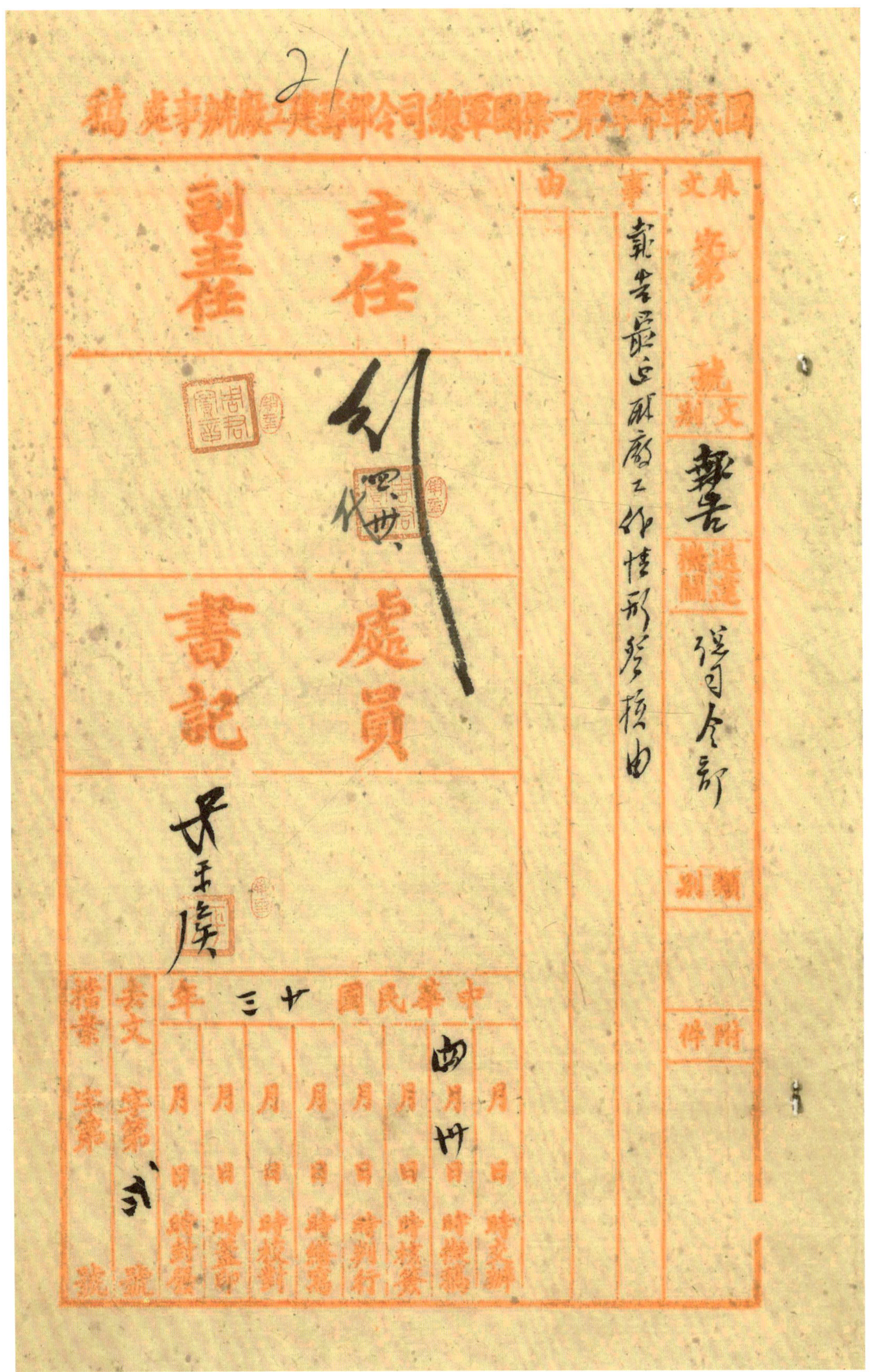

國民革命軍第一集團軍總司令部籌建工廠辦事處稿

收文 字第 號

文別 報告

送達機關 總司令部

事由 彙告最近職廠工作情形察核由

主任

副主任

處員

書記

中華民國二十三年四月卅日

報告

四月二十日于工廠办事处

謹將最近工作情形分别報告如下

一、地基方面　查填築合湖壩地基工程本處已于四月十四日為全部完成惟並有修建後面二十餘公尺工程停頓因不甚完善而鋤挖完成之山腳斜坡後經山水沖刷卸已有百餘丈如不設法防範誠恐再遇雨水則傾卸尤甚目前固影響本建築工廠之進行且後則影響其廠之本身安全危險須設法防範本處及承建公司合計擬在全廠地之山腳斜坡一帶築半腰石護壁及斜坡上與斜坡下各鋤一石渠道俾免下卸之虞此項工程計劃經職繪圖及編列預算書業呈請　鈞核在案並已爆炸本廠山石截至現在止約有八千餘井查　鋤挖土方費現在由承建公司吳金生請暂估炸药费每井十二元计算。

钧部寄字第一二六一号指令，指饬查案。现据该公司声称，以所探部之山石数量不能估计，未能得整项，其未经爆费之石价暂拟另行报支等情。经核所拟办法，爆炸山石数量一表之方案呈核。

二、路基　查该段支线工程，六月蒙雨水所阻，四月份中无甚成绩可言。因填得之路基俱属浮土，经遇雨水浸蚀，时被破毁，且平水线下数尺或数寸不等，故现又须多费时日，始可完成矣。

三、建筑工厂　查建筑工厂工程亦经雨水之阻碍，无甚进展。且厂址现因筑造地脚，月来一部分不受山石影响之位置，亦经着手兴工。其他各

221

廠外之保護要工

四、鑿井　查鑿井工程自改用機器開鑿後成績頗爲優佳惟石質堅實後機身時損壞致無良好成績其開井地位本由技藝工程師設計劃現僅採用代表人為嘉偉來函稱該三井地位連在一處恐因一孔深度範圍以內則同受影響擬在每井距離一百米突外再行開鑿經過如在一百米突外另行開鑿其已經開鑿之三井業令停止二井以符計劃

五、木橋　查木橋係爲聯繫路面計劃承築業已竣工矣

六、公園　查前因公湖填及和樂尾等地民田其價將兩萬餘元並無確定計劃分三期舉行現已給發一二兩期共銀三萬九千餘元餘俟續呈明即行第三期掃數清發以卸民累而符定計

大職工宿舍、直工廠住宅請續與工大廠工宿舍及加工廠等項設備兵

亟須準備查職工宿舍圖則現在計劃中月內即可呈核

綜計全廠工作情形可以為雨汛之阻礙者莫附續日最絕大影響室外環境使築其雨汛衛辦情形報章維有陸載亦不再整斜於雨汛衛節一處石護壁之建築似未可續從之天氣多康晴和則多項工程當可迅速完成今並有其它阻礙須何森存各局努力工作外合將職廠最近情形具報

鑒核謹呈

署署長俞轉呈

部長何

副主任周〇〇

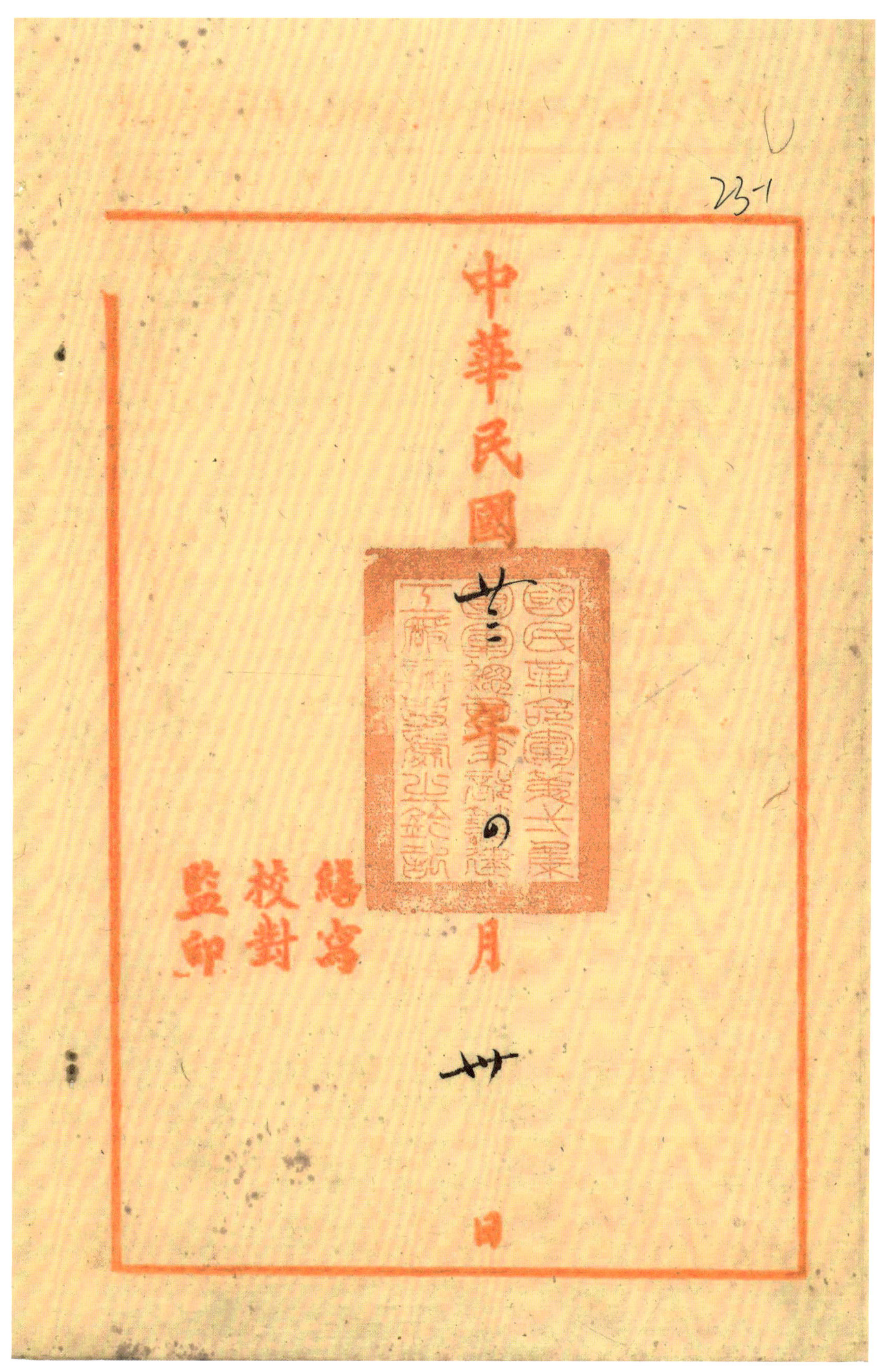

中華民國廿三年四月卅日

繕寫

校對

監印

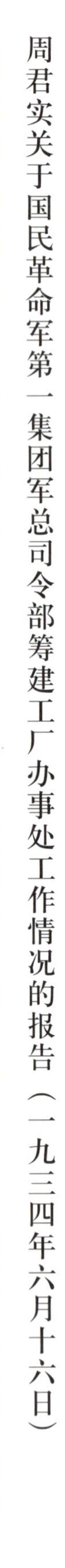

周君实关于国民革命军第一集团军总司令部筹建工厂办事处工作情况的报告（一九三四年六月十六日）

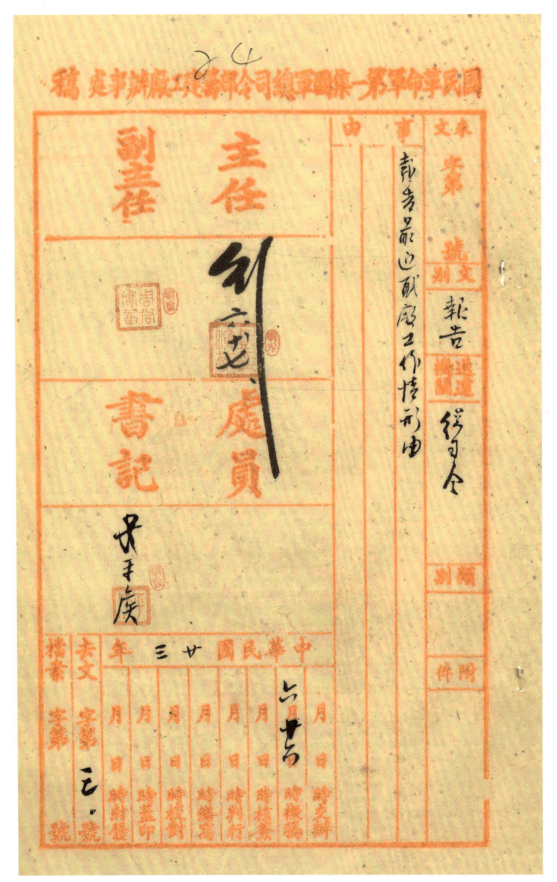

國民革命軍第一集團軍總司令部籌建工廠辦事處稿

來文 字第 號

文別 報告

送達機關 總司令

事由 報告最近職廠工作情形由

主任

副主任

處員

書記

類別

附件

中華民國廿三年

月 日 時交辦

六月十六日 時擬稿

月 日 時核稿

月 日 時判行

月 日 時繕寫

月 日 時校對

月 日 時蓋印

月 日 時封發

去文 字第 三 號

檔案 字第 號

報告　六月十四日于工廠秘書室

謹將職處鄂廠近作工作情形分列報告如后

一、地基：查填築合圍墻地基工程，其西于建築廠址地帶，業經鋤挖完竣，對於建築工廠方面絕無影響，已告全部完成，共計尚有月廠背後之石方及擬築職工宿舍之地址，尚有內含石質之廿數土方而已。其石方數量業經李奉華呈報在案。

鐵部派出軍需署技士李彥濂來鄂工廠點驗矣。

二、路基：查係琵支線工程，計劃接粵漢路綫之月係起至木樁止之一段，經已填築完竣，並函請粵漢路局派員覆勘平水，及先行鋪設路軌。查該路局業將路軌材料運抵琵江車站，聞定於本月十六日開行

85

與工鋪設鐵軌已告兩段由木橋起至廠址之一段早經天雨所阻於兼程期間亦全部竣工矣

三、建築工廠、建築工廠工程除一廠外其他九廠業經全部與工日廠一部份已築至面月廠亦經築竣地腳又柱身其他各廠均築竣地腳石磚柱或牆身矣

四、鑿井、查鑿井工程自改用機器開鑿以來較人工開鑿稍有進展惟以石質堅實而機器陳舊時發損壞修理須時竟至束手察其鑽孔雖完成深四十公尺即停止外現正另覓公司估承其工矣

五、木橋、該橋支線其中部之木橋係由粵漢路局計劃承築業於四月底完工者一係橋現於五月廿三日東邊橋頭崩塌橋橋九孔業

飭據本業華南知県貨發公司從速派員修葺該棧該公司工程師面
稱該道木棧現已勘定要否可興工等語

六、民田、查蒼梧台湖墟及松要尾等地民田三座俟於本月十五日即行掃數
清發計共蒼梧田價三萬餘元尚待發給者約七千餘元因業遭
發給時青苗費一項列入興工廠興工填築地基時向佃戶將本田內
青苗先行收割按照青苗費一律由業佃領足此項手續現經
理妥據該將青册繕正日即行呈核

七、關於蓋搭臨時辦公棚廠情形 查職處現設立於琶江墟私宅內
該屋陳舊日久失修且通風不適時常漏雨職擬在工廠內蓋搭棚
廠一座暫行設處辦公以便就近監督工程進行並節省旅費等事

26

核准照一千一百一十八元三角五分之底价招商开标在案。经登报开标，查计投标商

价以恒利承价一千六百五十元为最廉，经将此案开标情形另文呈签一案。

八、厂北山脚一带拟建石护壁一案。查厂北山脚斜坡经雨水冲刷，

拟筑半腰石护壁及斜坡上下石渠道，共需工料费四万四千

五百余元一案。

今以需款太巨，将拟筑石护壁改作三十五度角斜坡，无庸砌

石，約挖土方七千九百余英方，并建搭山脚石砌渠，计共银二万三千

壹百四十余元。经饬员照山势高之度，倒算绘所图式，以便登

报招投标。查得改作三十五度斜坡应挖土方共一万三千

余井，似与原

嗣計劃未符當另案呈

核又查該山腳改作三十七度加以施工是可節省築修之費惟非浚

本之法他日經過長期雨水之浸患雖保無崩塌之虞縱可保

持不塌但其斜坡面爲雨水所淋必成大孔爲山坍也常見者

萬不得不爲慮之也

綜計以上工作情形除鑿井未得所使外其他各項工程均是

進展惟是地天氣現仍頻頻下雨以致水勢漲工廠地址並有雨

段基及建築方面已蒙極大影響莫可甚大誠有非人

力所能挽救之狀謹將情形如何而已合將該處最近情形呈報

鈞核謹呈

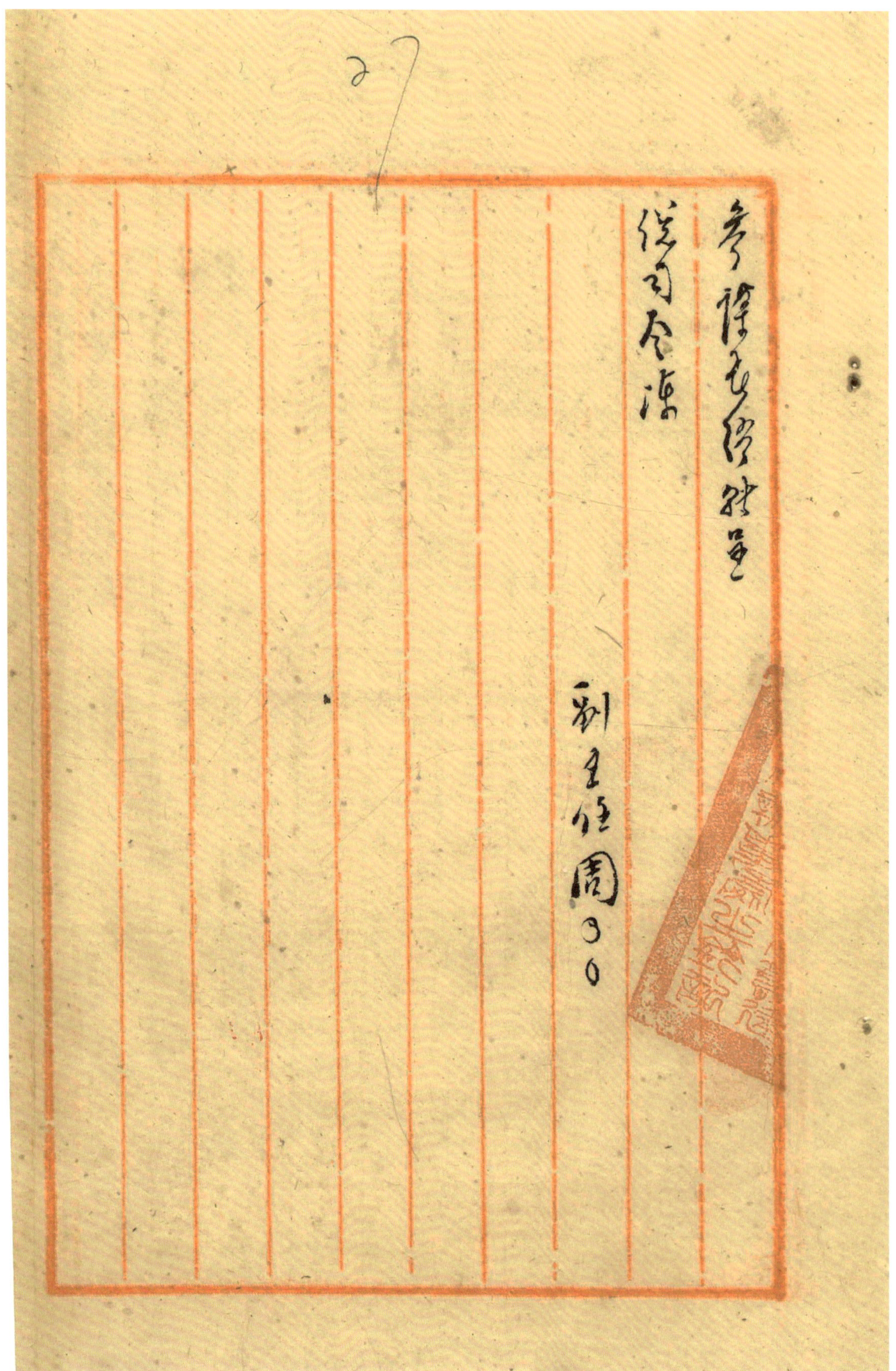
参谋长转核呈
总司令核准
副主任周〇〇

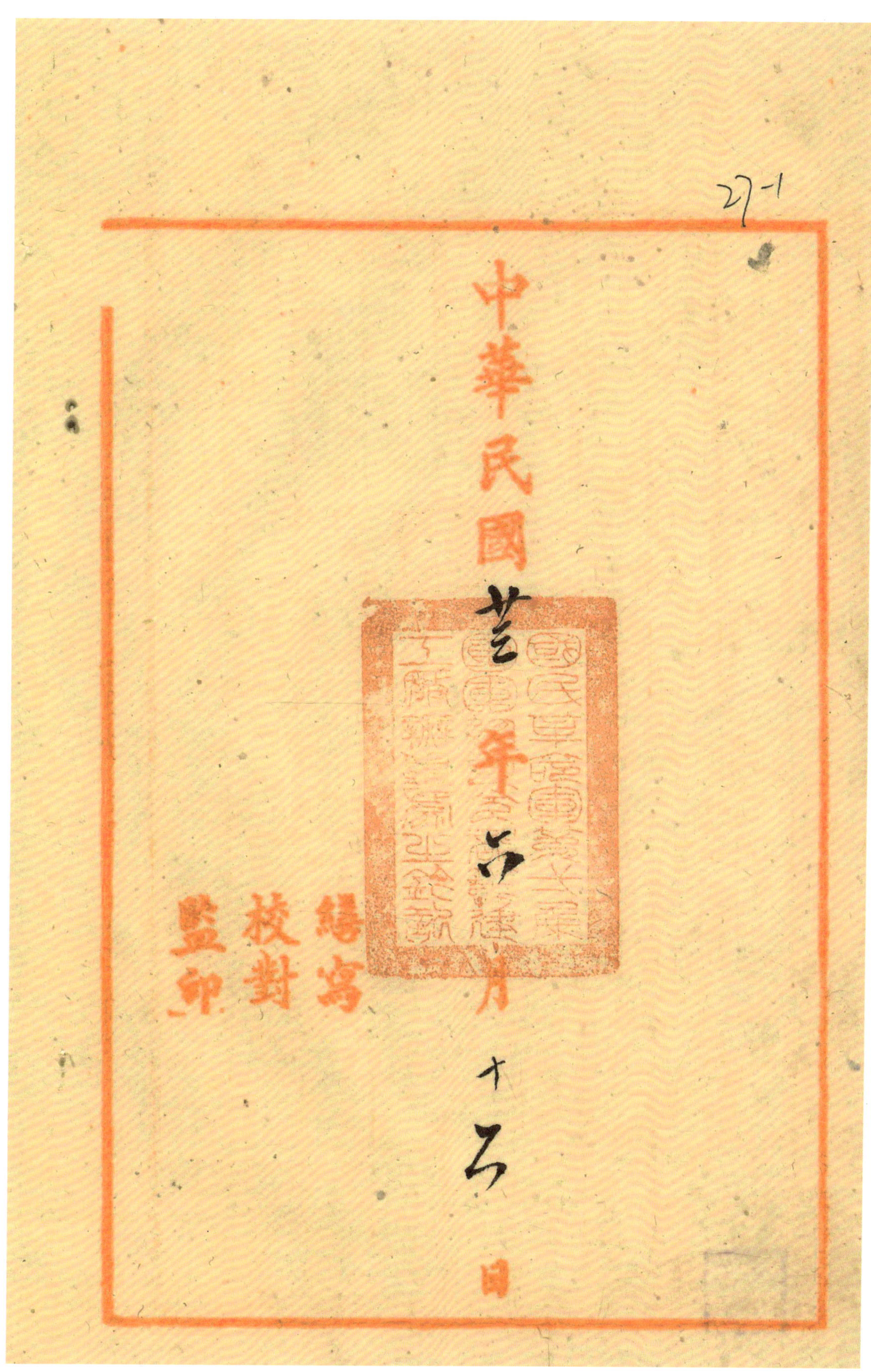

27-1

中華民國廿六年六月十六日

繕寫

校對

監印

周君实关于国民革命军第一集团军总司令部筹建工厂办事处最近工作情形致吴逸志的笺函（一九三四年六月十八日）

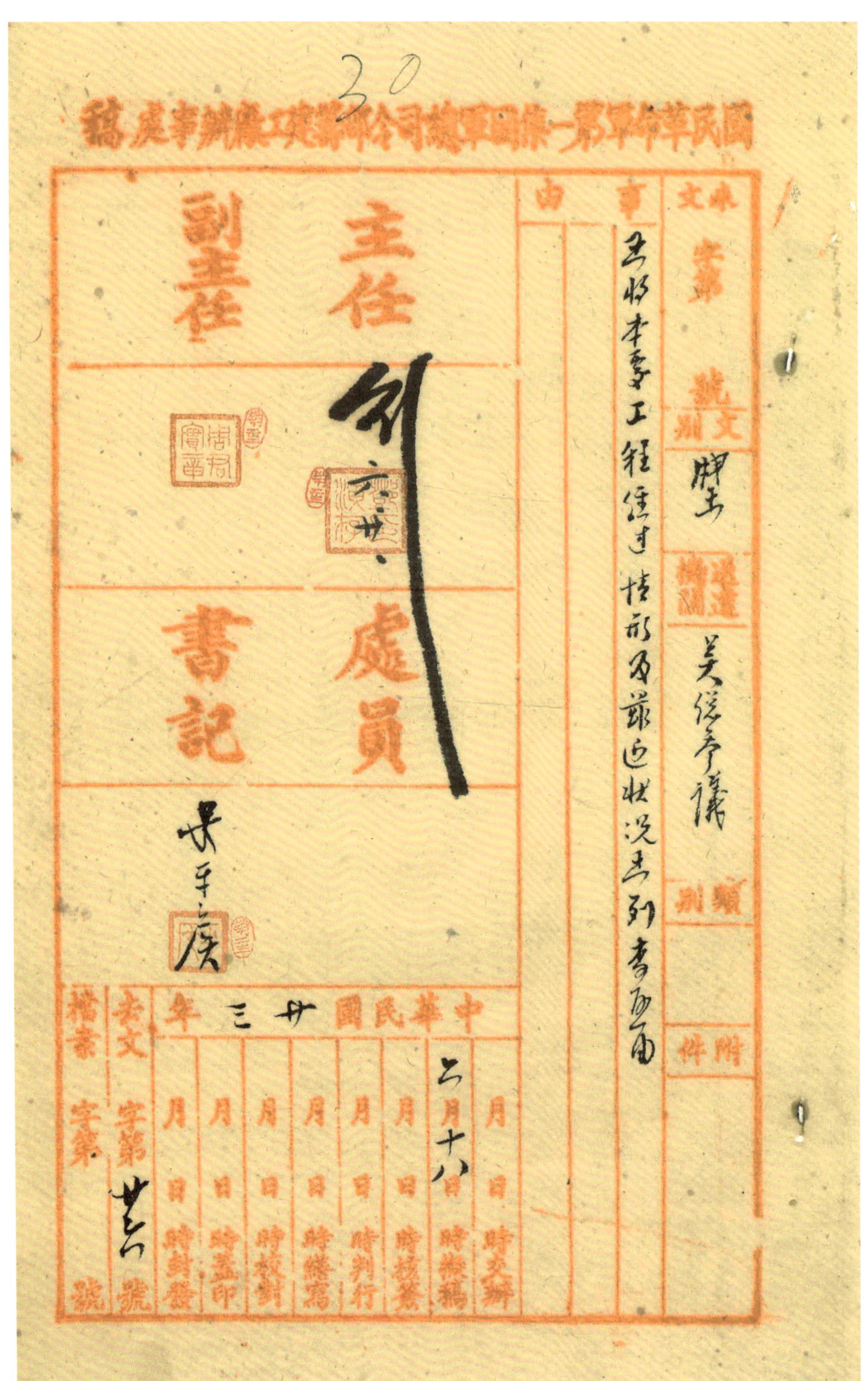

30

國民革命軍第一集團軍總司令部籌建工廠辦事處稿

主任 周君實（印）

副主任

處員

書記

事由：函將本處工程經過情形及最近狀況函達查照由

來文 字第 號

文別 牋

送達機關 吳總參議

繕別

附件

中華民國廿三年六月十八日

謝先生芳才兄：

惠書從參議會鑒查報要件，令籌建工廠有關手續情形及現在狀況，知先生關心於此，略陳一二：

一、關於工廠地基。查填築工廠地基工程本擬三個月完成，從以發現土方內包含巨量石質，須從事爆炸，且每個月之中至少三分之一以上係屬雨天，不能工作，以至遲緩，現在還有若干石方，惟對於建築工廠方面，則絕無影響。

二、關於建築。查建築工程係由招商公司招商承築，計共十廠，除一廠為兩益公司承築外，其餘九廠均由永隆營承築商現在各廠建築情形，B廠一部份已築至屋面，A廠則以該地石方最多，爆炸殊難，故興築時比較稍遲，現在已興築廠地腳及柱身矣，其他八廠亦均開始築造地腳石床柱或牆身。

三、關于鐵路方面，查潭琶支線全路計劃係由粵漢路局設計，路基則由敝處招商填築，原擬定三個月內完成，惟該路經過之地點數百丈之山嶺，須要鑿挖土方，殊感困難，而確定之田地又係多量之坑土，始能填至與平水點相符，路線既長，運輸自感不易，為兼飭承造公司加緊工作，惟路面限制不能多用泥車

311

而天氣又復时降雨水更為各項工程之窒碍現查全線尚未完成者由粵漢路起至中部木橋止一段工程完善了即由粵漢路開鋪設路軌其西邊一段於最短期内亦可全部完成矣

四、關于鑿井 查開鑿自流井以備全廠水利之用由德籍工程師指定地點開鑿三個由該承揩商開鑿查該造公司初以人工深入四十餘尺时即遇石質工作異常困难改由公司改用机器稍有進展惟以下石質堅實而机器又屬陳舊时須修理之竟至絶無成績遂辭其約方始雖完成無結果即停止外現正另覓公司續續開鑿惟本市

32

兩井之廠舍去歲即有六十餘棟架成，而以後或因雜也。以上兩點為最要工程之大略情形，其進度之主因，厥也，不另別以款現，且更有空襲轟炸，不而鐵路則以路基而後須制，運輸困難而謀部署，縮短期請發工程費，此為最重要之一點。而望江附近材料而水高漲，其原意情形，按常亦可有交載，其影響及于各項工程之一大原因也。又查建築各商人，進行雖屬積極，慢並經部處次催促，奈該商人以為形之今因其支付之[illegible]，仍為數甚關，自不受指揮之意。前因支薪先生之體處於節約，先生代向支薪先生分請特催商人加緊工作，迅速進行，免得材料則不勝其繳也。至於本廠今仍在進行擬修，先生附加指導，俾得早日縮短之期，均感矣。專此

奉頌 公祺

副主任周〇〇

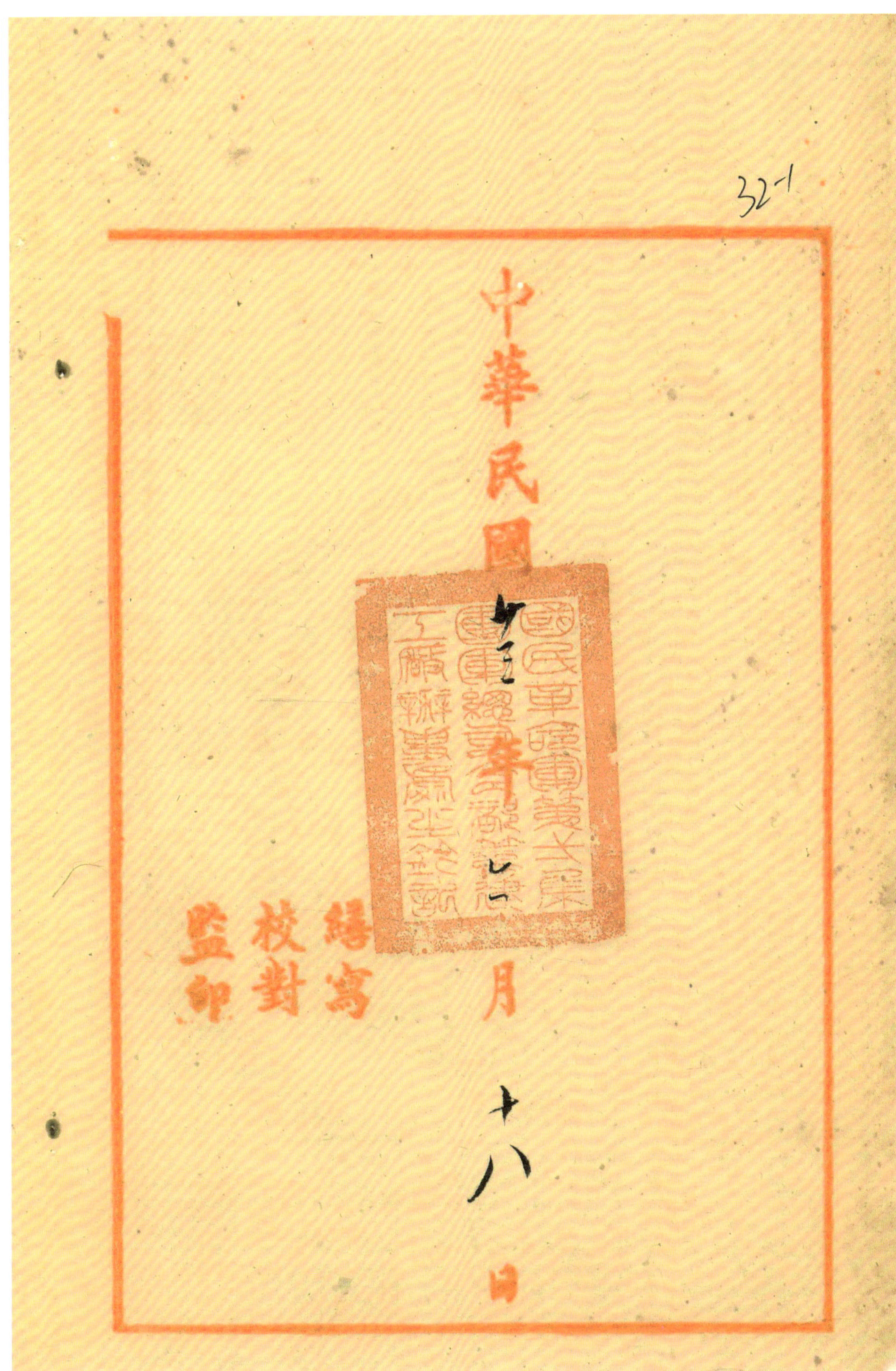

32-1

中華民國廿三年　月十八日

繕寫

校對

監印

周君实关于国民革命军第一集团军总司令部筹建工厂办事处工作情况的报告（一九三四年十二月二十五日）

十号

1.

33

刂 十二.廿六

報告 廿三年十二月廿五日於籌建工廠辦事處

謹將最近工作情形分列於后

甲、關於完成部份

A 填挖土方方面

一、工廠地基

二、鐵路路基

三、鐵路擬築至白塘車站地止

B、鐵路舖軌方面

一、由粤漢路本線已由白湖塘經工廠達本廠可以通行（由粤漢路局办理）

乙 建築方面

33-1

一、DEFHIK六廠

乙、関於建築中部份

A、鐵路鋪軌方面

一、B線一段鋪軌

二、白湖塘基本點至A廠一段之支線鋪軌

三、和樂尾鉄橋探測以來

B 建築方面

一、A廠天面三合土有一部未完

二、B廠地台鋪瀝青

三、C廠地台未鋪瀝青（地底有湿）

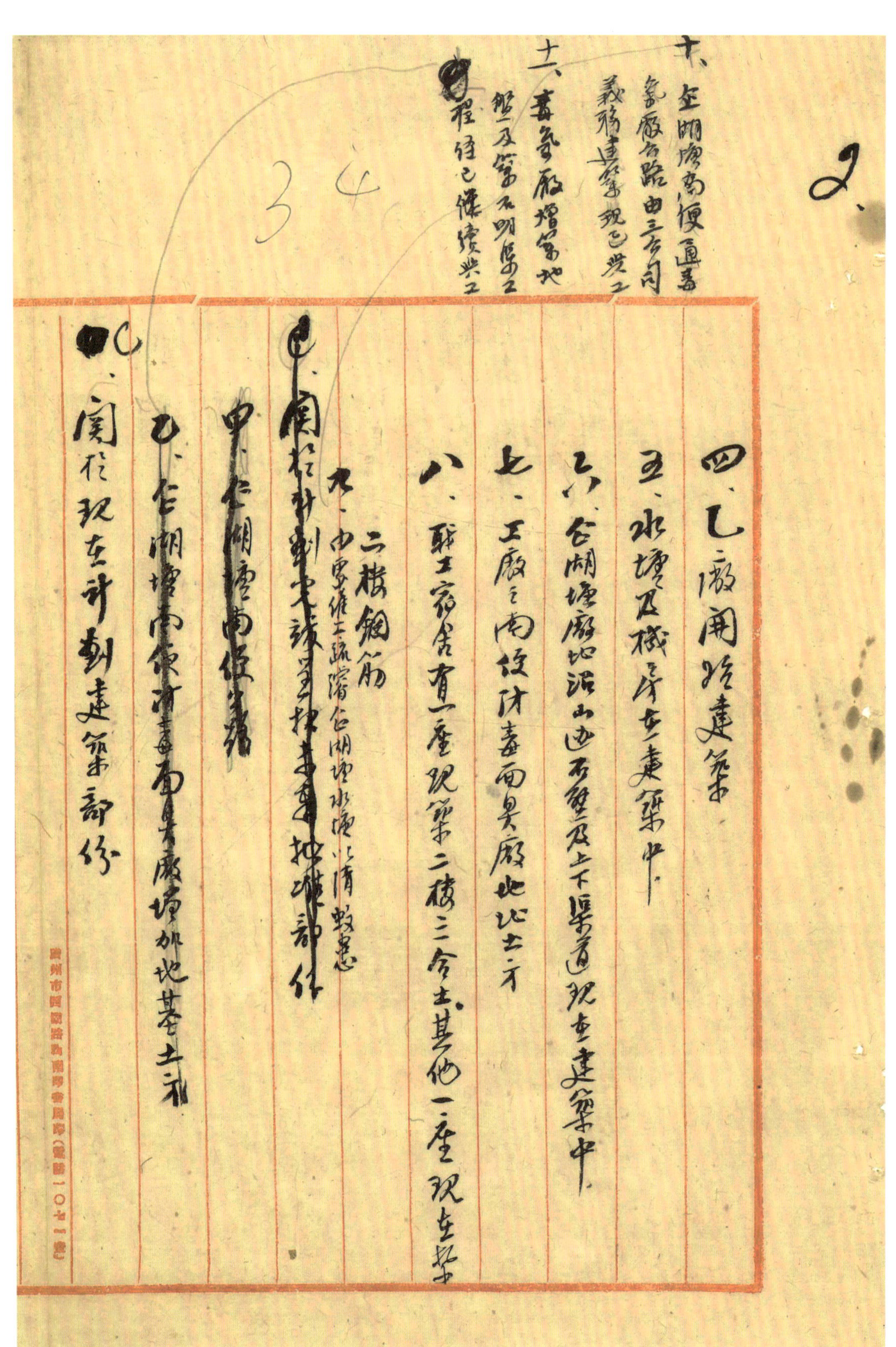

十、谷湖坝南侧通毒气厂公路由三合公司义务建筑现已兴工

十一、毒气厂增筑地盘工及管石明沟工程经已陆续兴工

四、乙厂区用地建筑

五、水塔及机房正建筑中。

六、谷湖坝厂地沿山边石岸及上下渠道现在建筑中。

七、工厂之内设计毒面具厂地挖土方

八、职工宿舍有一座现第二栋三合土其他一座现在挖

二栋钢筋

九、由宪维工疏浚谷湖坝水塘以清蚊患

~~丙、关于计划中之建筑事项拟建部份~~

~~甲、谷湖坝南侧仓库~~

乙、谷湖坝南侧消毒面具厂增加地基土方

丙、关于现在计划建筑部份

34-1

甲、笞湖塘工廠內各渠道

查廠四週山脚水道及附屬各廠下水由廠內三大暗渠流出，計共長二千六百九十呎

~~丁、由丁廠本邊山邊出水渠計共長一千九百二十七英尺~~

~~壬、由壬廠屋邊水渠計共長壹千零二十四英尺~~

~~壬、由壬廠屋邊水渠計共長七百五十四英尺~~

以上各項係關於建築方面情形，茲再略為補述。查完成者計有工廠地基、鐵路全部路基，業經呈由鈞部派員驗收，並將完成各項工程按目繳具詳細表冊呈核銷在案。至於建築方面全部完成者計有D E F H I K六廠，其餘B C兩廠現在補塗地台臘青，約十月間可全部完成。其乙一廠面積甚小，係作廁所之用，約一月內可完工。至於A廠建築因本

35

3.

本產量限廢曆年底完成，故現已加緊工作。至於方面拆（鐵）卸中部外，其餘材已妥爲運一部，其方面房屋已於廢曆年底租居全廠之以資擴削，視其工作之情形而定。其北境及機床現在建築中。惟水管之配置因香港未有全套購置，或因此而稍予阻延。鋼坯及鍛壓已由友成公司運至公路口，現已有一小部份待在發送矣。關於機器方面，已接運工廠者計有舊廠全廠之機器，現在工廠安置（中裝竟第）；發電所工程師云約於年一月底可以竣工。現在繼續運到香港者計有重要之零件，小木廠內用以開六子射運來琵即可入廠安裝矣，至於本桂鋤挖第二山坑，和築（毒氣廠）南其廠，其廠內面積（須要）周（兩）約

35-1

英國之過工程師指定地点面既要添大半，應立面積，計劃填挖土方、

東西寬長記須清單。日前據英國化驗處來函稱據德國工程師來

函云鑄鐵廠之面積不敷應用，須擬再行擴大，五

尹新圖，則面積計須應填土方約四萬餘方，鉅費尚約六千七百餘

元。謹[illegible]

核將來大局保經之公路由工廠直達第二山坑屯鐵礦廠，至

要務。惟來年之鋼鐵廠將來之要道，謹附往宪谟請擬

材料及應需計其數約置千斛，可以充足，茲面應購一大笔大利

等三公司全數義擇承造，以經本案單擬

錢核在於廠內各處擇道觀察地势，而各處擬築三道規

36

4

正計劃中之七項坑道總長二千八百公尺規定（計共需長二萬一千六百零五公尺二角）審核劃案，以前業經專案呈請鈞座鑒核在案

核示。正在第三華廠之黃草坑北岸現經測量其坑口須與安湖塘比基因高壓坑底須較高四十餘尺，須計其所用面積有六萬五千或五千平方未達一經測量完竣即行呈閱。職廠工宿舍一座，現在正築二樓三合土，其另一座擬二樓鋼筋，查其工作情形當能依期完成也。建築方面情形經如上述，關於處內工作再查須異常重視，機器現在安裝時期業行遷移，查往窮探望祇見特制出入証章，令發繳帶以杜奸宄及鞏固治安。謹據

36-1

衛兵一連分駐各地守衛各大第業經呈奉

核准其出入証章亦經頒到製發俾資遵守並送於本月警察局查照實行由

軍隊檢查出入証章者一律驗放以符定例惟軍隊換防一

連守衛其士兵等所住之軍棚自不敷用現因連部士兵人數組

織因其駐防地點設棚數座其搭棚價值約若干逕呈

核准前次蒙搭軍棚之價目業由投標承造以求迅速並

圖則經飭科商辦去後茲呈

核由工廠直達至廣州之長途電話以前曾由本部請電話所派

員來廠搭線並可由廠內與琶江車站通話惟與廣州之電

線則來文稱該處現未有材料須得暫行停止俟材料購備

此外附件

鋼產鑄件價遠照工以利通銷。再查鑿井一項，自設鑿井機除已停止作業計該鑿井期內支出工資費外，尚餘經費等肆拾元，已經各數遞繳，繳標有案，已於收用民用一項，既有契據標單、標售冊業已造妥，將標財務一併送呈（銷部由軍需處文）

核銷矣。

以上為辦理本處最近工作情形，兹將上述各節據陳，謹呈

參謀長繆轉呈

總司令陳

籌建工廠副主任周〇〇

57

軍政部兵工署第五十工廠二十七年下半年建築工程概況表

項目	名稱	數量	工程概要	所需經費	開工期		竣工期		自營或招商承包	備考
					年	月	年	月		
1	臨時倉庫	十四所計面積4370m²	細綁式竹棚篾席圍壁	6090 00	27	6	27	12	榮記棚廠、周福長棚廠、德勝棚廠	
2	臨時馬路	基面寬度6m長600m	沙土路面，木涵洞	1670 00	27	6	27	7	繆順興營造廠	
3	臨時警衛隊駐所排哨及廚房廁所	五所共計面積495m²	細綁式竹棚木地台篾席圍壁	1040 00	27	8	27	9	榮記棚廠	
4	臨時工場	三所共計面積392m²	細綁式竹棚竹批灰泥壁水泥混凝土地台	2100 00	27	10	27	11	竹棚：德勝棚廠 地台：蜀華公司	
5	臨時職工住所	六所共計面積443m²	細綁式竹棚竹批灰泥壁及篾席圍壁灰土地台及土地台	1185 00	27	11	27	12	榮記棚廠 德勝棚廠	
6	廠區馬路涵洞	基面寬度3.50-5.50支幹線合計長約6000m涵洞57座	沙土簡易路面水泥白灰沙漿結砌条石平涵及拱涵	68345 00	27	10			永慶公司 永新公司 裕川公司	正式路面尚未興築未計在內
7	製炮所廠房	十一座共計面積5236.54m²	条石墩子片石牆土牆及竹批泥牆青瓦屋面水泥混凝土地台其中五座有五噸重吊車設備	199030 00	27	10			地盤土石方：永慶公司 条石護土牆：裕川公司 房屋：蜀華公司 地台：裕慶廠	地盤土石方及護土牆在內
8	彈夫所廠房	九座共計面積3294.41m²	無吊車樑設備餘同上	135490 00	27	7			条石護土牆：華美公司，房屋：裕慶廠，餘同上	已完工三所 仝上
9	引信所廠房	三座共計面積914.75m²	仝上	25770 00	27	7			仝上	已完成二所 仝上
10	鍛工所廠房	二座共計面積783.15m²	其中一所有吊車樑設備餘同上	30680 00	27	7			条石護土牆：裕川公司餘同上	已完成一所 仝上
11	木工所廠房	三座共計面積686.69m²	無吊車樑設備餘同上	28460 00	27	7			条石護土牆：華美公司餘同上	已完成一所 仝上
12	工具所廠房	三座共計面積656.55m²	仝上	22870 00	27	7			仝上	仝上
13	鑄工所廠房	一座共計面積640.64m²	細綁式竹棚竹批灰泥壁沙地台	3900 00	27	12			地盤土石方：裕川公司	廠房由德勝棚廠造地盤土石方工程費在內
14	職員宿舍	十二座共計面積1587.25m²	泥牆土瓦屋面木板地台及檯角石地台	34640 00	27	8	27	12	地盤土石方：永慶 房屋：裕慶	仝上
15	機械士兵宿舍	六座共計面積1155.84m²	泥牆土瓦屋面灰沙三合土水泥粉光地台	28560 00	27	10	27	12	裕慶建築廠	
16	柴油機動力廠房	一座共計面積217.40m²	水泥混凝土拱座鋼筋混凝土拱面用通天山洞方式建築	38760 00	27	10			土石方：永慶公司 廠房：裕慶廠	所用4800公斤鋼筋未計在內
17	滾水壩	一座4m高共長14m	連二条石水泥灰沙漿結砌上架4m寬14m長木橋一座	26950 00	27	12			裕川公司	聯絡土堤及護坡在內
18	黑巡子橋及附設抽水機房	32m長4m寬10m高橋一座面積10.18m²抽水機房	連二条石水泥沙漿結砌墩子木桁面条石牆壁土瓦屋面木板地台抽水房一座	9050 00	27	12			張寶成	聯絡土堤工程費在內
19	橡柀廠廠房	十四座共計面積1008m²	開鑿山洞及加30m水泥混凝土結砌	51250 00	27	9			永新公司 張寶成 王文華	
20	防空山洞	2×2m山洞三座	30m水泥混凝土結砌長132m木架支撐200m	28840 00	27	9			華美公司	
總計				744680 00						

附說

本廠工程除一小部份臨時倉庫及臨時馬路係於廿七年六月間開工外其餘均係七月後開工者故上半年概況表不列

二十八年一月

地產科編製

军政部兵工署第五十工厂一九三九年第二期建设计划说明书（一九三九年二月）

李秘书
拟辦
三，十六

軍政部兵工署第五十工廠二十八年第二期建設計劃說明書

查本廠奉 命遷川，當擇定江北縣屬之郭家沱地方建設廠址，其經過情形，經于廿七年度第一期建設報告書內詳陳 鑒核在案。惟第一期建築計劃，限于時間關係，一切工程以迅速簡單為原則，故所有各廠房，除柴油機動力廠採取避彈建築外，其他均採疏散式之布置，分建於山谷之間。在防空上雖較勝於滬廠之原有建築，但管理則殊感困難，且植林需時，偽裝雖密，際此抗戰時期，材料之購置匪易，機械之補充尤艱，萬有一失，勢必影響全部工作。茲為謀本廠永久安全及工場管理上便利起見，擬將重要各廠集建於山洞之內、以石馬岡地方開鑿山洞為製炮廠、于銅鑼峽開鑿山洞為彈夾廠及樣板廠、則任何空襲、皆足以避免危險、且以策安全。本廠根據半年来建築新廠經驗、統計現在築成之廠房連同護土墻土石方工程、每平方公尺約國幣伍拾餘元、三十平方公尺横剖面面積之銅鑼峽山洞式廠房每平方公尺約八十餘元（山洞建築包括炸石結砌三十公分厚水泥拱圈及十公分厚地台在內）、若廠房山洞加以人工通風設備、則每平方公尺最多不過一百元。所需建築費雖較之普通廠房增加幾及一倍、然捨此別無安全之良策、且機器集中、管理既便、出品必速、於國防上實有莫大之裨益。

總計本廠製炮廠面積約三千平方公尺、彈夾廠約二千平方公尺、樣板廠約一千平方公尺、共計約六千平方公尺、需款僅五十萬元、此應擬舉辦者一。又本廠去年建築工程開始時、人少事繁、関於用地測量及工程測量各事宜、舉辦甚少、自應於本年内継續辦竣、總計該項費用、約需一萬元之譜、此應擬舉辦者二。又徵用民地一案、業經呈請轉呈行政院公告徵收在卷、計征用民地、共約面積四千九百餘市畝、每市畝以二十元計、及青苗補償拆遷各費、需款一十二萬元、亟待備款購買、此應舉辦者三。至廠中廠東各路路基涵洞、雖告完工、然石子路面約六公里、猶待鋪築、又廠西路基及涵洞橋樑約長六公里半及職工住舍區之防水堤路尚待本年興建、計共需九萬六千元之譜、此應舉辦者四、其

14-1

餘工程概算、均根據需要之緩急及工料之價格畧爲增減、或照第一期建設計劃書所列者、或則酌予取消、或則另案呈核、則留俟第三期建築、此本廠第二期建築計劃之大概也

军政部兵工署第五十一工厂厂长毛毅可为请寄开凿山洞图样及包价单价办法等致江杓的函
（一九三九年四月二十八日）

64

星伯吾兄厂长勋鉴：本处筹备伊始，百端待举，兹择在昆阳县属之海口地方筹建厂地，为避免空袭起见，拟在该地附近开凿山洞，藉策安全。查贵厂备有开山洞之图样及包价单价等办法，计划极详，足资借镜，拟请检赐各一份，并祈介绍包工之商号。本处通讯处为昆明翠湖

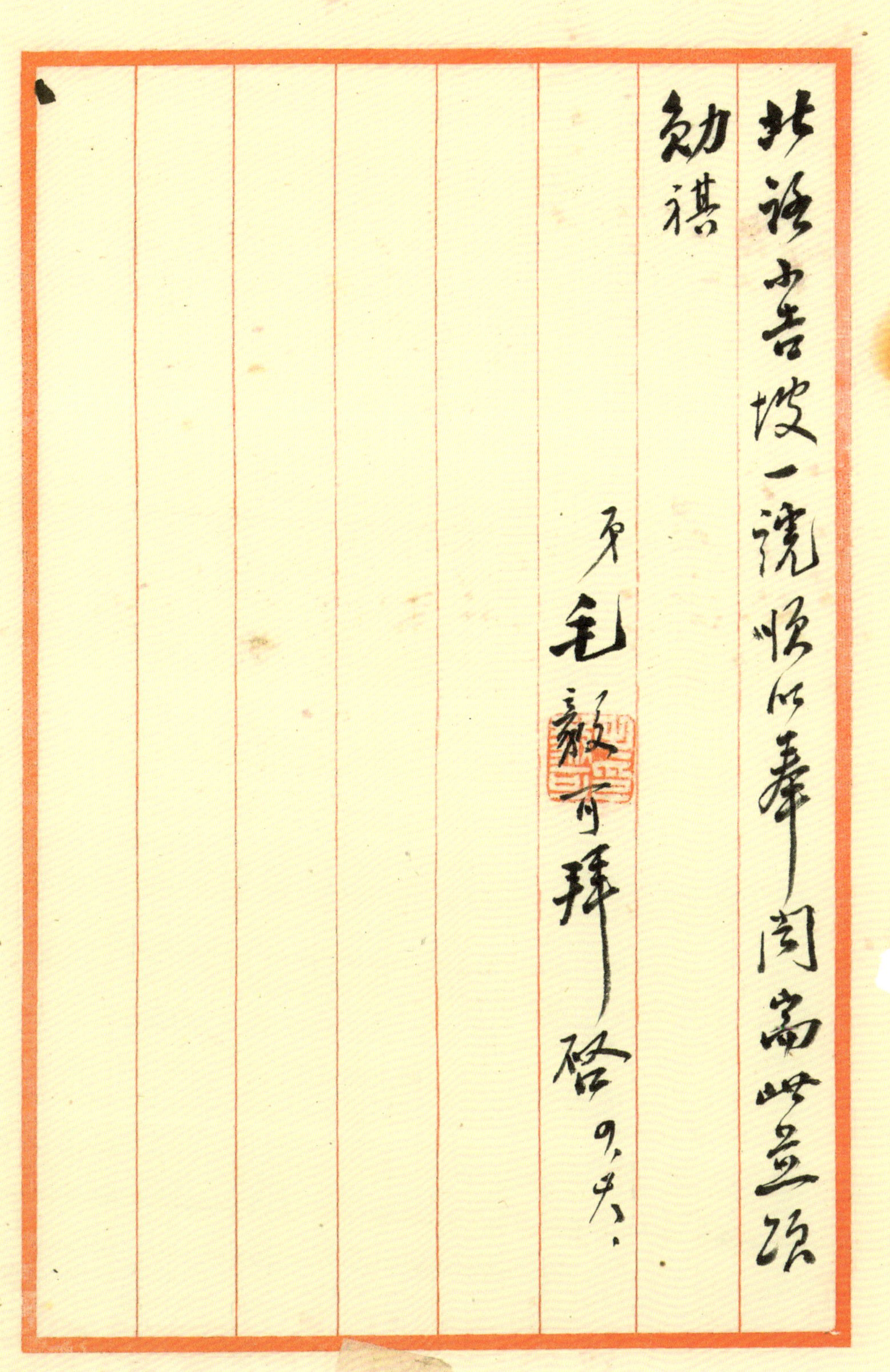

85

此種書披一讀，順以奉聞。專此並頌
勛祺

弟 毛毅可 拜啟 四、廿六、

江杓为寄送山洞蓝图及说明书复毛毅可的笺函（一九三九年五月二十四日）

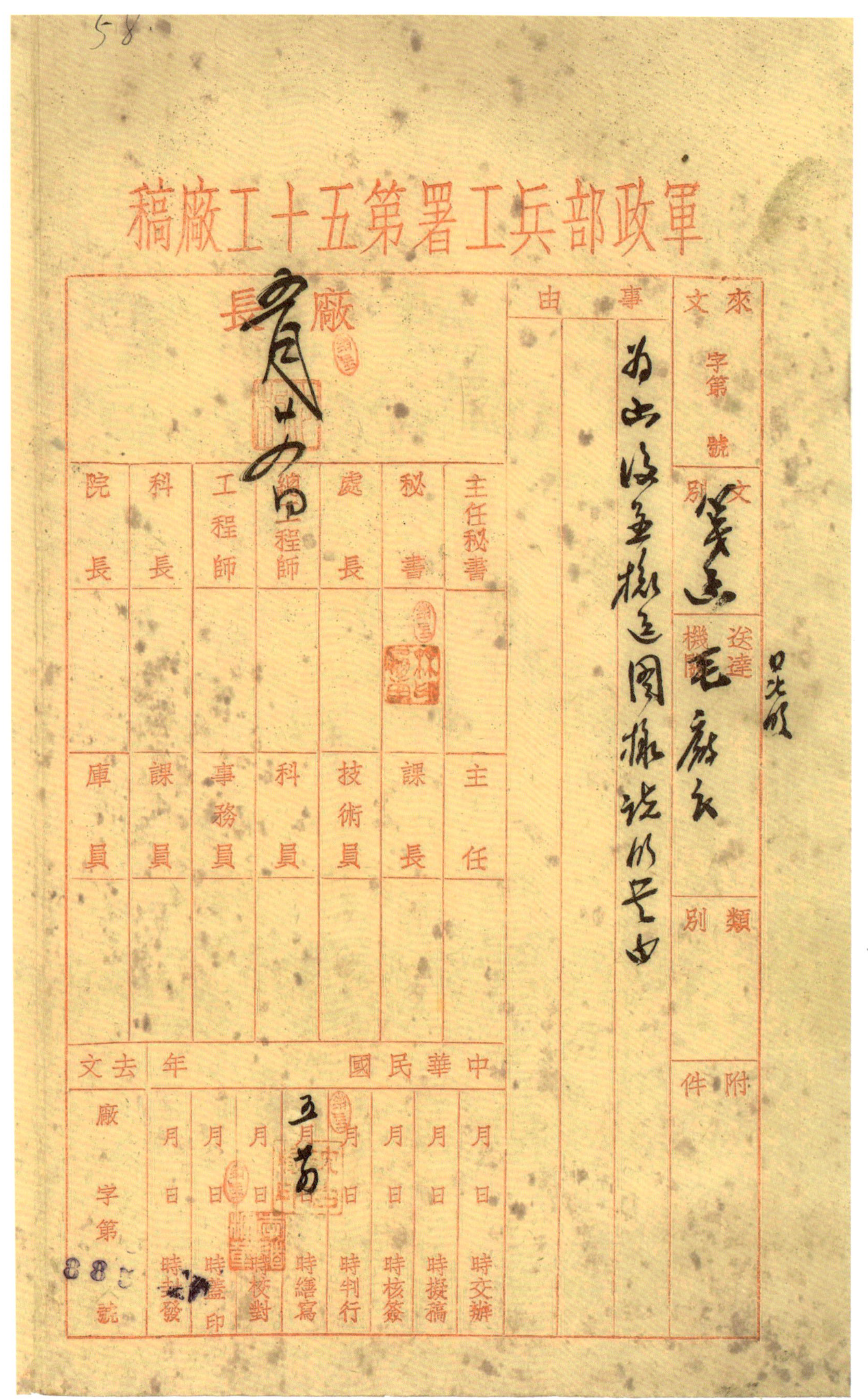

軍政部兵工署第五十工廠稿

5-8-1

箋玉

敬下吾兄廠長勛鑒：四月廿六日

大示拜悉。

在貴廠艱難創大業並急進之措施，

並先榮且惟且以承

詢山洞建築店特擬摩圖樣壹張，請

明年之修工竹。

業收暇下誨，為謀當讓竣以

陶寄候　弟汪□頓首　月　日

61

說明

(一)本廠防空山洞，可分為二種：(一)廠房山洞(附圖ㄗ803號3)(C460) 此種山洞為安置各種主要機器，並在洞内工作，藉以免空襲危險。(二)職工避空襲山洞，此種山洞為職工在空襲時避難之用。因地勢及重要性之不同，與為節省經費及急速完成起見，於工程上復分(A)水泥拱圈圓形山洞(附圖ㄗ803號4)(B)支撐木架方形山洞(附圖ㄗ802號1)。各種山洞之開鑿價值大致相同，合同之簽訂以單價為標準，而以收方之多寡為付款之根據。本條所

為限於地勢，洞口分上下兩个者

山洞之形式以疏散佈置為宜，與其鑿一寬長之洞，不若分闢數個窄孔之洞為安全也，且每一山洞至少須分開兩口，空氣得以流通，萬一此

被塞，猶有彼口可通，且洞口上面須有偽裝掩飾，以避空襲目標。

(二)開鑿價值 洞長以不超出五十公尺為度

(A)洞外部份： 泥土 每立方公尺國幣三角

鬆石　每立方公尺國幣捌角

堅石　每立方公尺國幣壹元叁角

(B)洞内部份：鬆石　每立方公尺國幣肆元伍角

堅石　每立方公尺國幣陸元伍角

(三)職工防空山洞内部結砌工程價值（民國二十七年[illegible]時）

(A)水泥混凝土牆　每立方公尺國幣拾五元五角

(B)水泥混凝土磚拱圈　每立方公尺國幣拾捌元五角

(C)1:4:3水泥白灰砂漿粉光二公分厚　每立方公尺國幣肆角

(D)1:[illegible]:[illegible]石灰三合土地台　每立方公尺國幣拾柒元

(E)1:[illegible]:[illegible]水泥白灰砂漿結砌條石牆每立方公尺國幣捌元捌角

62

(F) 1:2:6 水泥白灰砂漿結砌片石牆 每立方公尺國幣陸元

(G) 1:2:6 水泥白灰砂漿結砌片石溝 每公尺長壹元貳角

以上之單價包括各項材料及人工在內但水泥及木料由本廠供給方形山洞之木架由開鑿山洞之工人附帶支撑不另給價·

(四)廠房山洞內部工程（二十八年最近價格）

(A) 1:4:3:6 水泥白灰混凝土牆 每立方公尺國幣叁拾伍元

(B) 1:4:2:6 水泥白灰混凝土磚砌拱 每立方公尺國幣肆拾壹元

(C) 1:4:2 水泥白灰砂漿粉光二分厚 每平方公尺國幣貳元

(D) 4:1:2 水泥白灰砂漿粉光二公分厚 每平方公尺國幣壹元貳角伍分

(E) 拱上填片石 每立方公尺國幣伍角

62-1

(F) 柏木牆　每平方公尺四十元

(G) 1:2:4 鋼筋混凝土（鋼筋由本廠供給）　每立方公尺四十五元

(h) 1:半:3:6 水泥白灰混凝地台（十公分厚上敷1:半:2水泥二公分厚）　每平方公尺四元

(i) 血溝牆基鑿石　每立方公尺八元

(j) 地纜溝　每公尺兩元五角

以上價格，除鋼筋洋釘木料外，一切材料盡包括在內，水泥由本廠代購，以每桶十二元之價格作價

军政部兵工署第五十工厂为报送铜锣峡山洞布置总图致兵工署的呈（一九三九年八月十日）

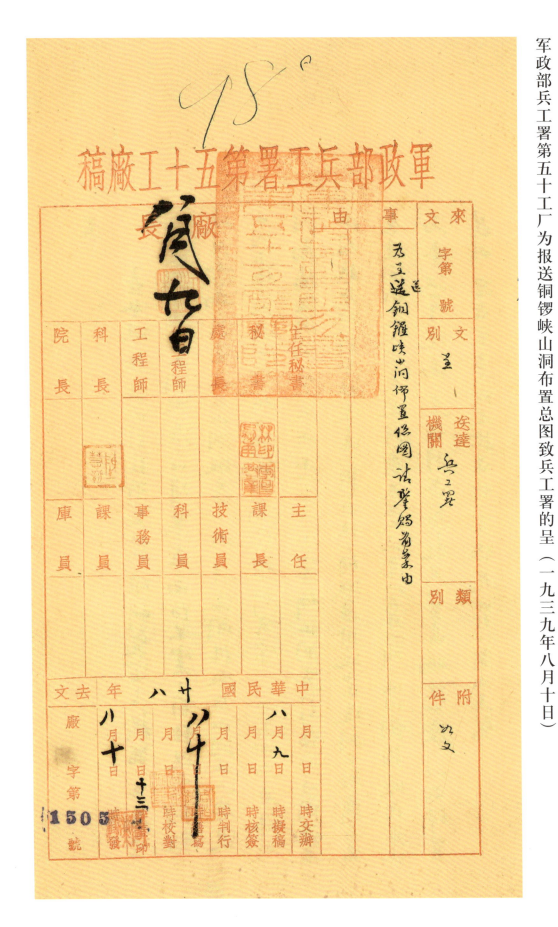

军政部兵工署第五十工厂稿

来文字第 号

文别：呈

送达机关：兵工署

附件：如文

事由：为呈送铜锣峡山洞布置总图请鉴核备案由

厂长：蔚 九日

中华民国廿八年去文厂字第 1505 号

八月九日撰稿

八月十日

881

呈

查本廠擬板所引信所及精礁研究室之機器，至爲重要，故爲籌建山洞廠房，以資裝置，而防不虞。前經選定銅鑼峽地点，爲興建該項山洞廠房之所，計需開掘廠房山洞十五座，進口洞三座，以新一號、新二號山洞爲精礁研究室，一、二、三、四、五，各號山洞爲擬板所，六、七、八、九、十、十一、十二、十三等號山洞爲引信所，復因該各山洞離本廠辦公廳過遠，擬在該山洞廠房附近建造辦公廳職員宿舍連廁所，工人食堂連厨房及工人休息室各一所，又以銅鑼峡內水流湍急，江岸陡高，爲便利運輸起見，另造碼頭一座，以上佈置情形，是否有當，理合檢送佈置總圖四份，備文呈請

99

鉴赐备案。至各洞之工程构造及其详细尺寸与所需经款，拟请

另行呈报，合併陈明！

谨呈

署长俞

附佈置总图一份

全衔名

军政部兵工署第五十工厂一九三八年建筑工程实况总报告书（一九三九年）

速

底稿

382

000025

24

軍政部兵工署第五十工廠二十七年建築工程實況總報告書（附五千分一佈置總圖及概況表各乙份）

查本廠遷桂

鈞令遷川設廠，當擇定四川江北縣屬之郭家沱暨巴縣之屬之大興場一帶地方為新建廠房及附屬建築工程地址，經於二十七年四月下旬開始辦理測量設計事項，並分別緩急，於同年六月間陸續興建上述各種工程。總計是年興工者有下列二十項：

（一）臨時倉庫十四座

（二）臨時馬路六百公尺

（三）臨時警衛隊駐所五座

（四）臨時工場三座

101

101

軍政部兵工署第五十工廠			用本圖代		沈 C460 總 1
			以代本圖		
	年月日	姓名	簽名	總圖張數	
設計				比例 1:500	第八號工程
繪圖					作業總圖
校核					
審定					

24-1

(五)臨時職工住所六座

(六)廠區馬路支幹綫合計共長六千〇四十公尺大小石砌涵洞五十七座

(七)製炮所廠房十一座

(八)彈夾所廠房九座

(九)引信所廠房三座

(十)鍛工所廠房二座

(十一)木工所廠房三座

(十二)工具所廠房三座

(十三)鑄工所廠房一座

(十四)職員宿舍十二座

二

000026

25

(十三)機械士兵宿舍六座

(十四)柴油機動力廠房一座

(十五)滚水坝一座

(十六)石墪木面橋二座附設抽水機房二座

(十七)樣板廠山洞廠房十四座

(十八)高寬各二公尺防空山洞三處共長三百三十二公尺

謹將以列各項工程進行狀況略陳於後

(一)臨時倉庫工程

查本廠俟建築完成後即將所有器材運達新廠地點,因新建廠房倉庫尚未完成以前,為求器材無從安放,期達保管器材起見,乃在江边附近趕出洪水

25-1

位位處選擇適宜地點建築竹蓬S1 S2 S3 S4 S5 S6 S7 S8 S9等九座作為臨時倉庫。此種竹蓬係用楠竹綑紮成架，上蓋竹瓦及土瓦，四周圍則以篾席作壁，蓋取其價廉而建造迅速。每座大小不等，視地勢[illegible]建造，約長約二十二公尺，寬約十四公尺，簷高三公尺。S1由同福長棚廠承造，S2 S3 S4 S5 S6 S8由榮記棚廠承造，S2 S7 S9則由德勝棚廠承造，於五月間開工，於六七月間先後完成，計共面積為三千一百七十五平方公尺。其後因運來器材日多，原有九座倉庫，容納不敷，亦為避免過於集中起見，乃另選與原庫距離較遠之處，加造S10 S11 S12 S13 S14等五座，大小式樣，均與前同，共計面積為一千一百九十五平方公尺，均由德勝棚廠承造，於同年十二月間先後完工。計本廠所搭之臨時倉庫，前後共十四座，面積為四千三百七十平方公尺，連同平地土方，计共用去六仟〇九十元，平均每平方公尺建筑费约为一元八角一分。

（二）临时马路工程

因本厂之临时仓库，均系在平水三十公尺以上建造者，为求依水时期起卸器材转运入库便利起见，爰于是年十月间，建筑临时道路一段，长六百公尺，路面宽度六公尺，由江边平水三十公尺之处起，以百分之六之斜度上坡，而达临库，该路计有土方四千〇九十九公方，石方四百八十四公方，系由许洪兴营造厂承办，本路涵洞五座，则由该厂购料自办，计共用去工程费一千六百七十元，其路面及护坡则暂不铺造。

（三）临时警卫队驻所及碉堡工程

是年六七月间，本厂以警卫队亦到达日众，所借用之李宅楼房不敷飛機、乃在T_1、T_2、T_3、T_4、T_5等處建造竹架竹瓦篾席圍壁之竹棚五座、以為警衛隊臨時駐宿之用、計T_1為官兵駐所、面積為三百一十七平方尺、可容官兵一中隊、T_2為廚房洗澡房及伙伕寢室、面積為五十四平方尺、T_3為廁所、面積為三十三平方尺、T_4為棚哨、面積為七十七平方尺、可容官兵一分隊、T_5為棚哨廚房、面積為十四平方尺、T_1、T_2、T_3、T_4係由榮記棚廠承辦、T_5則由德勝棚廠承辦、於去年八月間開工、九月間完成、五座共計面積為四百九十五平方尺、共需費一千〇四十元、平均每平方尺建築費、為二元一角。

（四）臨時工場工程

本廠以在建築期內、各種修造工作當屬不少、故為便利起見、並於

四

是年十月间，择定此此此等处建筑竹批灰泥壁竹瓦屋顶之竹棚三座，作临时工场，并在此铺造十公分厚一：三：六之水泥混凝土地面（混凝土用十公分厚碎石垫底），以便安放各种车床，为车工间，面积为一百七十五平方公尺；此为打铁间，面积为七十五平方公尺；此为电焊及木工等工作间，面积为一百四十二平方公尺；此此均未铺造地面。竹棚工程系由德胜棚厂承办，水泥地面则由马华昌营造厂承办，其所需之水泥则由本厂供给，均在十月间完成。三座共计面积为三百九十二平方公尺，共费二千一百元，平均每平方公尺造价为五元三角五分。

（五）临时职工住所工程

本厂以迁建关系，所征租赁厂房工同时兴工，在厂造马场未完成以前，所有监理员工，每日往返奔走，深为费时不便，乃择定X_1、X_2二处建筑竹架、竹顶、竹批灰泥围壁、石灰煤屑土地台、竹棚二座，以为监理AD各所办公房、工程员工住宿之用，X_1为职员驻所，面积为六十三平方公尺，可容职员四人，X_2为附房、洗澡间、厕所及佣役寝室，面积为二十平方公尺，均由同福泰棚厂承造，惟窗门玻璃则由本厂自备，于是年十月间开工，十一月间完工，合计面积八十三平方公尺，共费五百五十元，平均每平方公尺为六元六〇三分，嗣因建筑工人回家，原有民房不敷租用，为便利新到之工人住宿起见，复于X_3、X_4、X_5、X_6四处营造竹架、草顶、篾席围壁竹棚四所，每所面积平均为九十平方公尺，约可容五十余人，四所合计为三百六十平方公尺，可容二百余人，系由德胜棚厂承造，于是年十二月间完成

五

~~000029~~ 28

前工程費六佰三十五元，平均每平方丈為一元七〇七分。建築費

（六）廠區馬路涵洞工程

本廠廠區馬路，計有廠東廠中廠西幹線三條，支線七條，共長十餘公里，大小涵洞一百餘座，是年不及全部安設，僅將急待應用者之部份先行興築。（A）其一為廠中路中段（由標點〇·六〇〇公里起至三·七六〇公里止）及其A、B、C、D等支線，共長四千三百四十丈，土石方共五萬一千二百〇〇方，每方平均為六角，共需費三萬〇七百二十〇元，內有二〇〇丈孔拱涵五座，〇·六〇〇丈闊，一·二〇〇丈高，雙孔方涵二座，〇·六〇〇丈闊，〇·九〇〇丈高，單孔方涵三十四座，均用迭二層石及一·二·六水泥白灰沙漿砌成，計共漿一千六百三十〇方，每方連水泥及拱架木料等，平均約需費十元五角，合計本段涵洞工程費為一萬七千

一百一十五元、本路々基隧洞、係分三段招商承造：由標點〇、六六八公里至一、七〇〇公里、連同A乃C乃等支線、為第一段，於是年十月間與永慶建築工廠嚴訂合同，办理後、以該廠工作進行甚緩、有碍本廠交通、遂於十一月間將其未開工部份收回、改由裕川公司办理、限於是年年底將大段趕築完工，餘則迄猶未竣也。由標點一、七〇〇公里至二、六〇〇公里為第二段，亦於是年十月間招由裕川公司承办、路基工程限於年底大段完成、惟隧洞則因趕造第一段隧洞關係、其中曾停頓月餘、故進行稍緩、預計三十八年二月初間、方可完工、由標點二、六〇〇至三、[illegible]公里為第三段、亦於同年十月間招由永新公司承办、惟工作進行甚緩、雖經再三催促、仍不能如期完成、截至年底本段路基約已完成百分之六十、隧洞則僅竣約百分之十五而已、預計三十八年三月間

六

000030 29

方能完工。其二则为厂东路第二段及其第一支线，由标志一三二〇公尺起至三一〇〇公尺止，共长一千七百公尺，路基约有土石方三万二千公方，每公方平均约需五角，共约需费一万六千元；涵洞有〇·六公尺阔〇·九〇公尺高双孔方涵一座及单孔方涵十五座，所有进洪与厂中路同，共计四佰五十一公方，每方连水泥约需十元，共计需费四千五百一十元。本段工程系于是年十一月间招由裕川公司承办，截至年底，路基均完成约百分之三十，涵洞均完成约百分之十，计原订本年二月底可全部完工，总计本项工程（路线共长一千〇四十公尺连同涵洞）共需费六万八千三百四十五元，平均每公里建筑费为一万[illegible]千三百三十元。

（七）制孔炮所厂房工程

查本厂各所厂房，因地势关系，均系依靠山坡建筑，略为谋防空掩蔽

29-1

便利起見，將廠房嵌入山坡之內約二百尺（鑄工所廠房例外），使炸彈破

除不易破壞，廠內機器且能密為偽裝，減少目標，惟未識本廠以時

間及經濟關係，亦有簡單建築，其中選出廠房計共十一座，選定A1

A2 A3 A4 A5 A6 A7 A8 A9 A12 A10 等處為廠址，各廠之寬度均為八十四呎，最

大為一八四〇呎，長度最小為四三五四呎，最大為六〇〇四呎，全部共計面積

為五三三六五四平方呎，分四部份招商承建，其第一部為地盤土石方，其數為

四萬一千六百〇五立方，計價為二萬五千五百八十元，於是年六月間招由永慶

建築工廠承辦，於九月至十二月間先後完工，其所以延誤致此者，雖屬承商

辦理不善，而本廠因修正計劃頗多，不無相當影響，蓋因本廠當時初籌勘

因種種關係初到此地，對於當地土石性質認識不深，復以時間關係急促，未加詳

000031 30

两不及举行土质探验，使明其内层情形，及至开挖地盘后，发觉内层土质与原设计之假定相去甚远，因此各厂房之原定建筑计划，不得不加以修正，以符实情，因此不特土石方数大为增加，而时间虚耗不少，此不特制就所情形，亦即其他各所为美，不足为训也。各厂房工程进行不能开工者年余也。第二部为厂房工程，系用速之系在一、二、七水坭白灰沙灰结砌墩子，前墙窗下部份，以一、二、七水坭白灰沙浆结砌，作石墙，其上则为竹批灰坭墙，两旁山墙及后墙则均以作石作脚，上打土墙，至窗盘再上则为竹批灰坭墙，门窗均用柏木造成，屋面则用土瓦。A1、A3、A4、A9、A12五座，均有五顿载重吊车设备，由华新承办木工厂A2、A3、A4、A5、A6、A7、A8、A11、A12、A10等十座，裕庆鸿记承办A1一座、

30-1

但全部竹批灰坭牆，則由德勝棚廠承辦，計需費一萬七千八佰元，而本廠所裝之防石玻璃、五金、屋架、鐵件及鋼筋等件，係由粵購來，價較低廉，均未列入。呈準年已試約已完成約全部之三十%，預計下半年月間，即可全部完工。第三部為護土牆，本廠之廠房，其建築方式，既如上述，又以當地土石之容易風化潰卸，為謀廠房安全計，不得不在廠房之左右及後面，加建護土牆（廠房前面已有廠房本身之防石牆作護土牆，故無須再建）。誠如上述，當地土石之特殊，初發以地之人，不易認識，非有相當時間之觀察，不敢計劃辦理，且此項計劃工程頗為浩大，全廠合計不下十餘萬元，為節省計，業經再三考慮，擇其土石層情形險利，對於廠房不致發生重大危險者，如A1 A3 A10等暫緩建築，其他則按其高低及土石情形，加以相當保護，為務此項

八

~~000032~~ 31

護土牆，係以連二條石及一：六水泥白灰沙漿砌成，全所共需二千三百六十公方，概於本年十月間，概由裕川公司承造，連同水泥由本廠供給，核算連同水泥需費三萬九千八百餘元，本項工程因計劃確定較遲，故尚未開工，僅將條石準備而已。第四部份為廠房內之水泥地或混凝土地面，全所共約四千七百一十五平方公尺，分兩層鋪造，下為一：三：六水泥混凝土，厚十二公分，上為一：三水泥沙漿粉刷，厚二公分，共厚十四公分，係由裕慶鴻記建築廠承造，總計需費二萬八千二百九十元，因廠房尚未完成，故尚未興工，其完工當在廠房完竣之後。總計製砲所全部工程費，連同本廠供給材料費在內，總計約需一十九萬九千零三十元，平均每平方公尺建築費為三十八元。

（三）彈夾所廠房工程

本所廠房計共九座，選定B11 B12 B13 B14 B15 B16 B17 B18 B19等處為建築廠址，其工程大要與製炮所同，但均無安全設備，共計面積為三二九四一平方公尺，分為四部招商建築，第一部為地盤土石方，計共二萬五千七百三十三公方，需費一萬七千三百八十元，於是年六月間招由永慶建築工廠承造，旋因雨水迭原因，延至九月至十月間方陸續完工，第二部為房屋工程，由裕慶鴻記建築廠承造，竹批灰泥墻則由德勝棚廠辦理，計需費五萬三千三百元，本廠供給之磚石玻璃瓦屋架鐵件等不在內，截至本年底，約已完成約價之六成（B14 B15 B16三座均已大致完工），其餘預計三十六年二月間，可陸續竣工。第三部為護土墻工程，大要與製炮所同，除B14稍後建築外，餘均建造，共計三千〇六十七方，由華美兄弟

九

000033 32

建筑工程承造，分图上述厂房，迄至十月间始开始砌，及至年底约已完成约百分之十五，预计三十年三月间方可完工，共需费约三万六千六百五十元。第四部为水塔混凝土地台，构造均已于本年十月间由裕庆鸿记承造，共计面积二千九百一十平方公尺，需费一万七千五百元，至本年底已完成约百分之十五，全部完工后须在厂房完成后，总计该项全部工程，连厂房供给材料在内，共需费一十三万五千四百九十元，平均每平方公尺建筑费为四十一元。

(九)打信号厂房工程

本号厂房计共三座，选定C20 C21 C22三处为厂址，工程大要与针药厂同，共计面积为九一五七五平方公尺，分为四部招商建筑，第一部地盘土石方，计共六千六百十五公方，共費二千七百元。於六月間招由永慶建築工廠承辦，亦因延開工，係延至九十兩月方得先後完工。第二部為房屋工程，由祥慶鴻記承辦；竹批灰泥牆，則由德勝棚廠承造，計需費一萬一千三百元。所用之清石玻璃五金鐵件等，均由本廠供給，未計在內，至年底始已完成預料之六十（以前則已大致完工），其餘預計本年六月間即可完工。第三部為護土牆，構造與上同，除以前可增建築外，其他均該建築共數為三百八十四公方，係華美工商建築司承造，需費四千六百元，此款工程計本年三月間方能完工。第四部為水泥混凝土地台，係於十二月間招由祥慶鴻記承造，共數八百一十八平方公尺，需費四千九百一十元，預計本年二月間即可完工。因其完工後在廠房之後，總計引信所全部工程費，約需本廠

000034 33

材料在内，为二万五千七百七十元，平均每平方公尺建筑费为二十八元余。

(廿)假工所厂房工程

本所厂房计祇二座，选定D23、D24二处为建筑地址，D23系有五吨载重吊车梯设备、敞厂房高度特大，为七·二〇公尺，其余与他厂同，两所合计面积为七八三·一五平方公尺，分由四部招商建筑，第一部地盘土石方为五千八佰四十六公方，造费三千四佰一十元，[illegible]六月间与其他厂房同由永庆工厂办理，D24因方数较小，已于九月间完工，D23则较后至十一月才竣工，第二部厂房工程，系蜀华公司承办，惟竹批灰泥墙则归德胜棚厂办理，共费一万四千七百元，本厂供给材料费不在内，至年底约已完成约百分之二十(D24已大致完工)，预计二十八年一月间即可完工，第三部为筑土墙，D24因情形較為順利，故稍後建築D23則只需加造其數約四百平公方，需費五千五百元，由福川公司承建，因地盤完成較遲，其計劃尚未最後確定，故第三部尚未承築，大約二十六年四月間方可完工。第四部為各部機器基礎，因本所之廠房均不須加造地基，但因廠房尚完工，故仍未及辦理。預算需費四千二百三十元，完工之期約在二十六年五月。總計鍛工所全部工程，連同本廠供給材料，計算約為三萬〇六百八十元，平均每平方公尺建築費為三十九元二角。

（七）木工所廠房工程

本所廠房，計有三座，選定E25、E26、E27三處為建築地址，工程大致與引信所同，共計面積為六八六六九平方公尺，亦分四部招商建築，第一

十六

34

部地盤土石方，與他廠同由永慶建築公司承造，共數七千五百〇二元，需費五千四百八十元，除區一小部份外，餘均於年底前先後完工。第二部廠房工程及竹批泥牆，其承商與引信所同，共價一萬〇四百元，（本廠材料不在內）定年底已完成約計之四十，（區已大段完工）餘約三十天可完成。第三部護土牆，除築區外，其餘續亦計為伍百七十五方，預計六千八百五十元，由集義營造承辦，因土石方尚未完工，尚未興築，預計半月間方可完工。又第四部水泥混凝土地區，共計六百一十平方公尺，需費三千六百五十元，由裕慶鴻記承造，因招商遍遲，故年內區內仍主辦理，其完工日期須在廠房完成之後。又總計本工作全部工程費，連本廠材料在內約需二萬八千四百六十元，平均每平方公尺建築費為四十一元四角。

(十二)工業廠房工程

本所廠房共計四座、選定廠后下30等處為建築地址、工程去春與本工所同、共計面積為六五六、五五平方公尺、其中一部及承商與本工所同、第一部地基土石方為四仟〇二十公方、需費三千五百三十元、係於是年十一十二月間完工、第二部房屋工程及所批灰泥牆、共價一萬〇八佰元、在廠但係材料不敷用、已完成百分之二十、預計三十八年三月間全部完工、第三部護土牆、除廠后須要建築外、餘均竣工、計共二百五十四公方、共價三千四百五十元、本年尚未動工、預計三十八年四月間方能完工、第四部水泥混凝土地面、共估五百七十五平方公尺、需費三千四佰五十元、因年內房屋未成、所以未開始工程、預計完工日期、須在房屋工程完成之後、總計工業所全部工程费连本厂材料在内，总计为二万二千八百七十元，平均每平方公尺建筑费为三十四元八角。

乙、铸工所厂房工程

本所厂房仅系一层，遂定所需为建筑地址面积为六百○六平方公尺，构造与他厂不同，系用竹架竹瓦竹棚，四周以竹批夹泥糊为墙，不铺造地皮，故只分两部份，招商建造第一部地盘土石方，共计为一千三百公立方，总计需费一千四百九十元，于是年十二月间招由禄川公司承建，业已完成约百分之二十五，预计三十年一月间即可完工。其二为竹棚工程，由德胜棚厂承办，其所需之门窗玻璃则由本厂供给，围圈排沟亦由本厂自办，总计需费二千一百元，总计铸工所全部工程费为三千（连同本厂自办工料在内）

35-1

折合元、平均每平方丈造價為六元〇八仙。

（丙）職員宿舍工程

本項工程，計共十二座，選定第1第2第3第4第5第6第7第8第9第10第11第12等座為建築地址，共計面積一三、八七、二五平方英尺，第1……第11座為職員宿舍，共計面積為一一二七、八八平方英尺，可容職員一百四十四人，其構造係以清石及土作外牆，以厚杉條隔作內牆，土瓦屋面、灰板天花、木板地台、杉木門窗。其他第一、第四座，則為工人駐所，浴室、厠所及廚房，共計面積二三五九、四四平方英尺，構造大要，內外均係土牆，惟浴厠之間，則用磚牆，土瓦屋面、杉木門窗，積角石及灰沙三合土、批水泥沙漿地台，所有清石門窗五金、玻璃，均由本廠供給，於是年七月間招由裕永慶滔記承辦，共價為三萬一千五百元，地盤土石方則同時亦由永慶建築廠承造，共做四仟八佰一十八公方，共費一千二百〇四元，九月間完工。房屋工程八月間開始，十二月完成。總計全部工程費連同本廠材料費在內，為三萬四千六佰四十元，平均每平方公尺建築費為二十五元。

(十五)機械士兵宿舍工程

本項工程計共六座，選定乙1、乙2、乙3、乙4、乙5、乙6等處為建築地址，共計面積為一五〇八·四平方公尺，其中乙1、乙2、乙3、乙4四座為宿舍、及盥洗室，面積為一五三二[illegible]平方公尺，可住機械士兵三百八十四名，構造大要係用條石作牆腳，上築土牆、土瓦屋面、屋板天花、十公分厚白灰三合土作底，上鋪二公分厚水泥沙漿地面、杉木門窗。乙5及乙6為廁所，共計面積一〇二·九〇平方公尺，構造與宿舍同，惟無天元、據是年十月間招由該處鳴凡承造、共價二萬七千元、惟此項玻璃五金等件、則由本廠供給、年底完成、總計全部工程費連同本廠材料、共約為六萬八千五百六十元、平均每平方公尺建築費為二千四百元八角。

（七）柴油機動力廠房工程

本項工程、以其關係重要、對於空襲防務須安全、曾計劃在A1及A2之間採用開鑿山洞方式建築、乃因招標結果、各包商或以工程期限須在一年以上、或標價過昂、均為本廠在時間上及經濟上所不許、祇得臨時變更計劃、另在J32處採用通天山洞方式建築、以其所需時間較短、而招商亦較易也、本廠共計面積為二七四〇平方公尺、係作圓拱方式建築、內寬八·四〇公尺、高度

十五

37　000038

收之，拱顶厚度六十公分，拱脚厚度一二〇公尺，拱座每间长度为十八公尺，均用水泥混凝土筑成，且拱有双层钢筋，拱之上则填盖土石一层，厚约三公尺，其上复砌坚硬条石一层，厚约一公尺（以为爆炸层），其上再填泥土一公尺，以迄建筑物计，小型炸弹当不致危及厂内机器。该项工程系分两部招商承造，第一部为土石方，共计四千二百六十立方，需费四千二百六十元，於本年十月间招由永庆建筑工厂承办，依照合同规定二十天内即须完工，乃因该厂办理不善，屡误工期，完成延至二十八年二月四日方告完工，按本厂对之不得不执行罚则，计（系本厂土石方工程）共迟延工期二十三天，共罚款二千〇四十六元，以儆效尤。[illegible]计不得不然也。第二部份为厂房工程，系招由庆鸿记承建，惟所需之模架木料、铁件钢筋、水泥、沥青、铁钉、铁线等物，则由本厂供，

37-1

總結計共需三萬四千五百元，半年內僅能修造畢備用工作，不能正式建屋，估計二十八年二月底方能大部完成，以便安裝機器。總計全部工程約需費三萬八千七百二十元，平均每平方公尺建築費為一百七十九元。

（七）瀦水壩工程

本廠廠房雖均分配於水溪兩岸之山谷，兩水溪流域不大，旱季期內水量甚小，因之本廠用水殊感困難，倘由長江抽水入內，不特工大費鉅，且甚不可靠，蓋機總管破斷，則全廠水荒，因再三考慮，乃選定凡處建築水壩一座，以調節本廠內水流，使旱季期內儲有相當水量備用，而在雨季時適量之雨水無須盡行出江，必要時壩內水並可作為廠內舟楫之用，故本壩之建築實甚需要。此項壩之建築計分三孔，首末兩孔為固定部份，頂之平水為

況本廠之建築機動力廠，並在其附近，將來該廠之用水問題同時得解決。

十六

38 ~~000039~~

二十四公尺，坝底平水为二十七公尺，长四十公尺，系用速二条石及一、四、八、一、三水泥沙灰沙浆砌成，堆坝顶则用一、二、四水泥混凝土为之，其上尚可加设闸板，至平水二十八公尺，于必要时可将水位调节至二十八公尺，坝中孔则为活动坝构造，用双层闸板，孔宽二公尺，在平水二十七公尺以上、二十八公尺以下可以溢由此自由调节水位，并为建桥座及其墙一座，中建桥墩二座，在平水三十五公尺，架设四公尺宽高公尺长木桥一座，既能作起落闸板之用，复可便利厂东厂中两路间之交通。于本厂稼穑农务，且堆水坝与两路间尚须筑堤一座，及铺砌护坡，方能生效。本项工程，其水闸部分，已于是年十二月间与裕川公司订约承建，堆水坝则由本厂供给材料，共需费一万四千元，均已完成，约于二十、预计廿八年三月可全部完工，至堤防工程，尚未觅人承造，预算需

38-1

欵壹萬二千九百五十元，總計全部工程，共需二萬六千九百五十元。

（六）石墊木橋及抽水機房工程

本項工程，係在紫洞機動力廠與附近，係選擇卫處為建築地址，以為拱衛廠東廠中兩路之用，因其位居全廠之中心，對於廠區交通，殊為重要。

本橋計共四孔，每孔寬度為八公尺，橋面寬度四公尺，橋高約十公尺，因要其橋面而在洪水位之上，係以五根，截面設計，橋墩係以迷二番石及一·二·六水泥白灰沙漿砌成，橋面則利用紫洞機廠混凝土拱架拆下之木料，竟之省費不少。

又為解決紫洞機等廠之用水起見，並在西便橋墩附建一抽水機房，面積為百七五平方公尺，機房之下，為用迷二番石（一·二·六水泥白灰沙漿及）砌成之儲水井，使用水由此抽上。又因機房內需要一節樑，故其承壁係用迷二番石砌成，其他部份則用土牆。

39 000040

四、房内地面，係以木板鋪之，上蓋洋式瓦，建築該兩間，每建全部工程，價係按十有間、樓由張家成承建，惟水泥及木料鐵件，均由本廠供給，依計需費共為七千一百元。此外橋梁與廠東廠中兩路間，尚須建築路基一段，約需費一千九百五十元，總計全部工程，需費九千〇五十元。

（九）樣板廠山洞廠房工程

本廠樣板廠機器除由貴重，為慎重起見，乃選定銅鑼峽山1、山2、山3、山4、山5、山6、山7、山8、山9、山10、山11、山12、山13、山14號崖之處，開鑿山洞十四個，以為安裝該廠機器之用，每洞高寬各六公尺，深十二公尺，（共計面積為一百八十平方公尺）各洞之距離為三至二十公尺。後程洞底之處，開鑿一橫洞，高寬二公尺，藉資各洞連絡，（俾彼此相通）使合為一洞為

本年内擬祗辦理開鑿工程，至內部結砌，則留待明年辦理。查本項開鑿

39-1

工程、原於前月間，招由永新公司承包，乃因該公司未能依照合同規定派遣石匠，因致分班工作，以致進度延滞異常。乃於本月間將山1山2山6山7四洞收回，轉交張萬成承辦，進度較前為速。現計山3已完成佰分之九十五，山4完成佰分之六十，山1山2山7則完成佰分之四十五，山6完成佰分之三十。其餘各洞，祇將洞前有碍工程石岩鑿去完，尚未進洞至鑿工作。全部開鑿工程預計二十八年六月間，方能完成，需費約五萬一千二百五十元，繕填明表在內。平均每平方公尺開鑿費為五十元〇八角。

（六）防空山洞工程

為防空襲時，本廠員工以及重要文件圖案，不致感受危險起見，乃選定E1、E2、E3三處，開鑿防空山洞三度，招由華美兄弟建築公司承造。

40 404

是年一月间开始工作，岩洞高宽均为二十尺，甲山洞，且加凿八十四尺深之二洞，两个专作安放重要文件图案之用，并用一：三：六水坭混凝土结砌，为三十公分厚，每一洞合计共长一百三十二尺，所用之水坭木料由本厂供给，核算全洞共需费一万八千八百四十元，乙及丙则拟不加结砌，祇用木架支撑，共长二百四十尺，木料亦由本厂供给，预计需费一万元，三洞合计共需二万八千八百四十元，截至本年六月底，计甲完成百分之五十，乙完成百分之二十，丙完成百分之二十五，因洞内面积不大，不能同时容纳多人工作，以致进行不无稍缓焉。

统观本厂二十七年之建筑工程，共六十项，预算需费七十四万四千六百八十元，大致于二十八年三月间可以完工，至其详细情形，附呈

407

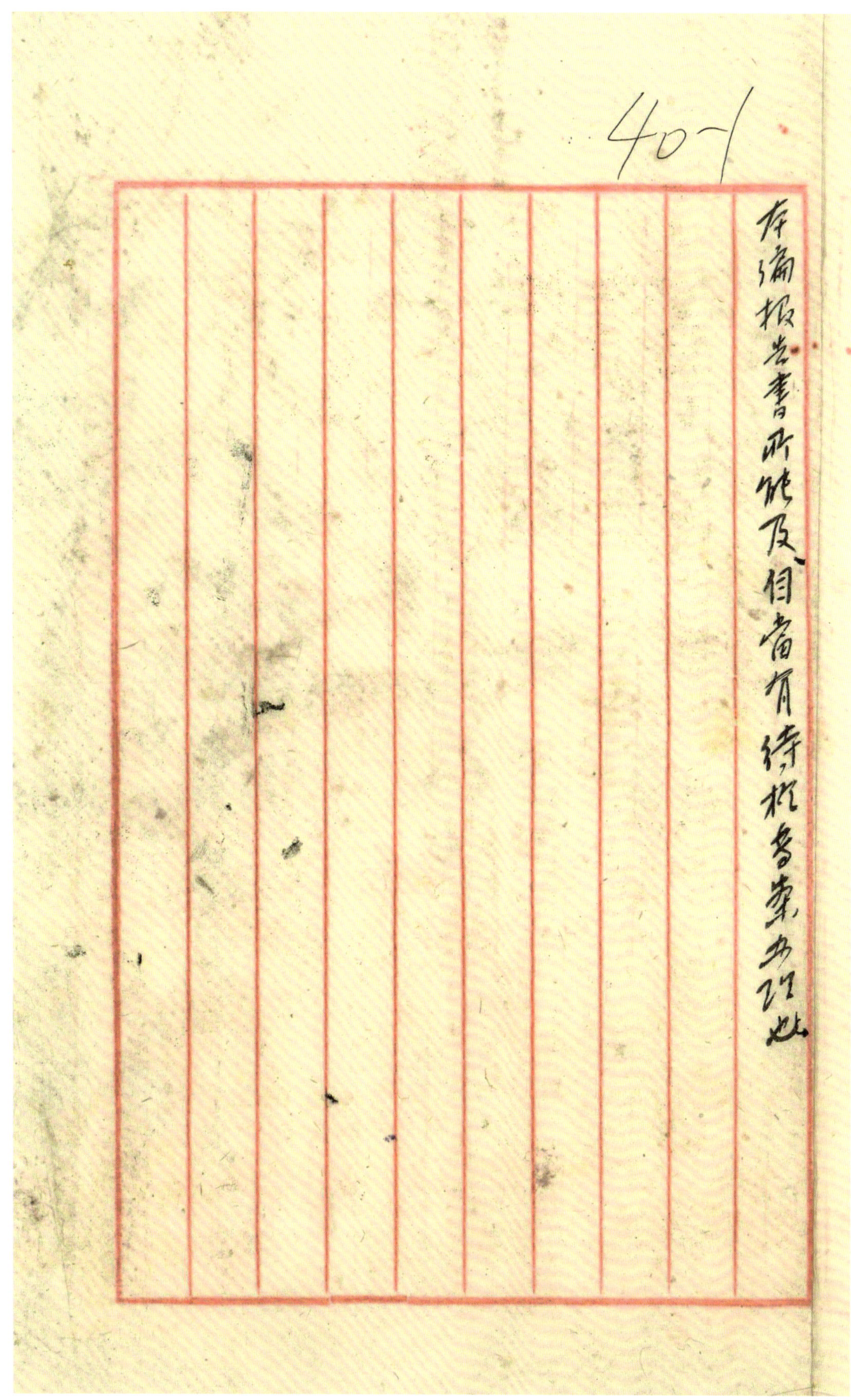

本編報告書所能及，但當有待於專案辦理也

44

兵工署第五十工廠二十七年新廠建設費收支報告表

項目	說明	合計	總計
收入			
廿七年度新廠建設費	本廠二十七年領入經費共計柒拾伍萬元劃四本項者如右		500000 00
支出			
測量費	測量員工薪餉及其他費用	1494 17	
購地費	補償征用民地遷移民房及坟墓各項費用	2380 14	
平地土石方費		167 45	
道路橋樑涵洞費		412 45	
鍛工所工程費	購入青磚大磚及其他材料費	14056 18	
動力所工程費	購入建築材料費	6268 26	
庫房工程費	購入木料楠竹及其他材料費	4008 19	
職工宿舍工程費	購入建築材料費	997 40	
其他建築工程費	各項零星工程工料費	852 08	
防空設備費	購入木料及其他費用	9450 95	
電力裝置費	裝置電燈電話工料費	2443 10	
林場設備費	修理苗圃各項費用	459 14	
監工費	監工人員薪俸及其他費用	4541 82	
傢具		1554 35	
器皿		60 75	
機件		950 20	
儀器		2347 86	
交通器材	購入載重汽車四輛，及自製運貨車材料費	20434 73	
雜件		99 65	
已完工程 (附表一)	各項已完臨時工程，尚未正式驗收者，均列入本項	8503 42	
在造工程 (附表二)	各項在造工程，依照合同須分期收付款者，均列入本項	21117 29	
預付工程費	各建築公司担保，或抵押借支之款，均列入本項	18400 00	
	支出總計		310999 58
	結存		189000 42

说明

附表一　已完工程

项目	说明	金额
临时仓库		5,612.23
临时马厩		1,501.46
临时警队驻所及排消厨房厕所		1,002.53
临时工厂		387.20
合计		8,503.42

附表二　在造工程

项目	说明	金额
厂区马路涵洞		35,220.00
制砲所厂房		33,600.00
样板所〃〃		994.40
防空山洞		1,221.22
职员宿舍		62,810.74
机械士兵宿舍		25,627.85
未了工程	各厂房地台地沟卷石覆土墙木棚均列入本项	66,643.08
柴油机动力厂房		5,200.00
	合计	211,117.29

軍政部兵工署第五十工廠民國二十八年度第二期建設費預算分配表

45

科目		全年度預算數	各月份分配表											
			一月	二月	三月	四月	五月	六月	七月	八月	九月	十月	十一月	十二月
第一款	本廠第二期建設費	1,385,600.00	[illegible]8,970.00	49,970.00	182,720.00	187,720.00	209,220.00	167,880.00	190,080.00	111,380.00	102,580.00	81,880.00	56,880.00	28,320.00
第一項	建築費 註一	1,040,900.00												
第一目	製砲廠山洞廠房工程費	300,000.00				30,000.00	40,000.00	40,000.00	40,000.00	40,000.00	40,000.00	40,000.00	20,000.00	10,000.00
第二目	製彈廠山洞廠房工程費	200,000.00			20,000.00	30,000.00	30,000.00	30,000.00	30,000.00	20,000.00	20,000.00	10,000.00	10,000.00	
第三目	樣板廠水泥拱圈工程費	30,000.00			10,000.00	4,000.00	4,000.00	4,000.00	3,000.00	3,000.00	2,000.00			
第四目	辦公廳工程費	40,000.00			30,000.00				2,000.00	4,000.00	2,500.00	500.00	1,000.00	
第五目	醫院工程費	30,000.00					8,000.00	8,000.00	6,000.00	4,000.00	4,000.00			
第六目	警房工程費	11,000.00									4,000.00	4,000.00	3,000.00	
第七目	稽查所工程費	10,000.00			5,000.00	5,000.00								
第八目	職工宿舍工程費	64,000.00			20,000.00	20,000.00	19,000.00	5,000.00						
第九目	築路費	96,000.00			8,000.00	15,000.00	21,000.00	27,000.00	14,000.00	11,000.00				
第十目	下水道工程費	20,000.00			2,000.00	10,000.00	8,000.00							
第十一目	給水工程費	10,000.00				1,500.00	1,500.00	3,500.00	3,500.00					
第十二目	職工食堂工程費	13,700.00					5,000.00	5,000.00	3,700.00					
第十三目	職工浴室工程費	7,500.00						3,000.00	3,000.00	1,500.00				
第十四目	職工子弟學校工程費	10,000.00									4,000.00	4,000.00	2,000.00	
第十五目	禮堂及俱樂部工程費	12,000.00								5,000.00	5,000.00	2,000.00		
第十六目	合作社工程費	7,000.00							3,000.00	3,000.00	1,000.00			
第十七目	汽車房工程費	3,000.00	1,500.00	1,000.00	500.00									
第十八目	廠區防空山洞工程費	20,000.00	4,000.00	3,000.00	3,000.00	3,000.00	3,000.00	2,000.00	2,000.00					
第十九目	廠房偽裝工程費	10,000.00	2,000.00	2,000.00	2,000.00	2,000.00	2,000.00							
第二十目	其他建築工程費	16,500.00	840.00	840.00	840.00	840.00	4,840.00	840.00	840.00	840.00	840.00	2,340.00	1,840.00	760.00
第二十一目	測量費	10,000.00	840.00	840.00	840.00	840.00	840.00	840.00	840.00	840.00	840.00	840.00	840.00	760.00
第廿二目	購地費	120,000.00			10,000.00	10,000.00	20,000.00	20,000.00	60,000.00					
第二款	監工費 註二	31,000.00												
第一目	監工費	31,000.00	2,700.00	2,700.00	2,700.00	2,700.00	2,700.00	2,700.00	2,700.00	2,700.00	2,700.00	2,700.00	2,700.00	1,300.00
第三項	設備費 註三	189,000.00												
第一目	水電設備費	165,000.00	13,750.00	13,750.00	13,750.00	13,750.00	13,750.00	13,750.00	13,750.00	13,750.00	13,750.00	13,750.00	13,750.00	13,750.00
第二目	裝配自用器具設備費	20,000.00	1,000.00	1,500.00	1,750.00	1,750.00	1,750.00	1,750.00	1,750.00	1,750.00	1,750.00	1,750.00	1,750.00	1,750.00
第三目	林場設備費	4,000.00	800.00	800.00	800.00	800.00	800.00							
第四項	機器安裝費	105,200.00												
第一目	機器地脚費	28,000.00	5,600.00	5,600.00	5,600.00	5,600.00	5,600.00							

45-1

				一月	二月	三月	四月	五月	六月	七月	八月	九月	十月	十一月	十二月
第二目	搬運費		10,600.00	2,120.00	2,120.00	2,120.00	2,120.00	2,120.00							
第三目	安裝費		50,000.00	10,000.00	10,000.00	10,000.00	10,000.00	10,000.00							
第四目	其他安裝雜費		16,600.00	3,320.00	3,320.00	3,320.00	3,320.00	3,320.00							
第五項	購置費	註四	19,500.00												
第一目	交通器材		15,000.00			[illegible]	15,000.00								
第二目	繪圖儀器		1,500.00					1,500.00							
第三目	雜件		3,000.00	500.00	500.00	500.00	500.00	500.00	500.00						
第四目															

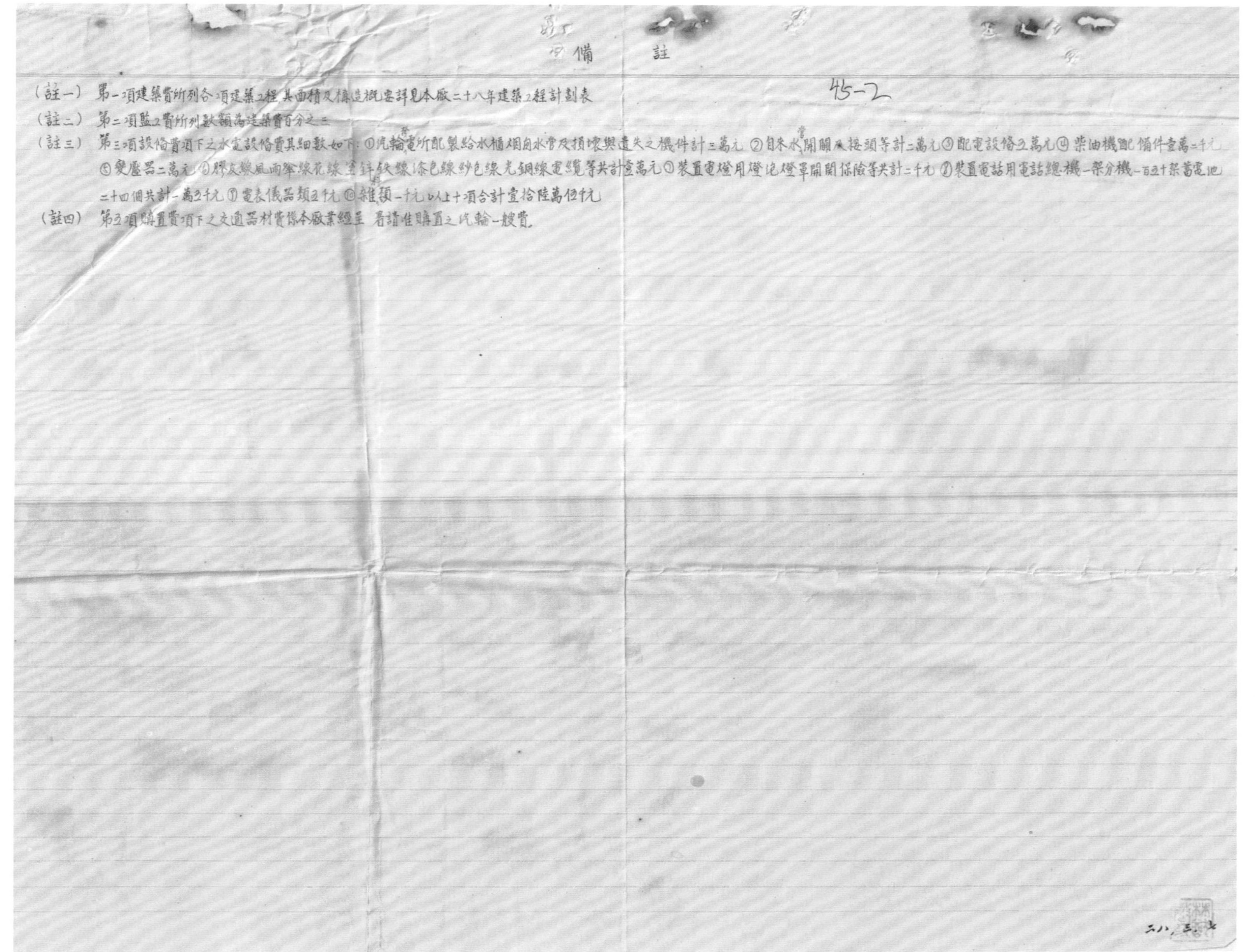

備　註

45-2

（註一）第一項建築費所列各項建築工程，其面積及構造概要，詳見本廠二十八年建築工程計劃表。
（註二）第二項監工費所列數額，為建築費百分之三。
（註三）第三項設備費項下之水電設備費，其細數如下：①汽輪發電所配製給水櫃、烟囪、水管及損壞與遺失之機件，計三萬元；②自來水管、開關及接頭等，計二萬元；③配電設備五萬元；④柴油機配備件壹萬二千元；⑤變壓器二萬元；⑥膠皮線、風雨線、花線、塗錫鉄線、漆包線、紗包線、光銅線、電纜等，共計壹萬元；⑦裝置電燈用燈泡、燈罩、開關、保險等，共計二千元；⑧裝置電話用電話總機一架、分機一百五十架、蓄電池二十四個，共計一萬五千元；⑨電表儀器類五千元；⑩雜項一千元。以上十項，合計壹拾陸萬伍千元。
（註四）第五項購置費項下之交通器材費，係本廠業經呈署請准購置之汽輪一艘費。

二八，三，七